Educar sin GPS

AF275435

Prácticos
Familia

Ares González

Educar sin GPS

*Una visión global de la crianza
para que disfrutes por el camino*

PEFC Certificado

Este libro procede de
bosques gestionados
de forma sostenible

PEFC/14-38-00305   www.pefc.es

© Ares González, 2021
© Editorial Planeta, S. A., 2021
   Avda. Diagonal, 662-664, 08034 Barcelona (España)
   www.planetadelibros.com

© del diseño del interior: © Diego Carrillo
© de las ilustraciones del interior: © Rebeca García y © Freepik

Adaptación de la cubierta: Booket / Área Editorial Grupo Planeta a partir de la idea original
   de © Sophie Guët
Fotografía de la cubierta: © Alberto Masnovo / Shutterstock
Primera edición en Colección Booket: febrero de 2024

Depósito legal: B. 20.436-2023
ISBN: 978-84-08-28372-0
Impresión y encuadernación: CPI Black Print
Printed in Spain - Impreso en España

Biografía

Ares González se equivoca constantemente. Con cuatro hijos en casa es maestro, escritor y formador de crianza y educación. Noches en vela, ropa olvidada en la lavadora y perder los nervios de vez en cuando le han enseñado qué es importante en la crianza, cómo educar sin conflictos y, sobre todo: disfrutar de sus hijos y vivir con tranquilidad. Avisa: no es magia, es ciencia. Ha acompañado a cientos de niños en el Colegio Lourdes FUHEM y a miles de familias y docentes en sus cursos. En su NEWSLETTER SECRETA da consejos exclusivos para madres y padres. Dentro pasan cosas, y si no estás, te las pierdes. Apúntate en su web: www.aresgonzalez.com

@aresglez

ÍNDICE

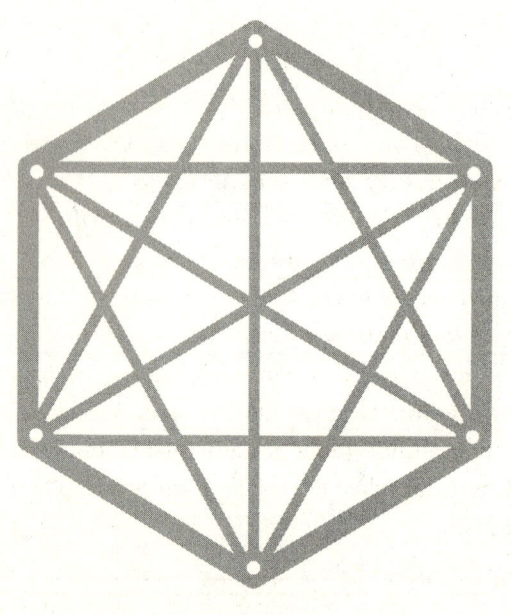

EL PRIMER PASO ES ORIENTARSE

¡Enhorabuena! Quiero empezar felicitándote. Pasamos horas pensando en lo mejor para las personas que más queremos en el mundo: nuestros hijos e hijas. «¿Por qué no dormirá?», «¿Cómo introduzco la alimentación complementaria?», «¿Qué juguetes le compro?», «¿Estará bien en la escuela?»... Quebraderos de cabeza día y noche que nos agotan mental, emocional y físicamente. Sin embargo, criar es lo más bonito que hemos hecho en nuestra vida. Un regalo que nos ocupa por completo y que no se valora. Después de los aplausos del nacimiento, pasamos a un segundo plano y nadie nos reconoce el inmenso trabajo que es educarlos. Por eso, quiero que leas con atención estas palabras:

> ## ¡Enhorabuena por ser la madre o el padre que eres!

Este libro habla de **educar en la vida real.** En pocos años, han cambiado la sociedad, los roles en la familia y las condiciones en las que vivimos. No quiero decir que antes fuera mejor, sino que somos una generación de transición entre dos modelos de vida familiar. Antes, las madres trabajaban en casa, cuidando, y los padres estaban fuera para conseguir una remuneración económica. Hoy en día, en casi todos los hogares trabajan ambos progenitores, y todo es mucho más complejo: te levantas, te aseas, preparas el desayuno para toda la familia, los acompañas para que se vistan, sales de casa, subes al coche, os ponéis los cinturones de seguridad camino de la escuela infantil o del colegio, llegáis, os despedís, vuelves al coche, conduces hasta el trabajo, pillas un atasco, aparcas, trabajas intensamente en una larga jornada, comes en algún momento que no recuerdas, los recoges, vais al parque, jugáis, cenáis, los duchas, los ayudas a ponerse el pijama… ¿Queda algo de tiempo para ti?, ¿para compartir en pareja? Te preguntas: yo tenía una pareja, ¿no? Te vas a dormir y vuelves a empezar al día siguiente. Todo ello sin contar las visitas al médico, hacer la compra, el material para el colegio, las lavadoras, las actividades extraescolares…

Menudo estrés padecen la mayoría de las mujeres y cada vez más hombres. Hacemos más de lo que podemos a diario. No te descubro nada nuevo si te digo que el sistema nos empuja a vivir con prisas y que no está hecho para tener hijos. Los permisos por nacimiento no son suficientes, las medidas de conciliación son prácticamente inexistentes, y cada día hacemos malabares para compaginar vida personal, familiar y profesional. Si nos dejamos llevar, nos queda poco tiempo para disfrutar en familia y educar se hace más complejo aún. Por eso, antes de empezar, quiero que reflexionemos sobre **los tres grandes problemas** a los que nos enfrentamos los padres y las madres del mundo actual.

En primer lugar, vivimos en una constante **infoxicación.** La cantidad de información que recibimos relativa a cómo educar y criar a nuestros hijos e hijas es tan grande que es muy difícil procesarla y ordenarla. Nos compramos varios libros sobre cómo es el primer año de vida, otro de alimentación complementaria para cuando lleguen los seis meses, leemos blogs sobre cólicos, rabietas, control de esfínteres o límites, seguimos a algunas personalidades en las redes que nos dicen cómo educar bien, compartimos en varios grupos de WhatsApp lo que nos va ocurriendo (¡bendita red de apoyo!), y aun así, nuestras madres nos dicen que lo estamos haciendo mal, que eso no lo hacían así antes y que vamos a malcriar a nuestros hijos. ¿Te suena?

Además de la opinión de tus personas cercanas, hay que incluir el criterio de tu matrona, su pediatra y la educadora o la maestra de la escuela infantil, que también pretenden decirte qué es lo mejor para tu hijo o hija. Hasta aquí todo perfecto, excepto por aquellos que nos juzgan sin entendernos. Es importante que te cuelgues esta nota mental en el cerebro: «Escucharé todas las opiniones y haré lo que quiera». Sobre educación y crianza opinan muchísimas personas, pero pocas tienen un criterio profesional ajustado al desarrollo de la infancia y la familia. Solo tú sabes lo que es mejor para los tuyos.

Quienes ya hemos pasado por aquí varias veces entendemos que crecen rápido y lo que leemos por ahí puede que no se ajuste ni a su momento ni a las necesidades de nuestra familia. Por ejemplo, cuando son bebés, es fundamental la dependencia hacia ti, pero, con el tiempo, necesitan una mirada que les dé alas para volar. Cuando nos ajustamos a sus ritmos de alimentación y de sueño, aprenden a moverse y cambia todo de nuevo. No son iguales los límites al año —cuando están en plena exploración—, que a los dos años —cuando descubren los límites de la vida cercana—, que a los cuatro años —cuando se encuentran con los límites de la vida social—. Una vez que aprendemos qué necesitan, siguen madurando y están en otro punto que tenemos que volver a comprender.

Al final, con tanta información, en vez de aclararnos, nos confundimos y dudamos. Es muy difícil seleccionar cuáles son buenas fuentes educativas, porque algunas incluso se contradicen y es posible que en ocasiones sigamos criterios con los que no nos sentimos bien porque lo hemos leído o nos lo ha recomendado alguien.

Así es como llegamos al segundo problema: **distinguir lo importante de lo secundario.** ¿Qué es lo que necesita un niño o una niña para desarrollarse completamente? ¿Qué es necesario para vivir una vida en familia con bienestar y equilibrio? No te agobies, que te lo cuento dentro de poco.

Aterrizamos en este mundo de la maternidad y de la paternidad con poca información y preparando las cosas que necesitamos para el hospital y el posparto. No sabemos lo que viene y nos organizamos como podemos para lo incierto. Sin embargo, la publicidad ya se encarga de aconsejarnos a diario todo lo que necesitamos para que nuestro bebé esté bien: un termómetro acuático con luces y música para que no se queme con el agua y se entretenga, el último modelo de carrito en el que ya podemos sujetar el móvil para que vea unos dibujos, la leche de fórmula especial con omega 2000 y cincuenta cereales, el último juego para desarrollar su inteligencia… Olvídate, no se necesita nada de esto. Aunque es indudable que tenemos que preparar ciertas cosas para la llegada de nuestro bebé, lo realmente importante son las bases para educarlo. Los niños solo necesitan amor y estructura, todo lo demás es secundario.

Como digo, perdemos el foco de lo que realmente importa. Nos encaprichamos de una cama Montessori de madera en colores pastel porque es preciosa y además hemos leído que favorece su autonomía. Nos imaginamos cómo dormirá en ella y caemos en la trampa pensando que comprando la cama serán autónomos. Pero no es la cama lo que favorece su autonomía, eres tú, cuando le acompañas cada día con tu presencia. Entender el desarrollo de su autonomía (lo importante) nos ayuda a discriminar si la cama (lo secundario) es necesaria. Por aclarar, Maria Montessori habló de camas bajas para que pudieran ser autónomos, el resto es invención de la industria que nos desvía de lo importante.

La infancia de hoy en día lo tiene todo: más cosas (juguetes, complementos, ropa, alimentos), más libertad (puede hacer lo que quiera, se respeta más su desarrollo y necesidades), más información (cuentos, juegos, dispositivos digitales…) y, sobre todo, más velocidad (un ritmo adulto lleno de estrés). Esta vida apresurada y trepidante arrastra a los padres a estar menos tiempo con ellos o, cuando estamos, no estamos disponibles. Esta falta de presencia hace niños menos autónomos y con mayor dependencia hacia el adulto.

Otro efecto de este segundo problema es que nos instalamos en nuestro papel de padre o madre y la persona que somos se va diluyendo. Al priorizarlos y darles todo, perdemos nuestra esencia (lo que éramos y nos gusta) y al cabo de un tiempo ya no sabemos quiénes somos. Este es el contexto que nos ha tocado vivir, y por eso es casi obligatorio preguntarse cada cierto tiempo: «¿Qué es lo importante para mí, para mi hija y para mi familia?».

Si sumamos todo este volumen de información a la cantidad de mensajes diarios sobre cómo lo deberíamos hacer con nuestros hijos, al final nos afecta y aparece el **síndrome de la madre perfecta.** La autoexigencia se apodera de nuestras vidas, queremos llegar a todo y de repente descubrimos que pesa más el agobio que el disfrute de estar en familia. Nos quemamos, nos agotamos y vivimos la crianza desde el estrés.

Eres una persona con tus defectos y tus virtudes. No puedes cambiar radicalmente y tener integrado todo de la noche a la mañana: lactancia, alimentación, sueño, comunicación no violenta, acompañamiento respetuoso, presencia activa, disciplina positiva, cómo vivir con hijos y además tener vida propia. Eres la misma persona que eras antes de ser padre o madre, solo que te lo estás replanteando todo porque quieres darle lo mejor.

Pisa el freno, quítate ese peso de encima y empieza a disfrutar. Lo que ya eres es mucho más de lo que no sabes o te falta. Ahí reside tu fuerza. Tu hijo o tu hija solo te necesita a ti. Educar es una carrera de fondo y vivimos en un mundo que valora los esprints. Por eso es inevitable que de vez en cuando vuelvas a preguntarte: «¿Lo estaré haciendo bien?».

Sí, lo estás haciendo lo mejor que sabes y que puedes. ¡Fuera culpas!

Repítelo en los momentos difíciles y confía en ti. La infoxicación continua, la dificultad de distinguir lo principal y el síndrome de la madre perfecta me motivaron a escribir el libro que tienes en tus manos, para dar respuesta a la demanda de muchas familias algo perdidas y agotadas. Necesitamos un poco de calma y disfrute. Nos lo merecemos. En las próximas líneas te contaré cómo orientarte para saber todo lo que es importante para ti y para tu familia. Porque si tú y tu familia estáis bien, tu hijo también lo estará.

He escrito el libro que me hubiera gustado leer cuando tuve a mi primer hijo y el libro que me gustaría que leyeran las familias de los niños y niñas que vienen a mi clase. Después de acompañar a más de doscientas familias y a sus hijos durante un largo recorrido y formar a miles de docentes, padres y madres, mucho del trabajo que hago en mi día a día tiene que ver con ayudar a comprender e integrar aspectos básicos y fundamentales del desarrollo de la infancia.

Te voy a regalar una brújula para que no dependas de tu GPS. Así, podrás entender cómo **educar desde una visión global, con un enfoque respetuoso y equilibrado,** que integra todo lo necesario. Muchas veces, en la escuela, veo cómo alguna familia ha hecho un acompañamiento precioso a su hija y sin querer se ha llevado por delante a la pareja o el bienestar familiar. O que después de leer algún libro sobre un tema concreto y aplicarlo minuciosamente con su hijo, desajustan otros aspectos de la vida familiar. Tener en cuenta los seis puntos de esta brújula te permitirá no perderte, como nos ha pasado a muchas familias. Y si te desorientas, sabrás cómo encontrar de nuevo el camino.

Yo creía que mi infancia había sido buena y así lo decía cuando me preguntaban, era la respuesta políticamente correcta. Sigo agradecido por todo aquello que me dio mi familia, porque sé que fue mucho y suficiente. Sin embargo, ahora puedo ver cómo me educaron y decido tener una actitud constante para mejorar en muchos aspectos en los que hicieron lo que pudieron.

En mi casa no había ni GPS ni brújula, vivíamos en alerta, en estado de supervivencia, sin disfrutar. Comíamos solo lo que nos gustaba para no tener problemas. Si no respetaba las normas durante el almuerzo, mi padre me daba con el tenedor en los nudillos. Me alimentaba inmerso en la tensión y en el miedo, porque en cualquier momento lo podía hacer mal. Aún hoy me cuesta ir a restaurantes en grupo.

Viví entre límites arbitrarios, unas veces podía saltar en la cama y otras no, supeditado a lo que decidiera mi padre. Mi madre, siempre desde el amor, nos hacía todo a mí y a mis tres hermanas, así que me hice autónomo ya tarde, por supervivencia.

No teníamos patrones de sueño claros y el ambiente familiar a veces era tenso. Sin embargo, me salvó la presencia conjunta y el amor de mi madre, mi abuela y mi hermana mayor. Me salvó también el grupo y el poder crecer a mi aire. Como verás, he tenido que reconstruir cada punto de la brújula con el tiempo, por eso entiendo qué es lo que necesitan niños y niñas.

Este libro reúne todo lo que sé y lo que he aprendido sobre la infancia, el amor, la familia y la vida. Lo que vas a leer es producto de grandes profesionales de quienes he aprendido, de las experiencias de muchas familias y, sobre todo, del tiempo que he pasado con incontables niños y niñas, sin olvidarme de mis tres preferidos (mis hijos). Aun así, sigo considerándome un aprendiz de la infancia y de la vida. Cada contexto, cada familia y cada niño son únicos. Cada momento compartido es como volver a empezar y todo puede ser. Por eso quiero dejarte clara una cosa:

No te creas nada de lo que digo, compruébalo.

No pierdas energía en ver si tengo razón o no. Quédate con aquello que más te funcione. Siempre pensé que la vida es de una manera, y es de infinitas. Hace años que no pretendo convencer a nadie, porque solo tú puedes convencerte de qué es lo mejor para ti. Investiga tu verdad. Duda. Yo no soy ejemplo de nada, me equivoco a diario con mis hijos, con mis alumnos y alumnas, con mi pareja o con mis amistades. Lo que sí tengo claro es el compromiso de seguir aprendiendo y la profunda convicción de que si somos imperfectos y humanos no podemos educar como si fuéramos perfectos, porque no lo somos.

Después de todos mis errores —y de los que he visto cometer a otras personas con el mayor de los amores— voy a contarte lo imprescindible para educar ahorrándote muchas horas de infoxicación y para distinguir lo importante. A lo largo del libro voy a ayudarte a diluir el síndrome de la madre perfecta para que disfrutes más en familia. Todo ello navegando por estos seis puntos de **la brújula para educar:**

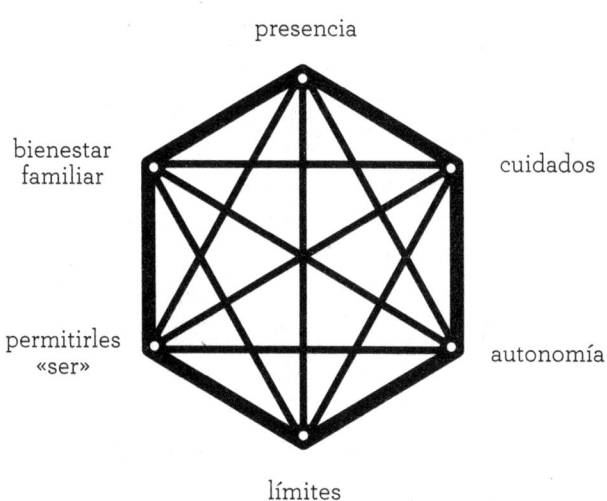

Tienes delante las bases fundamentales que vamos a recorrer. Los seis puntos de la brújula para educar marcan los cimientos del desarrollo de la infancia, sus necesidades básicas. Los niños y las niñas necesitan nuestra presencia continua, cuidados de calidad, adultos que favorezcan su autonomía, límites claros y respetuosos, tiempos y espacios para poder ser ellos mismos y, sobre todo, bienestar familiar. Aquí tienes todo lo importante, lo demás son elementos secundarios: pantallas, tronas, mobiliario, juguetes...

Ahora me dirás que así visto parece muy sencillo, y no, no lo es. Es cierto que cada punto tiene muchos matices, y en ellos profundizaremos a lo largo del libro. Aprenderás todo lo necesario para tener una visión global con recursos y herramientas prácticas que puedas aplicar a tu propia vida. Hagamos un trato: yo te simplifico el camino y tú lo haces realidad. Nada de lo que leas servirá si no actúas. El objetivo de aprender es actuar.

Cuando lo hagas, aparecerá la calma que da conocer todo lo que es realmente importante para educar. Con estos seis puntos podemos analizar qué está ocurriendo, qué se ha desajustado o cómo tenemos que actuar. Cuando la tranquilidad llega, entonces nos podemos permitir disfrutar de lo maravillosa que es la infancia. Sin agobios, sin culpas, desde el respeto y cuidándote también a ti.

Con la brújula para educar vas a ordenar toda la información sobre educación que te llegue y, además, sabrás distinguir lo que marcará una diferencia en la vida de tu hijo o tu hija. La confusión desaparecerá, también los agobios al aprender a ocuparte, no a pre-ocuparte. Sabrás que lo estás haciendo bien porque estos seis puntos sostendrán su vida. Y cuanto más claro lo tengas, mejor vivirás tu día a día en familia.

Dentro de los seis puntos de la **brújula para educar** veremos todo lo que la infancia necesita y tenemos que aprender como padres y madres:

- El **amor** y el **apego** para crecer con seguridad.
- El **tiempo** que les dedicamos.
- Cómo **acompañarlos** desde el **respeto**.
- El desarrollo de su **pensamiento,** sus **emociones** y su **cuerpo.**

- ***Biencomer,*** porque comer es más que alimentarse.
- **Dormir** sin sufrir.
- La importancia de la **autonomía.**
- Cómo preparar tu **casa** con lo que necesitan.
- La magia del **movimiento libre.**
- El sentido de vivir con **límites** claros.
- La **seguridad** que dan los hábitos y las rutinas.
- El derecho a tener **tiempos libres** para expresarse.
- El valor del **juego.**
- Lo que les aporta la **naturaleza.**
- La riqueza de **compartir** con sus iguales.
- Cuáles son los cimientos de la **vida en familia.**
- Cómo crear el mejor **ambiente familiar.**
- El **equilibrio** para convivir padres e hijos con necesidades diferentes.

Ya ves que no era tan sencillo y que educar requiere cuestionarse. Por eso encontrarás algunos ejercicios y propuestas que te ayudarán en el camino. Compartiremos, reiremos, lloraremos y jugaremos. ¿Acaso no es esto lo que nos traen nuestros hijos e hijas?

Ya tenemos una brújula para orientarnos, un trato y un claro amor por la infancia que nos unen. ¿Nos vamos de viaje hacia su felicidad y bienestar?

presencia

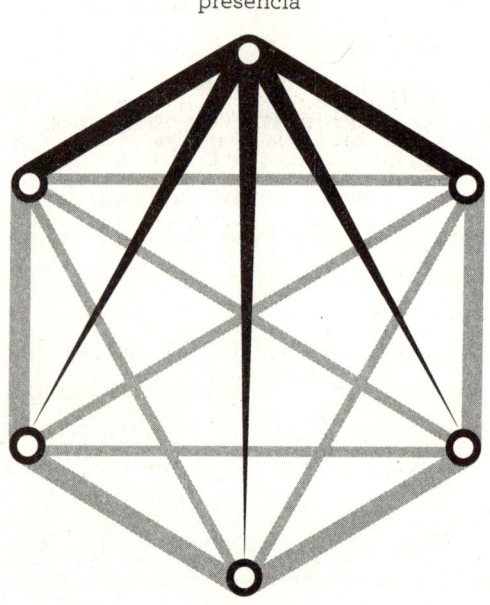

1

Tu **presencia** determina su desarrollo

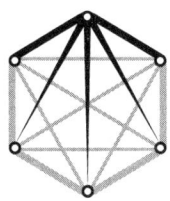

No hay nada más importante en la vida de tu hijo o hija que tu presencia. Sin tu presencia, no puede convertirse en un adulto sano y socializado. La clave de su bienestar, por encima de sus necesidades vitales, como la alimentación o el sueño, es tener a un adulto de referencia que lo atienda, lo escuche y lo acompañe.

Más que nunca, la presencia está en peligro. La conciliación familiar y laboral nos llena de tareas, las pantallas nos absorben y los tiempos compartidos entre padres e hijos se van reduciendo. El mejor regalo que le puedes hacer es estar presente.

Todo empieza con el amor, el apego y el vínculo. Ya en el embarazo se inicia una relación que determinará su futuro, porque no necesita que estemos, sino que **estemos presentes.** Aunque para ello tenemos que cumplir ciertos requisitos, como estar disponibles, prestarles atención, respetarlos, ajustarnos a sus necesidades y tener continuidad.

Es posible que muchos de estos matices tan relevantes para su desarrollo ya formen parte de ti, porque te los dieron en tu infancia. Sin embargo, otras personas tenemos que aprenderlos por el camino. ¡Atenta al síndrome de la madre perfecta, que se dispara! Calma, vayamos paso a paso y sin dramas.

No se puede educar sin mirarse a uno mismo. Aunque si no lo haces ya se encargará tu hijo o tu hija de ponerte un espejo delante, para que veas cómo eres. Es importante observarse y cambiarse poco a poco. Somos imperfectos e imperfectas. No queda otra que aceptarlo.

Tu disponibilidad y cómo respondas a sus necesidades le hará una persona segura de sí misma, autónoma y social. Aunque no lo parezca, estos procesos empiezan pronto, muy pronto.

El primer día de su vida

Aproveché un momento a solas. Tenía ganas de expresar lo que estaba sintiendo con la noticia de su llegada. Había sido una auténtica revolución en nuestras vidas. No sabía por dónde empezar, las teclas se amontonaban ante mis ojos y decidí dejarme fluir:

La vida es incertidumbre. Desde el nacimiento hasta la muerte de cada uno de los innumerables procesos de la vida.

[...] Nunca sabremos qué es lo que viene después. Lo que sí sabemos es lo que hacemos ahora. Por eso, el único consejo que te puedo dar es que vivas el ahora sin proyectarte en el futuro y sin vivir del pasado. Disfruta todo lo que la vida tiene para ti. En eso es en lo que andamos los demás.

Te quiero,

PAPÁ

24 de febrero de 2013

Tengo que reconocerlo, cuando me invaden las emociones me pongo filosófico, así ha sido desde que era pequeño. Por un lado, tenía esas cosquillitas en el estómago de ver llegar al mundo una vida nueva y, por otro, el miedo me bloqueaba. Con lo que me gusta tenerlo todo controlado, el futuro se presentaba incierto. Aunque escribía para él, quería repetirme a mí mismo que todo cambia de la noche a la mañana y que la mejor actitud es estar y disfrutar de lo que venga. Este es uno de mis aprendizajes en la vida y lo quería compartir con él.

Tecleaba imaginándolo y fantaseaba con el momento de tenerlo en brazos con nosotros. De repente, algo que no sabría describir me subía desde dentro del cuerpo, me llenaba y me hacía sentir mejor. Lleno de ilusión, cerraba los ojos y soñaba despierto con él. ¿Cómo sería?

Los siguientes meses se presentaban como un lienzo en blanco, llenos de posibilidades, sin determinar. Sin embargo, es curioso que ahora sea incapaz de describir mi vida sin él. Su presencia y la de sus hermanos están grabadas a fuego en mi piel.

Te contaré un secreto: aquella sensación que me llenaba sigue presente y quiero compartir este poder contigo. Cierra los ojos y observa la cara de tu hijo o hija, sus ojos, su pelo, acaricia su piel, llénate de alegría y rememora tantos momentos compartidos: el primer día que estuvo en tus brazos, la conexión de vuestras miradas, los besos, sus primeros pasos, los abrazos, los juegos, las risas, los viajes… Tómate unos segundos y disfrútalo. **Este es el poder del amor.** Es la mejor forma de recargar tu energía y cambiar tu humor. Puedes usarlo en el trabajo, en los momentos difíciles o cuando lo necesites.

Volviendo a la carta, cuando puse la última letra, algo hizo que me parara un momento. Por primera vez en mi vida, la palabra *papá* cambiaba totalmente de significado. ¡Se refería a mí mismo! *Papá* ya no sería solo mi padre, ahora lo sería también yo. Entendí que tenía la capacidad de transformar su significado para mi hijo. Aunque por entonces estaba tan asustado que no me creía que fuera a ser papá y, como la mayoría de las madres y los padres, no estaba preparado. Es posible que nunca lo estemos, porque las aventuras que viviremos son desconocidas. Quizá eso es lo divertido de vivir.

Como ves, **la relación con tu hijo o con tu hija empieza antes de que nazca y no se acaba nunca.** Durante los nueve meses de embarazo creamos el ambiente en el que vivirá, construimos los mensajes que recibirá y, poco a poco, integraremos que vamos a ser padre (o madre).

Aunque la paternidad y la maternidad llegan desde que nos enteramos de la buena noticia, el parto, el primer día de su vida, nos impacta con fuerza. Pasamos por un proceso animal e instintivo que nos saca de nuestros pensamientos y de nuestra lógica diaria. Quiero aprovechar estas páginas para escribirle una carta a mi hijo mayor y compartir contigo cómo viví yo ese gran día:

Querido Gael:

Unos pequeños regueros en el suelo nos avisaron de que llegabas. ¿Se habrá roto la bolsa? Llamamos a nuestras madres y a mi hermana para aclararnos. No parecía una rotura, así que cogimos tu maleta, hicimos la nuestra a toda prisa y nos despedimos de Juno, que esperaría en casa sin saber, como nosotros, si volveríamos contigo en brazos del hospital.

¡Esto no era lo que habíamos pensado! No era lo que esperábamos y durante el trayecto nos asaltaban las dudas: ¿los

*partos no empiezan con contracciones?, ¿estaremos ya de parto?,
¿y ahora qué?, ¿estará todo bien? Habíamos pasado horas
hablando de cómo nos gustaría que fuera tu nacimiento. Un
parto respetado, en el que cuidaran a mamá y tú eligieras cuándo
venir con la menor intervención posible.*

*Aparqué el coche como pude y buscamos la entrada de urgencias,
mientras un pequeño rastro de líquido perseguía a mamá por el
camino. Era muy raro, así lo sentía ella, avergonzada por
manchar el suelo y con miedo por no saber lo que pasaba
mientras nos mandaban a la sala de espera. Estaba asustado,
todo era desconocido, la espera larga, me sentía perdido, no
podía hacerme cargo de lo que le pasaba a mamá y lo único que
tenía que hacer era esperar. No quise expresar nada de esto, tenía
que mostrarme fuerte y sólido para que mamá estuviera lo mejor
posible.*

*Entramos en una sala y comprobaron si todo estaba bien. Nos
alegramos de la idea de irnos a casa para estar tranquilos
mientras tú decidías cuándo nacer. Pero todo cambió de repente...,
para el hospital era un protocolo médico de seguridad, mientras
que para nosotros fue un jarro de agua fría: «Es una fisura en la
bolsa, por eso se sale el líquido amniótico, esperaremos doce
horas y después tendremos que inducir el parto».*

*La realidad se imponía ante nuestros sueños. Fue nuestra primera
piedra en el camino. Allí, con mamá en la silla de exploración y yo
a su lado, nos mirábamos con los ojos vidriosos sin poder expresar
todo lo que sentíamos. Nos hablábamos a través de la piel, nos
apretábamos la mano para acompañarnos...*

Lloramos juntos el duelo de aquello que no fue y no será. Fuimos encajando entre lágrimas y abrazos lo que queríamos para ti: un parto que ya no era. Para mamá fue un golpe duro, necesitaba llorar y llorar. No podía dejarme caer, así que tomé la decisión de bloquear todo lo que sentía para hacer en todo momento este viaje más fácil a mamá. Si ella estaba tranquila, tú también lo estarías, y todo iría bien. Así que ese fue mi objetivo.

Querido hijo, los partos son intensos, maravillosos y, sobre todo, un proceso de adaptación en cada momento. Si algo he aprendido es a no perder fuerza con lo que ocurre y a sacar partido de cada situación. No podía parirte, pero podía hacer que todo lo demás fuera lo mejor posible para ti y para mamá.

Acompañé a mamá a drenar todo lo que habíamos deseado para ti y ya en el paritorio tuvimos que reponernos de la noticia. Las horas pasaban y nos dedicamos a convertir aquel lugar medicalizado y frío en nuestro hogar. Pusimos fotos, objetos y música para que al menos nacieras en un espacio íntimo.

Recordé las palabras de mi amigo Jesús: «Ares, disfrutad el parto». Durante todo el embarazo, nadie nos dijo en ningún momento que podíamos vivir el parto sin miedo, sin sufrir y, sobre todo, que podíamos disfrutarlo. En esa larga espera en la que te ibas colocando, mamá te iba acompañando, diferentes métodos de inducción hacían efecto, nos pasamos las horas bailando y riendo juntos, esperando verte la cara.

La oxitocina aumentaba exponencialmente cada vez que una matrona subía la dosis a mamá. Ella se molestaba, porque quería que llegaras de forma natural, y yo buscaba la forma de reponernos lo antes posible para que cada piedra en el camino no nos sacara del proceso de parto.

Mamá se dijo que llegarías sin epidural y así fue. La presión aumentaba en su cuerpo por momentos. Tratábamos de ajustarnos a las contracciones. Canalizaba cada una. Venía otra. Cantaba. Otra contracción. Se movía. Se recolocaba. Otra. Venías con mucha fuerza. Estabas ya cerca.

No era ella, la fuerza de la vida se había apoderado de su cuerpo en un estado de trance en el que apretaba con un poder incontrolable para que salieras. Nuestras manos juntas apenas tenían circulación por la presión. Ella era otra, su cuello era dos veces más grande, su fuerza se triplicaba y yo solo la acompañaba en el proceso más extraordinario que jamás he vivido junto al nacimiento de tus hermanos.

Te sentíamos cerca y yo podía ver tu maraña de pelo. Nada era lo que hubiera imaginado, yo esperaba ver tu carita y solo veía pelo. Cuanto más avanzábamos, más pelo veía. Aparecieron mis propios miedos. No te lo creerás, pero en aquel momento pensé: «¿Y si tiene toda la cabeza llena de pelo? ¿Y si tiene alguna deformación?». Sin embargo, acto seguido sabía que daba igual cómo fueras, te iba a querer toda la vida. Ya lo sentía y todavía no habías nacido.

Empujabais con toda vuestra fuerza. Tu cabeza empezaba a salir. Mamá se desgarraba empujando. Yo me desgarraba viéndola sufrir, y ella sentía que ya estabas. Empujaba con una fuerza incontrolable. Salías un poco más. Parabas. Otra contracción. Quedaba poco. La presión era inmensa, el sudor nos recorría, vino *una nueva contracción, mamá apretaba, yo la abrazaba, un descanso, nos mirábamos, le tocaba la frente, le quitaba el sudor, y una fuerza inmensa hizo aparecer tu cabeza, después tus hombros y ya estabas con nosotros.*

Querido Gael, nos derretimos al verte encima de mamá abriendo tus ojos ligeramente ante este nuevo mundo desconocido. Una ternura inmensa nos recorría el cuerpo. Nos mirábamos incrédulos ante la belleza de la vida. Cansados, satisfechos y llenos de alegría, pasamos toda la noche mirándote descansar, respirar, moverte... Completamente enamorados.

El amor es la fuerza que lo mueve todo.

Ya desde el primer día, en aquel lugar y en aquel momento, acompañándolo mientras dormía, nuestra presencia era vital para él. La presencia se sustenta en el amor. El amor no se ve, se siente. **Sin amor, la infancia no puede sobrevivir.** Pero no vale cualquier amor, tiene que ser incondicional.

Niños y niñas necesitan la seguridad de que se los amará siempre, independientemente de lo que ocurra. Tu hijo opinará, se enfadará contigo y hará cosas que no te gusten. Esta es una de las pruebas que la crianza te pone en el camino. En estos momentos también es fundamental que lo ames sin condiciones y lo eduques desde el respeto, acompañando sus dificultades y ayudándolo a regularse. **Te necesita como referente estable.**

Cuando son bebés, la crianza es un proceso natural que se da cada día, pero es muy dura y tiene que mantenerse cuando se van haciendo mayores. No puedes fallar. Su seguridad, su autoestima, su independencia y su autoconcepto se nutren del **amor incondicional** que recibe.

Amar a nuestros hijos no es opcional, es el pilar fundamental de su vida. Por otra parte, es un proceso instintivo y de especie (excepto en contadas ocasiones). El amor incondicional es una fuente de la que beben siempre que lo necesitan.

Lo que hacemos por nuestros hijos lo hacemos por amor. También cuando nos equivocamos como los padres imperfectos que somos. Te va a ocurrir a menudo, hazte a la idea y no te culpabilices. **Estamos en un proceso de aprendizaje.**

Sin embargo, un día te das cuenta de que le estás exigiendo más de la cuenta y te preguntas por qué. Pues porque quieres lo mejor para él. Cuando analizo una situación con una familia y pregunto por qué hace esto o aquello, en el fondo es porque considera que es **lo mejor para su hijo, lo hace por amor.**

Los queremos tanto que **a veces nuestro amor se convierte en «amor ciego».** Nos fundimos con nuestro hijo o hija, y nos perdemos un poco. Para amar se necesita reconocer que somos dos personas distintas. Esta es una de las claves para educar desde el respeto.

Mientras escribo, mi hijo de nueve meses anda gateando y explorando por aquí con sus piernas y brazos regordetes. ¡Me dan ganas de comérmelo! Sin embargo, no lo hago porque no respetaría su proceso de curiosidad e investigación. Sus necesidades no son las mías. Por eso tienes que preguntarte a menudo: **«¿Es mi necesidad o es la suya?».**

Pero no vayas a pensar: «¡Qué fuerte! No le da besos y abrazos a su hijo». Nooo, no me malinterpretes. Lo mejor que podéis hacer en familia es **besaros, abrazaros, quereros y amaros mucho.** Como hemos visto, es fundamental y, de hecho, no deberíamos olvidar tener una ración de mimos en familia cada día. Pongo este ejemplo para entender que, a veces, satisfacemos nuestra necesidad antes de pensar en la suya.

Se trata de **llegar a un equilibrio que respete a mayores y pequeños.** Hablaremos de ello durante todo este libro, ya que no es un tema sencillo y se confunde con facilidad. Con todo el amor del mundo, evitamos un momento de dificultad porque no queremos que nuestro hijo lo pase mal, o hacemos cosas que puede hacer por sí mismo, como ponerle el abrigo cuando ya sabe hacerlo, o ayudarlo a subir un escalón cuando empieza a gatear.

> *«El respeto a los procesos vitales se convierte, por tanto, en la base de nuestro amor por el niño.»*
>
> Rebeca Wild

Antes de nacer, ya se va desarrollando el vínculo entre tú y tu hijo o hija. Poco a poco se construye una unión, un cable invisible por el que le **transmitimos nuestras emociones, valores, creencias...**

El vínculo con nuestros hijos es para toda la vida. Como dicen por ahí, eres padre o madre hasta que te mueres. Tendrás otras funciones distintas de las que hablamos en este libro, pero no cabe duda de que tus hijos seguirán ocupando una parte de tu vida y de tu pensamiento.

Las madres cuentan con este regalo desde el inicio: la gestación, el parto o la lactancia son procesos tan profundos que generan el más fuerte de los lazos. **No hay nada más seguro que**

el vientre materno, nada más salvaje y natural que un parto, y nada más intenso y profundo que la lactancia. No se me ocurren situaciones que unan más a dos personas. Entonces, ¿qué lugar nos queda a los padres?

Las últimas investigaciones entre parejas de hombres nos dicen que esta conexión tan fuerte que viven las madres y sus hijos también puede darse con los padres. La potencia hormonal de las madres durante el embarazo y después del parto no es comparable en absoluto con la del padre. Sus niveles de oxitocina son inmensos y la amígdala del cerebro se pone en modo alerta para atender las necesidades del bebé. La biología cumple su función. Por eso, las madres perciben más cuándo les pasa algo a sus hijos o cuándo se despiertan por las noches (incluso la madre gestante en parejas de dos madres).

Para que este nivel de conexión se produzca en los hombres únicamente se necesita una condición: **el compromiso del padre.** Su cerebro generará oxitocina y su amígdala se pondrá en funcionamiento solo si el padre quiere. Sin embargo, la cruda realidad nos dice que muchas madres están criando solas y que los padres están ausentes. Este es uno de los grandes retos de nuestra sociedad. Es un proceso que va cambiando lentamente, a pesar de tener ya muchos ejemplos de padres conscientes. No está de más recordar que criar y educar es cosa de dos (si sois dos, claro).

El cuidado y la educación de nuestros hijos e hijas son ejercicios de corresponsabilidad.

Confía en tu instinto

Acabamos de empezar y ya te estoy diciendo que lo que hagas con tu hijo o tu hija afectará mucho a su futuro (¡marchando un poquito de presión en tu mochila!), y que la relación que establezcas con él o ella en los primeros meses de vida determinará su desarrollo (¡más presión!). No creo descubrirte nada nuevo y, aunque parece muy difícil, no lo es. Nos complicamos demasiado con aspectos de la crianza que son naturales. Lo más importante ahora es que te dejes llevar y que sueltes toda la presión que acabo de ponerte encima. Mira el concepto tan interesante que te traigo a continuación.

Hemos hablado de que íbamos a dejar atrás el síndrome de la madre perfecta, que no podemos exigirnos tanto y que somos imperfectos e imperfectas. Pues Donald Winnicott nos habla de **la madre suficientemente buena.** Es decir, propone que lo que hagamos con nuestros hijos e hijas ya será suficientemente bueno para que se puedan desarrollar. ¡¡Tachán!! Te doy la bienvenida al club de los padres y madres suficientemente buenos. Cree en ti, aprende cada día y confía en que lo que haces es **suficientemente bueno** para que tus hijos se desarrollen sanos y felices.

Partiendo de esta actitud de vida que nos va a acompañar todo el camino, quiero que nos adentremos en el **mundo del apego.** John Bowlby consolidó hace más de cincuenta años las bases sobre la relación entre el hijo y la madre (o **figura de referencia primaria**). El apego es un proceso de relación en el que los bebés se van construyendo en función de cómo sus progenitores cuidan sus necesidades primarias (hambre, sueño, alimentación, higiene, temperatura, afecto o contacto).

Para las madres y padres se trata de **responder a las necesidades** que tenga el bebé, que tiene en el llanto su forma principal de comunicación. Al poco tiempo, y después de observarlos, podemos ser capaces de distinguir qué quieren sin que lleguen a llorar: si se tocan los ojos o las orejas, suele ser sueño; si están incómodos y se quejan, seguramente haya que cambiar el pañal; el lloro por dolor es más agudo, como cuando les salen los dientes y no pueden dormir. Y a veces, no sabes lo que les pasa… y es que olvidamos la importancia del contacto físico. Los bebés necesitan mucha piel para poder crecer. Nuestro cuerpo junto al suyo les proporciona seguridad, afecto, calma, protección, amor, intimidad, calidez…

La piel es una de las principales vías de comunicación con tu hijo o tu hija. El tono muscular le da indicaciones de cómo estamos emocionalmente. Si estamos estresados o agobiados, se lo trasmitimos con nuestro tono muscular. Haz la prueba, a veces cambiar de brazos o comunicarse con otra persona que está más tranquila les permite calmarse.

La clave de este proceso es **la respuesta que reciben.** Si nuestra reacción les genera placer, tranquilidad y está ajustada a lo que necesitan, se construirán desde la seguridad que da una madre o un padre constante, presente y sensible. Sin embargo, en algunos casos podemos ver cómo este proceso tan instintivo no se produce: las respuestas son irregulares, existe falta de interacción o de sensibilidad hacia lo que les ocurre, etcétera.

Mary Ainsworth, discípula de Bowlby, estableció **tres tipos de apego** en función de estas respuestas. En este libro, no vamos a profundizar en las distintas teorías, porque lo que necesitamos es más práctica. Sin embargo, me gustaría que dedicaras unos minutos a ver el siguiente cuadro. Lee cada tipo y decide con cuál te identificas en función del apego que das o te gustaría dar a tu hijo.

Tipo de apego	Respuesta del cuidador principal (tú)	Cómo se comporta el bebé (tu hijo o hija)
Apego seguro	- Eres constante y muestras disponibilidad. - Te ocupas de comunicarte con tu hijo de forma consistente. - Respondes a las necesidades con sensibilidad y con cierta rapidez.	- Es activo y explora, - Es seguro y sensible. - Confía en que sus necesidades serán atendidas. - Tiene una base segura a la que volver cuando lo necesita.
Apego evitativo	- Te muestras desconectado de las necesidades del bebé. - No le haces caso, porque buscas que sea independiente. - Eres distante, rechazas el contacto.	- Dejará de emitir señales porque no obtiene respuesta. - Es distante emocionalmente. - Cree que sus necesidades no serán satisfechas.
Apego ambivalente	- Tu disponibilidad es inconsistente e irregular: depende de cuándo te apetezca. - Das respuestas diferentes: varías de sensible a negligente.	- Tiene un comportamiento ansioso y demandante. - Se muestra inseguro. - Está frecuentemente enfadado o de mal humor. - No puede confiar en que sus necesidades serán satisfechas.
Apego desorganizado[*]	- Ignoras o no puedes ver las necesidades del bebé. - Te asusta, te agobia y te ves superado. - Tienes comportamientos extremos y erráticos. - Eres pasivo o intrusivo.	- Se muestra caótico y confuso, o angustiado, deprimido, enfadado... - Presenta insensibilidad emocional. - Está profundamente confundido sobre si sus necesidades serán satisfechas.

[*] Formulado después de los trabajos de Ainsworth.

Estoy casi seguro de que la mayoría se identifica con un **apego seguro.** ¿Acaso no queremos ser buenos padres y madres, y tener hijos que se desarrollan emocionalmente seguros, sociables y autónomos? Por eso, trataré de introducirte en el mágico mundo de interpretar y leer a la infancia, la mejor vía hacia el apego seguro.

Sin embargo, esta estructura no tiene en cuenta algo muy importante: **la personalidad de tu bebé.** Puedes llegar a creer que tu hijo tiene un apego inseguro (evitativo, ambivalente o desorganizado) cuando, de hecho, su apego es seguro. Algunos bebés son tranquilos por naturaleza, otros juegan más con los objetos que con las personas, y otros, simplemente, son más demandantes. Otro factor que hay que tener en cuenta y que puede alterar mucho su comportamiento son los problemas de salud, como un dolor gástrico, una herida o la aparición de los dientes.

Como te contaba en la introducción, a mí me salvaron el amor de mi madre, la presencia de mi abuela y la incondicionalidad de mi hermana Nadia. Que ellas estuvieran en mi vida de forma continua y ajustada a mis necesidades permitió que me construyera emocionalmente seguro, aun teniendo dificultades en el resto de los pilares de la crianza.

> *«Si queremos niños emocionalmente sanos y capaces de vivir en sociedad, es fundamental el contacto físico y la atención dispensada desde el momento del nacimiento.»*
>
> ROSA JOVÉ

Por eso insisto tanto en que **la presencia es la base del bienestar de tu hijo.** Pero, claro, no siempre se puede responder a todo lo que el bebé demanda o necesita. O no siempre estamos personalmente disponibles o preparados. ¿Cómo podemos hacerlo?

Te pondré un ejemplo. Te compras un teléfono móvil nuevo y, tras encenderlo, lo pruebas un rato y lo pones a cargar porque viene con muy poca batería. Lo usas, se descarga y cada día lo cargas de nuevo para que tenga la energía suficiente y lo puedas disfrutar. Pues bien, salvando la gran distancia que hay entre la infancia y un teléfono móvil, los niños y niñas vienen al mundo igual, con una batería poco cargada.

La batería de la seguridad se recarga cada día, cuando respondemos a sus necesidades, estamos cerca de ellos o disfrutamos juntos. Cuando la tienen por encima del 50 %, se sienten seguros, tranquilos, y pueden explorar y descubrir el mundo. Cuando tienen poca batería, no saben cómo sobrevivir de forma estable y con bienestar, y les falta seguridad para gestionar sus emociones y para enfrentarse a las interacciones sociales de forma saludable.

Lo más importante del apego es la **respuesta continua a sus necesidades.** Está claro que no vamos a poder satisfacer todas, y es entonces cuando entra en juego la batería de la seguridad. Cuando está por encima del 50 %, se relajan porque saben que están seguros y sostenidos por su figura de apego. Necesitan ganar la confianza suficiente, confirmando una y otra vez que tendrán una dedicación y un amor incondicionales. Este sentimiento de confianza es la base para desarrollar su autonomía y descubrir el mundo.

Si observas a un niño de seis a doce meses explorar una habitación y enfrentar nuevos retos, como ponerse de rodillas, apoyar un pie o sostenerse agarrado a un objeto alto, verás cómo cada poco tiempo, a pesar de estar absorto en su proceso, te mira para confirmar que estás ahí y para hacerte partícipe de sus éxitos. **Tu**

mirada lo sostiene y le da la seguridad necesaria para seguir creciendo.

En conclusión, tu amor incondicional es el inicio del vínculo que tendréis toda la vida. La forma de relacionarte con él, de responder a sus necesidades de forma permanente, establecerá un apego seguro que pondrá la base de seguridad y confianza que necesita. Entonces, la **calma** llega a sus vidas (y a las nuestras). El disfrute está asegurado.

Que no parezca difícil, mira lo que dice el pediatra Carlos González: «Olvídese del apego. Un niño pequeño llora. Su rostro expresa malestar, casi sufrimiento. Usted supone, por lógica y por experiencia, que se calmaría tomándolo en brazos, o susurrándole palabras tiernas, o meciéndolo, o dándole teta. Y este niño que llora es su hijo. ¿De verdad necesita que un pediatra o un psicólogo le diga lo que tiene que hacer?».

Curas de presencia

Como hemos visto, **el ajuste y la disponibilidad definen tu estilo de apego.** El tiempo que pasamos con nuestros hijos está siendo duramente atacado por las necesidades sociales y laborales.

Yo no reflexioné sobre este hecho hasta después de muchas tutorías con distintas familias. Al final de una, conversando con un padre y una madre y con tono de broma, hice un diagnóstico: «Este niño necesita una cura de presencia». Nos pusimos a hablar sobre el tiempo que pasaban con él, cuáles eran las figuras de referencia, qué hacían mientras estaban juntos, y descubrimos que **no se trata de tiempo de calidad (que también), sino de continuidad.**

Hace un tiempo fuimos a visitar a mi amigo Luis, que me contó que su hijo de cuatro años tenía muchísimas rabietas, llamaba su atención constantemente, chinchaba a su hermana… Nos expresaba con tristeza que no se hacía con él, que le daba vergüenza ir a sitios públicos y que, incluso, todo aquello les quitaba las ganas de irse de vacaciones, porque era muy difícil…

Cada familia tiene una situación compleja y diferente. Desde fuera es muy fácil juzgar, pero aquí no estamos para eso, porque generalmente cada cual lo hace lo mejor que puede. De hecho, no me pidieron ayuda y no se la di. Es necesario respetar los procesos de cada madre y de cada padre. **No opines si no te han preguntado.**

Lo curioso de este caso es que se resolvió, o al menos se atenuó, después del famoso confinamiento por la COVID-19. En aquellos días lo llamé y me comentó que todo ese comportamiento había descendido y que había notado que estaba tranquilo, jugando y compartiendo en familia. ¿Qué había pasado? El confinamiento nos quitó la socialización externa y el aire libre, pero nos regaló horas y horas de continuidad y presencia. Aunque fue una experiencia muy intensa, para muchos niños y niñas fue una oportunidad de convivir con sus referentes más de lo que habían hecho nunca en su vida.

Actualmente tenemos muchas dificultades para **estar presentes.** Échate a temblar, porque la media mundial de consumo de teléfono móvil al día es de tres horas y media. Si añadimos las horas que pasamos con el ordenador e internet, superamos las cinco horas. Si a esto le añadimos nuestra jornada de trabajo (ocho horas, generalmente), las que dormimos (siete u ocho) y las tareas del hogar (una o dos), nos quedan para nuestros hijos e hijas una o dos horas al día, es decir, ¡muy poco! Es la vida que tenemos y no siempre se pueden postergar algunas de estas obligaciones. Por eso hay que sacarle todo el partido posible a nuestro tiempo en común, porque si tenemos poco y además estamos a medias, el problema crece hasta tener que recomendar curas de presencia.

Un ejemplo clásico se da cuando los adultos queremos hacer algo importantísimo a última hora que nos absorbe. Buscamos un hueco de la casa donde estar tranquilos, nos metemos cinco minutos en la tarea y aparece un niño que se pega a tu pierna, rompiendo tu concentración. Continúas intentándolo un poco más y al final terminas enfadado porque no puedes hacer nada. Para mí, el aprendizaje está claro: tenemos que aprender a ponernos límites y ponérselos a nuestras circunstancias, porque si estás con tus hijos tienes que estar presente; si no, es como si no estuvieras.

**O estás o no estás,
pero no puedes estar a medias.**

DESCONECTA Y DISFRUTA

Te propongo un ejercicio que realizo a menudo. Tengo que reconocer que las pantallas me absorben más de lo que me gustaría, y por eso a veces me pongo límites. Puede que pienses que no lo necesitas, porque no usas tanto el teléfono, pero ya verás cómo le sacas partido a esta experiencia.

Tenemos un horario diario que suele estar marcado por las comidas, el trabajo o el colegio. Busca una franja en la que deberías estar presente con tus hijos: dos o tres horas después de la escuela, los sábados por la mañana... Lo que vamos a hacer es bloquear el móvil para que exclusivamente podamos recibir llamadas importantes. Lo puedes hacer con aplicaciones específicas para ello o simplemente poniendo el móvil en «modo no molestar» o en «modo avión». Un consejo: desactiva la mayoría de las notificaciones que tengas y será mucho más fácil.

Lo interesante no es tanto desintoxicarte de pantallas como la reflexión posterior. Cuando acabes, te recomiendo que escribas cómo te has sentido, de qué te has dado cuenta, en qué te has fijado que antes era invisible o qué dinámicas has visto en tus hijos... Cuando lo tengas, compártelo con tu pareja (si tienes) y conversad sobre tus reflexiones.

Realiza una de las siguientes propuestas cada día. Te invito a que cumplas este reto durante una semana. ¡Ya verás la diferencia!

Día 1. Bloquea el teléfono durante treinta minutos mientras estás con tus hijos.

Día 2. Ve al baño sin el móvil (¡noooo!).

Día 3. Bloquea el teléfono durante una hora y observa qué hacen tus hijos.

Día 4. Ve a pasear, al parque o al campo con tu familia sin teléfono (¡iyuju!).

Día 5. Bloquea el teléfono durante una hora y media (¡te aseguro que existen otras tareas que no requieren pantallas!).

Día 6. Durante la comida, puedes usar el móvil con la condición de levantarte y salir de la habitación cada vez que lo cojas (es raro, pero muy eficaz).

Día 7. Bloquea el teléfono durante dos horas y disfruta de tu familia.

Enhorabuena, ¡felicítate! (Sí, esto también es una tarea.)

¡Ya me contarás los resultados! Te dejo mi correo electrónico y mis redes sociales al final del libro.

Lo pongo en práctica a menudo y es muy revelador. Sin quererlo, me veo consumiendo redes sociales en un bucle absurdo cuando debería estar con mis hijos disfrutando. Es verdad que las redes sociales e internet nos sirven para evadirnos, y que tenemos derecho a un poco de autocuidado. Sin embargo, las pantallas están diseñadas para que nos quedemos absortos el mayor tiempo posible. Nos toca limitarnos por el bien familiar. **Nuestros hijos son muy sensibles y saben cuándo estamos a medias o pretendemos estar sin hacerlo.**

Cuando nos dejamos llevar por las pantallas estamos diciéndoles de forma indirecta que son menos prioritarios que un teléfono. «Papá, deja el móvil y escúchame», me dijo mi hijo Gael con cinco años. Este jarro de agua fría que me arrojó con todo su amor me hizo **replantearme mis prioridades.** Por otra parte, educamos con el ejemplo, y en este caso yo le estaba haciendo a mi hijo un flaco favor.

Existe una queja generalizada hacia la infancia: **«Mi hijo quiere llamar mi atención».** Lo oímos en todo momento y lo que realmente quiere decir el niño es «por favor, ¿puedes estar disponible para mí?». Cuando interpretamos que llaman nuestra atención, es que quieren decirnos algo; este algo suele tener que ver con el apego. «Te necesito para estar seguro. A veces cerca, otras veces que me des seguridad con tu voz y muchas veces con la mirada. Necesito saber que sigo siendo una prioridad y que me prestarás atención si lo necesito».

El modo en que respondemos a sus necesidades forma parte del apego. Entre estas, hay que tener en cuenta las **necesidades de dependencia** (llanto, hambre…), pero también las **necesidades de libertad y de independencia** cuando están seguros. No tienen herramientas para reclamar su propio espacio y tenemos que observarlos mucho para que crezcan sin invadirlos. Esta es la gran dificultad.

Recuerda los estilos de apego: vimos el evitativo, que en términos de atención estaría en un extremo («no hago caso a mi hija y evito el contacto»); en el otro, vemos a padres y madres que están completamente encima de los niños, tan pegados que no les dejan expresarse y ser. No pasa un segundo sin que se los mire y todas sus acciones son analizadas al mínimo detalle (sobre esto hablaremos en el capítulo 5).

Esta **atención** es imprescindible en los primeros meses de vida, pero según crecen requieren libertad para expresarse como personas individuales. Un **exceso de atención** hace del niño el único ser al que se tiene en cuenta. Tiene más derechos que sus padres y así lo integra. Por supuesto que se hace desde el amor, en este caso, ciego. De cara al futuro, **en la familia, es importante conjugar las necesidades de la infancia y de sus progenitores.** Cada familia vive en un contexto especial y no existen recetas, pero recuerda que los niños tienen derecho a su propio espacio, a aburrirse, a la soledad y a la libertad individual. Esto también es respetar a la infancia.

Lo destaco porque lo veo a menudo y porque los problemas surgen **cuando llega un hermano** o sucede algo que requiere nuestra atención. Me explico con números: de las dos personas de la pareja, una había puesto en el niño un 95 % de su atención y la otra un 75 %. Vive en una realidad en la que tiene una atención del 170 % de ambos progenitores, y así se desarrolla. Llega el día en que nacen sus hermanas —dos, para mayor dificultad—. Entonces, la madre centra su atención en las recién nacidas, dejando un 20 % de su atención para su primer hijo, y el padre le presta un 65 % de su atención. Este niño pasa prácticamente de un día al otro de disfrutar de un 175 % de la atención de sus padres al 85 % (la mitad).

Es fácil comprender que el pequeño expresará su malestar por este cambio tan drástico en su vida de alguna manera. Lo mínimo es que demande la atención que tenía. Por eso, tenemos que prepararnos y anticipar estos cambios poco a poco, para que se vivan con más armonía. Soy consciente de que, aunque esto se tenga en cuenta, al final nos dejamos llevar. No sabéis la cantidad de veces que me han dicho: «Ay, Ares, cuánto nos acordamos de ti. Se ha cumplido exactamente lo que nos dijiste». Suele ser una dinámica habitual en cualquier familia cuando hay un segundo nacimiento, aunque si los niveles de atención han sido altos se nota más. La mejor solución es **permitir que nuestros hijos e hijas conquisten su autonomía con una presencia que no sea invasiva.** Tienes todos los detalles de cómo hacerlo en el capítulo 3.

Otro elemento que tener en cuenta cuando hablamos de presencia es un concepto que me enseñó mi querido maestro Vicenç Arnaiz, la **continuidad del relato.** Cada persona tiene un relato de vida que se desarrolla cada día: te levantas, desayunas, vas al trabajo, comes allí, vuelves a casa, cenas, duermes y vuelta a empezar. Es un ciclo que variamos solo cuando cambiamos de planes o nos vamos de vacaciones.

La infancia necesita que su relato de vida tenga continuidad y sus referentes sean estables en el tiempo.

Su estructura de vida tiene que repetirse en un relato conocido que les dé seguridad. Se levantan, desayunan, van a la escuela, allí juegan, están con sus iguales, comen, los recogen, van a la plaza, llegan a casa, usan sus juguetes, cenan, se duchan, escuchan un cuento y a la cama. **Es una estructura cíclica que los construye y ordena internamente.**

Lo hemos podido ver claramente durante la pandemia de la COVID-19, en la que los equipos docentes hemos hecho todo lo posible para que, a pesar de que sus vidas hubieran cambiado, no rompieran completamente con la anterior. Empezó siendo «como unas vacaciones», y después, cuando vimos que el estado de alarma se prolongaba, empezaron a «necesitar» mantener el contacto con su vida anterior. **Necesitan pertenecer a sus contextos de referencia y necesitan constancia.**

Por otra parte, requieren que al menos un adulto de los que dependen esté para ellos. Como ya expuse, antes las madres ocupaban esa función de presencia continua, mientras que ahora solemos trabajar ambos miembros de la pareja y nos vemos con dificultades para cubrir los tiempos fuera del colegio. En algunos casos, la infancia tiene un calendario por las tardes en las que comparten su tiempo con muchos cuidadores diferentes: «El lunes paso la tarde y la noche con mamá; el martes, con papá; el miércoles viene la abuela; el jueves juego con Cris (mi cuidadora), y el viernes tengo a papá y mamá para mí, porque salen antes del trabajo y vienen sin comer». **Con tan-**

tos cuidadores es difícil que construyan su relato de vida.

Cuando me pongo el «sombrero de padre» soy muy consciente de las grandes dificultades para criar y educar de hoy en día. Cuando me pongo el «sombrero de maestro», es mi obligación decirte que **la infancia nos necesita estables y casi a diario.** Es muy importante proteger este aspecto, porque aunque todo se hace desde el cariño, cada persona que cuida a nuestros hijos tiene unos valores, unas normas, un estilo y una forma de abordar la educación diferentes. Los niños y niñas se adaptan porque su capacidad de resiliencia es muy alta, aunque les resulta complicado integrar a más de una o dos personas de referencia por contexto.

Antes de terminar, me gustaría incidir en otro aspecto muy común cuando los padres y madres tenemos **falta de presencia.** El trabajo o las circunstancias que nos rodean nos obligan a no estar, y cuando llegamos a casa tratamos de suplir nuestra ausencia con mimos, «te quiero» o regalos. Hacerlo es muy humano, aunque responde a una necesidad adulta, no de la infancia, y además el sistema de consumo nos empuja a ello. Con estar a su lado sería suficiente, necesitan cosas materiales en su justa medida, no para compensar.

No hay regalo más importante
que pasar tiempo con tus hijos.

¿Qué pasa cuando una de las figuras de referencia no puede estar? Recurriré a mi mentor y amigo Carles Parellada, que propone que la clave está en **incluir con amor al otro proge-**

nitor en las acciones y las conversaciones con nuestros hijos. Lo exageraré para que se entienda mejor; no es lo mismo decir: «Ahora estamos tú y yo solos en casa porque mamá siempre está trabajando y pasa de nosotros», que «sabes, María, a mamá le encantaría estar jugando y leyendo este cuento con nosotros». Ni es lo mismo expresar «tu padre nunca está para las cosas importantes», que «vamos a hacernos una foto y se la mandamos a papá». Incluir con amor al otro en la vida cotidiana genera **presencia emocional, a pesar de la ausencia física.**

Hay muchas dinámicas dentro de las parejas, podemos estar bien, mal o regular, porque forma parte de la convivencia. Lo que es obligatorio es tener claro que los asuntos de los mayores los resuelven los mayores. **No metamos a los niños en situaciones que no les corresponden.** ¡Ay, que me adelanto! Ya hablaré sobre la pareja y el bienestar familiar en el último capítulo.

Cuando me refiero al concepto de **presencia,** distingo dos dimensiones. La **dimensión temporal,** es decir, que seamos figuras de referencia estables, con continuidad y que responden. Creo haber sido suficientemente claro acerca de la importancia de estar presentes en las páginas anteriores. Ahora vamos a introducirnos en la **dimensión relacional,** que hace referencia a la manera de acompañar a tus hijos en el día a día.

¿Cómo acompaño a mi hija o a mi hijo?

Nos pasamos el día hablando de biberones, tetas, sueño, pañales, límites y demás… Sí, somos un poco pesados, igual que los docentes con la educación (yo me llevo el *pack* completo). En el trasfondo de estas conversaciones está lo que vivimos, cómo debería ser un niño y cómo tendría que comportarse. Pero...

¿QUÉ ES UN NIÑO?

Parece una pregunta absurda, pero no lo es. Tener claro qué es para ti un niño o una niña define cómo estarás con él, cómo lo mirarás y cómo lo entenderás. Juguemos un poco...

- Escribe en un papel una lluvia de ideas sobre lo que crees que es un niño. Apunta todas las que te vengan a la cabeza: las más lógicas, las más positivas, las más negativas y las más locas. ¿Ya lo tienes? ¿Seguro? Puedes pasar al siguiente paso.
- Ahora anota una definición cogiendo las ideas más interesantes de la lista empezando así: «Un niño es...».

Vale, ya tienes tu definición rápida de lo que es la infancia. Guárdala, porque refleja tu mirada sobre sus capacidades, acciones y posibilidades. Es lo que te mueve en la crianza y en la educación de las personas que más quieres.

Un niño puede ser muchas cosas, depende de cómo lo miremos y lo acompañemos. Si pensamos que tiene todas las capacidades para vencer sus retos, lo hará. Si no, no contará con nuestro apoyo y le costará más. Si lo consideramos una persona con todos sus derechos, no lo trataremos mal y lo respetaremos.

Tu forma de mirar la infancia revela tu relación con ella.

Si consideramos que son ruidosos, molestos e incompletos, viviremos la relación con nuestros hijos o hijas desde el sufrimiento y el sacrificio. Convivir desde la dificultad se convierte en un tormento, mientras que hacerlo desde la riqueza de su desarrollo es una aventura divertida, aunque agotadora. **La clave de educar es tener una mirada abierta que se maravilla cada día.**

Si aún no has escrito tu definición, no sigas leyendo. Hay un giro interesante que te vas a perder, así que date la oportunidad de vivir esta experiencia. Bien, ya tienes tu concepto sobre qué es un niño. Antes de continuar, quiero compartir contigo algunas ideas que pueden ampliar tu mirada a otras posibilidades. Los niños y niñas…

- Tienen derecho a expresar todas sus emociones.
- Vienen al mundo con todas las capacidades para desarrollarse.
- Te necesitan como referente que responde a sus necesidades.
- Son perfectos tal y como son.
- No son ni buenos ni malos.
- Son sujetos, no objetos.
- Tienen derechos fundamentales que hay que respetar.
- No son menos que los adultos.
- No necesitan que los entrenemos ni que les enseñemos.
- Aprenden jugando y explorando.

Habrás pensado que no es justo que yo no te diga cuál es mi definición. Así que la comparto:

Un niño es el origen de la vida, la esencia de vivir. Una persona completa y con derechos que nace con todas las capacidades para desarrollarse a través de la exploración, el juego y el amor.

Con todas estas nuevas ideas es posible que quieras añadir algo a la tuya, ¡estás a tiempo! Te doy unos minutos más. Ahora que ya tienes tu versión definitiva, vamos a darle un giro. Solo tienes que cambiar «un niño es...» por «mi hijo [o mi hija] es...». Reescríbela, siéntela, guárdala o cuélgala en un sitio significativo.

Gracias por hacerte este regalo. También puedes hacerlo por separado con tu pareja y después compartir vuestras visiones. A veces, las diferencias al educar parten de esta definición sobre qué es un niño. Conversar y entender ambas visiones quitará muchas piedras de vuestro camino.

Ya tienes tu versión de la infancia, ahora me gustaría incidir en el acompañamiento que hacemos cuando estamos con nuestros hijos. **Tu actitud es determinante** para que puedan ser naturales o se comporten «como corresponde».

Este detalle es importantísimo, porque nuestra presencia determina si les permitimos expresarse. Nos guste o no lo que hacen, sea socialmente aceptado o no, si se van a forzar para controlarse, a pesar de su inmadurez, porque tienen miedo a nuestras reacciones o a no agradar a su persona de referencia, no les estaremos dejando «ser». Pregúntate:

¿Mi hijo se expresa como es o se comporta «como corresponde»?

No estoy diciendo que si tu hija quiere pegar a sus amigos en el parque o si grita muy alto en casa se lo permitas porque «Ares dice que tiene que expresarse». **Solo si tenemos una actitud que les permita «ser» podremos ayudarlos después a regularse** si es necesario. Así se sientan las bases de su futuro éxito social y emocional. Si desde el principio los obligamos a comportarse de cierta manera, entienden que aquello que sienten no está permitido y se lo «tragan». Créeme, si sus impulsos internos no salen al exterior, se quedan dentro, y entonces te resultará mucho más difícil conectar con tu hijo o hija.

Partimos de la base de que tienen que **expresarse puros, sin pulir, como diamantes en bruto, originales y naturales.** Son seres en maduración que van a requerir que los acompañemos en el desarrollo de sus emociones, de su cuerpo, de sus pensamientos, de su comunicación y de sus juegos. De hecho, a muchos adultos no nos dejaron y pagamos muy caro el precio ya en la edad adulta, cuando nos mostramos sin filtro y con malas formas en contextos donde no debemos hacerlo (en el trabajo, con tu familia de origen, con tu pareja…).

La rabia, la risa, el enfado, la frustración, la alegría… tienen que expresarse en la infancia con toda su intensidad. Solo aceptándolas y validándolas podemos acompañar a nuestros hijos en sus necesidades. Nos molestan aquellas **emociones** que se permiten en la infancia, pero no en la madurez, como la rabia. Por ejemplo, el llanto tiene una función vital de protección, de desahogo emocional y de liberación de toxinas en el cerebro. Deberíamos permitirles llorar con toda nuestra dedicación y apoyo, y no evitar su lloro (una práctica muy extendida).

El **cuerpo** y la **mente** se desarrollan conjuntamente durante la infancia. Cohibir sus movimientos porque «no paran» o porque no son socialmente aceptados por la mirada adulta genera dificultades emocionales y de crecimiento. Hablaremos más adelante de la importancia del movimiento libre y de las condiciones necesarias para el desarrollo.

La infancia navega entre la realidad y la fantasía. Los bebés empiezan a expresarse haciendo sonidos guturales que con el tiempo y la práctica adquieren significados: mamá, papá, agua, más... Construyen poco a poco su visión de la realidad y nuestra función es validar sus **pensamientos** y **palabras,** aunque sean erróneos desde una perspectiva adulta, para que vayan descubriendo por sí mismos, con sus experiencias y nuestro ejemplo.

El **juego** es su forma de aprendizaje, se basa en la repetición, el ensayo, el error, la investigación de los materiales y sus significados. Excepto algunas excepciones, no necesitan de un adulto que les indique qué tienen que hacer para jugar o que interprete lo que hacen. Simplemente, necesitan la seguridad para jugar y crear sin un adulto interfiriendo. Podemos jugar con ellos, faltaría más, pero habrá que tener en cuenta si estamos respetando sus procesos. Es fácil ver cómo nuestra interacción les hace cambiar su juego y su necesidad de agradarnos.

Para **acompañar a nuestros hijos en su desarrollo** necesitamos:

- Estar como figuras de apego y seguridad.
- Responder a sus necesidades básicas.

- Dejar que hagan, sientan y experimenten sin distraerlos o desviarlos.
- Respetar y observar qué hacen y por qué.
- Validar sus procesos y sensaciones.
- Conectar con sus emociones y necesidades, y ponerles palabras.
- Regular sus acciones y procesos con amor, firmeza y tranquilidad.

Solo tienes que **estar sin interferir.** Únicamente tienes que maravillarte cada día de su crecimiento. Ampliaremos estos temas en los próximos capítulos: cuidados básicos, autonomía, límites y cómo permitirles «ser». Como ves, todos los puntos de la brújula para educar están conectados y dependen unos de otros.

Esta forma de entender la infancia es muy diferente a la que hemos recibido tradicionalmente. La educación durante mucho tiempo ha coaccionado, condicionado y domesticado a infinidad de niños y niñas. Tú y yo hemos crecido en contextos en los que determinados comportamientos se castigaban y no se acompañaba. La gran diferencia es que antes, cuando nos equivocábamos, teníamos miedo y aprendíamos a no hacerlo otra vez para evitar las consecuencias. Ahora, nos corresponde **educar validando los errores,** acompañando para resolverlos y permitiéndoles que se equivoquen y cambien de opinión.

Entonces, ¿por qué nos cuesta estar con la infancia? Principalmente, porque vemos conductas que nos molestan desde un punto de vista de adultos, lo que nos lleva a la frustración. Hay que cambiar el foco y **mirar con gafas de niño.** Así comprenderemos que lo que les ocurre tiene un sentido y se corresponde con sus necesidades o con su momento evolutivo.

Para entenderlo mejor, nos vamos a ayudar de una herramienta fascinante: la **comprensión de su cerebro.** Tiene una complejidad extraordinaria, está hiperconectado y su velocidad es inimaginable. Cuando nace, el bebé ya tiene todas las neuronas necesarias, con la singularidad de que están poco conectadas entre sí. La diferencia la marca el número de conexiones que vaya haciendo en su crecimiento. Cada detalle y aspecto de su vida queda grabado a través de las sinapsis neuronales que realice. Pero ¿cuándo se produce la mayor conexión? De los cero a los tres años, la etapa más importante de su vida. Y, después, de los tres a los seis años.

Es mi obligación aclarar que el **«cuanto antes y más, mejor»** tan extendido en las escuelas y las casas **no es verdad.** Si sobreestimulas el cerebro de una niña o de un niño, no aprende más. Aprende menos, porque forzar implica estrés negativo, lo que provoca que la amígdala bloquee el cerebro para el aprendizaje. Por tanto, lo que necesitan son ambientes y personas de referencia que, con su presencia, seguridad y disposición, permitan a la infancia descubrir, curiosear, moverse, experimentar y crear sus propios aprendizajes. Las conexiones cerebrales se hacen desde el placer, cada cual irá a su propio ritmo. Lo siento, no puedes hacer de tu hijo un Einstein. Es un mito.

«Nada sin alegría.»
LORIS MALAGUZZI

Para que entiendas cómo funciona, usaremos la metáfora de los tres cerebros. En realidad, no hay tres, sino uno con tres zonas que distinguimos por sus funciones y por su evolución a lo largo de la historia de la humanidad:

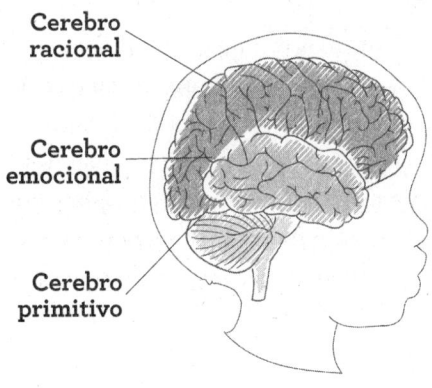

Cerebro
racional

Cerebro
emocional

Cerebro
primitivo

El **cerebro primitivo o reptiliano** es la parte más «vieja» y tiene un objetivo claro: actuar para sobrevivir. Guarda todos los instintos básicos y funciones automáticas que sostienen la vida y el movimiento, como respirar, conducir un coche, tragar, dormir o montar en bicicleta. Reacciona luchando, huyendo o paralizando a la persona.

El **cerebro emocional o mamífero** se desarrolló después, con la función de distinguir lo que nos da placer de lo que nos produce displacer. Es automático e inconsciente. Sí, a ti y a mí también se nos dispara de vez en cuando sin control. Filtra sensaciones y emociones que nos ayudan a crecer o que nos tienen que poner en alerta. En él se sitúa la famosa amígdala, que es como un semáforo que «se pone en rojo» y nos alerta cuando hay algo que nos genera displacer, o «verde», y nos indica que podemos continuar haciendo aquello que nos gusta. También tiene que ver con la memoria, la socialización y la pertenencia al grupo.

El **cerebro racional** es el que nos hace humanos, porque nos permite pensar, comunicarnos, tener lógica, crear, imaginar, planificar, intuir… Es la parte más grande y la superior. Además, incluye las estructuras cerebrales encargadas de controlar los impulsos y las emociones de los otros dos cerebros.

Ahora vamos a lo que nos interesa. ¿Cómo y cuándo se desarrollan en la infancia tu hijo o tu hija? ¿Cómo afecta a vuestra relación?

> *«En el niño, son los cerebros*
> *reptiliano y emocional los*
> *que llevan la voz cantante.»*
>
> ÁLVARO BILBAO

Tu hija acaba de tener un enfado monumental por una tontería (desde la mirada adulta). Salíais de casa con prisas para llegar a la escuela, la has cogido en brazos, se le ha caído su coche favorito y no le has dado importancia. Los lloros y los gritos se oían en el piso de abajo. Ella quería llevarse su coche y no ha podido. Entonces, para que se calme, le hablas razonando que no se pueden llevar juguetes a la escuela, que ibais con prisas, que por la tarde lo coge, que la quieres mucho…

Este es un caso bastante habitual en el que se utiliza el **código de comunicación** del cerebro racional adulto con una niña que actúa desde el cerebro primitivo y el emocional. El resultado suele generar frustración a ambas partes, porque es como si pides en una tienda agua y te dan azúcar.

Calmar, conectar y razonar son tus tres habilidades mágicas. Hasta el año, los niños viven con un **«código reptiliano»,** por lo que nos relacionaremos con ellos **calmando sus necesidades básicas** (hambre, sed, sueño, higiene, salud, seguridad, dolor…). A partir del año, además, se pone en juego su **«código emocional»,** por lo que necesitan **conectar contigo** para que empatices con sus necesidades. A partir de los tres años, el **«código racional»** empieza a estar maduro para relacionarnos a través de **palabras y explicaciones.** En ese momento, los tres cerebros están en juego y tendremos que distinguir desde cuál se expresa nuestro hijo o hija, y cuál es la habilidad que necesitamos. Todas las edades son aproximadas, observa antes de aplicar la teoría.

Como venimos del sermón como «herramienta educativa», es muy habitual ver a padres y madres **dando larguísimas explicaciones** (desde el código racional) a niños menores de tres años para que entiendan o hagan una cosa. Por mucho que nos empeñemos en que comprendan algo desde lo racional, no lo conseguiremos. No funciona así su cerebro, probablemente necesiten algo más directo, seguro, afectivo, activo y corto (códigos reptiliano y emocional). Por supuesto, hay que hablarles, porque saben lo que les decimos desde muy pequeños y porque el lenguaje construye las relaciones y la realidad familiar.

Además de la comprensión del cerebro, es vital usar otra herramienta que se ha empleado desde las cavernas. Es la más importante y sencilla: la **observación.** Durante siglos, las madres, abuelas y educadoras no necesitaron de la neurociencia, sino de la observación, para interactuar con bebés y niños. Ya sabían que razonar con un bebé tiene poco sentido o que para hablar con un niño primero hay que calmarlo y conectar. Toda esta sabiduría ancestral está en ti. Solo tienes que confiar y dejar de hacer.

No se puede observar actuando, necesitas una presencia activa que no invada y que esté atenta a lo que ocurre. Esta sociedad está completamente obsesionada por «hacer y hacer», por lo que al principio te costará mucho. Para observar necesitamos estar completamente presentes en sus acciones. Entonces veremos qué les pasa y empezaremos a comprender algunos porqués.

Poniendo en juego estas dos herramientas, los códigos de comunicación cerebrales y la observación, puedes saber qué tienes que hacer tú para resolver la mayoría de las dificultades.

El mapa de los 3 cerebros

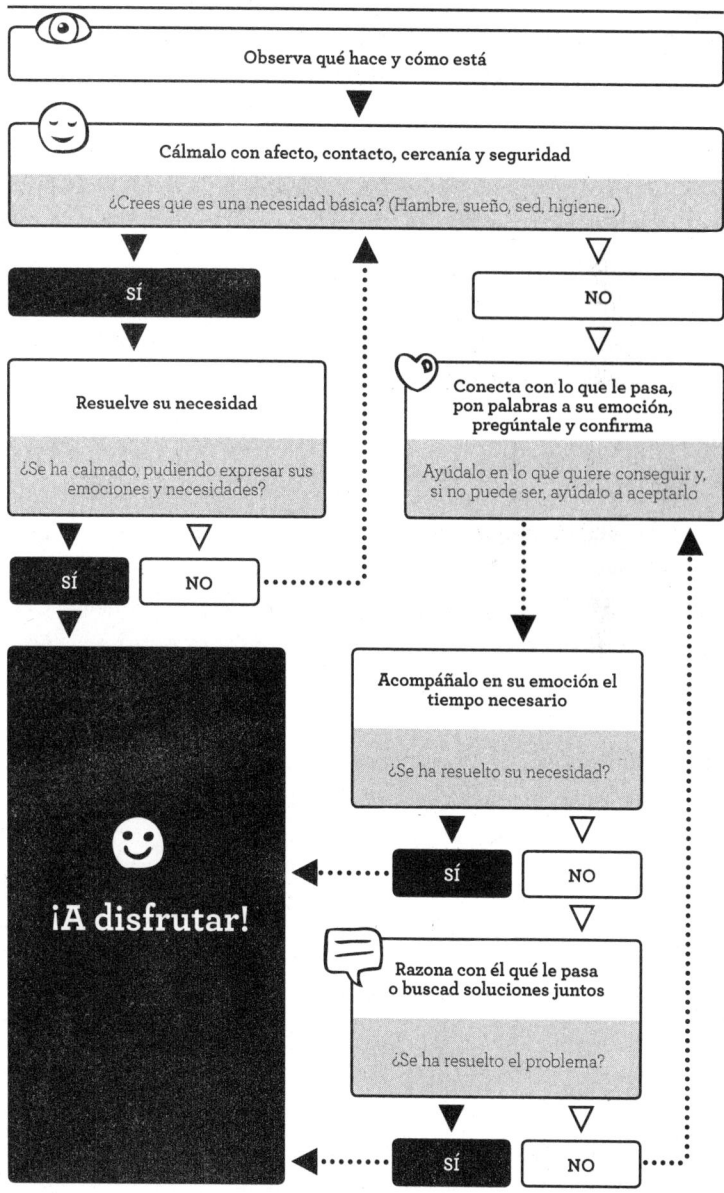

Observa qué hace y cómo está

Cálmalo con afecto, contacto, cercanía y seguridad

¿Crees que es una necesidad básica? (Hambre, sueño, sed, higiene...)

SÍ

NO

Resuelve su necesidad

¿Se ha calmado, pudiendo expresar sus emociones y necesidades?

Conecta con lo que le pasa, pon palabras a su emoción, pregúntale y confirma

Ayúdalo en lo que quiere conseguir y, si no puede ser, ayúdalo a aceptarlo

SÍ

NO

Acompáñalo en su emoción el tiempo necesario

¿Se ha resuelto su necesidad?

SÍ

NO

¡A disfrutar!

Razona con él qué le pasa o buscad soluciones juntos

¿Se ha resuelto el problema?

SÍ

NO

El mapa de los tres cerebros te ayudará a resolver muchas de las dificultades que tengáis, a distinguir sus necesidades básicas, emocionales y racionales. Como hemos visto, en función de la edad que tenga tu hijo, seguirás hasta el final o no. **En la práctica, todo pasa mucho más rápido** y posiblemente ni te acuerdes, así que viene bien revisarlo de vez en cuando para ir incorporándolo poco a poco. Si te parece complicado, te lo simplifico en **tres pasos:**

1. Calma sus necesidades.
2. Conecta con sus emociones.
3. Acompáñalo para razonar sobre lo que ha pasado.

Comienza siempre por dar afecto, seguridad, tener contacto y estar cerca, independientemente de lo que le pase. Es posible que no sepas cómo actuar en algunos puntos de este mapa: «¿Cómo lo ayudo a aceptar lo que no puede ser?, ¿cómo resuelvo una necesidad básica?»… Recuerda que estamos en el primer capítulo; tenemos uno entero dedicado a los cuidados básicos, otro sobre autonomía y otro para aprender a establecer límites. Vayamos poco a poco. De todas formas, da igual todo lo que yo te cuente, mira lo que dice con absoluta claridad Vicenç Arnaiz:

Quienes nos enseñan a ser padres son nuestros propios hijos.

No puede ser de otra manera. Cada niña y cada niño son únicos, por lo que las estrategias que funcionan en un caso no funcionarán en otro. Es un camino que se hace según se recorre y en el que irás descubriéndote y descubriéndolo. Lo que te funciona con tu primer hijo puede que no te sirva con el segundo. Yo, en la escuela, convivo con veinticinco niños y niñas diferentes, por lo que a la hora de ajustarme a cada cual utilizo estrategias diferentes que descubro a través de la observación de cómo son, qué hacen y qué necesitan. **Es más fiable la observación que las estrategias.** La teoría establece las bases de actuación; la práctica da sentido a lo que haces.

Nos estamos centrando mucho en sus necesidades y en nuestra presencia. Sin embargo, hay un aspecto muy relevante que puede cambiarlo todo: **cómo estás y cómo eres tú.** Mucho de lo que ocurra va a depender de cómo te sientes, de cómo vives una situación u otra y de cuál es tu actitud. Así, de primeras, da un poco de miedo mirarse y ver cómo afecta a las personas que más queremos. Es imprescindible hacerlo. ¡Vamos a por ello! Eso sí, siempre desde la alegría y sin dramas.

Solo podemos dar lo que somos

A principios de curso, unos amigos me pidieron conversar sobre Rosa, su hija mayor. Accedí encantado y empecé a escuchar. Me contaban que la veían desganada y algo descolgada de su clase, sobre todo en lo relativo a la socialización. Empezamos a hablar sobre el carácter reservado que tiene y cómo va haciendo su proceso más despacio, sobre cómo ayudarla a socializar, y analizamos también el contexto de su clase y la relación con su tutora.

Les pregunté si esa situación había cambiado respecto a cómo estaba Rosa a finales del curso anterior, y me respondieron que no, que seguía igual.

—Y a final de curso, ¿os preocupaba?

—No —respondieron.

Entonces me di cuenta de que algo había cambiado a lo largo de esos meses y al ver que era la madre la que estaba más afectada con el tema, me acerqué y le pregunté:

—Oye, Alicia, y tú, ¿cómo estás?

—Mal, Ares, mal. No sé muy bien qué me pasa. Estoy desilusionada, agotada y desorientada.

A partir de ese momento, cambiamos completamente la forma de encarar la situación. El foco no estaba en la niña, sino en su madre. Hablamos, buscaron soluciones y concretaron que Alicia necesitaba encontrarse durante un tiempo, y Pedro, su chico, iba a sostener la parte que hacía ella mientras recuperaba su equilibrio personal.

Somos personas, con nuestros altibajos, y tenemos **derecho a estar bien y a estar mal.** Ve quitándote ya la capa de superheroína o de superhéroe. Tus hijos no te quieren así, te quieren con tus defectos y tus virtudes. Tampoco desean un padre o una madre perfectos, sino imperfectos. Nos ponemos mucha carga encima y no tenemos todos nuestros asuntos resueltos de la noche a la mañana simplemente porque ahora seamos responsables de otra vida.

De vez en cuando, hazte esta pregunta: **«¿Cómo estoy?».** Sé sincera contigo misma, sé sincero contigo mismo; de nada sirve mentirse, y es desde la verdad desde donde puedes cambiar. Seguramente, el agotamiento forme parte de tu vida, como les sucede a la mayoría de los padres y las madres, aunque también puede que estés triste, alegre, lleno, frustrado o ilusionado. **La mejor educación emocional que podemos dar a la infancia es reconocer y dar espacio a nuestras propias emociones.**

Habrás notado más de una vez que si un día estás con estrés todo sale mal. En cambio, si sientes calma y disfrutas parece que la situación fluye. **Tú creas tu propia realidad.** Esta capacidad es una herramienta maravillosa, porque convivir con niños y niñas puede ser muy desgastante o muy divertido. Depende de las gafas que te quieras poner.

Tu actitud lo puede cambiar todo.

En función de **cómo estás tú, así estará tu hijo,** así de simple. Tus emociones y sensaciones añaden un color a lo que vivís, modificando vuestra realidad. Tú eliges de qué color quieres que sea vuestra vida. Esto implica un compromiso personal para luchar por lo que quieres y para mirar cómo estás.

Hemos vivido una pandemia y las familias que han sabido darle la vuelta a la situación han disfrutado mucho, a pesar de las grandes dificultades. Ciertas habilidades y actitudes se hacen imprescindibles para vivir, pero más aún cuando es en familia. Hay que reconocer que convivir con hijos no es «práctico» y que de vez en cuando genera elevados niveles de estrés.

La resiliencia, la **capacidad para el optimismo,** para la ilusión, para alegrarnos por lo sencillo y crear nuestra realidad son fundamentales. Sí, yo también tengo o he tenido dificultades económicas, de pareja, de sueño, de límites, de trabajo… Sin embargo, lo que generará una gran diferencia en tu vida es la actitud con la que afrontes lo que te ocurre. Es un trabajo difícil, de responsabilidad individual.

El **humor** también será un gran aliado para desdramatizar tu vida. **Ríete** de vez en cuando del desastre que tienes en el salón, con todo tirado; **baila** en familia; **juega** y **disfruta.** Crearás otra relación con tus hijos. También puedes enfadarte porque la casa no está como esperabas, porque tus hijos no recogen sus cosas cuando se lo dices o porque la mesa no está puesta... Todo es cuestión de cómo afrontamos lo que ocurre. Es obvio que hay que poner la mesa o recoger el salón, pero se puede hacer enfadado o bailando... A veces, un poquito de música resuelve muchas situaciones en casa.

Recuerdo un día que estaba solo con mis dos hijos mayores. Gael tenía cuatro años, y Enzo, quince meses. Habíamos bajado al parque y estábamos jugando y disfrutando tranquilamente. En sus caras y en la mía se podía ver que había sido una mañana genial. Se me ocurrió mirar el reloj y vi que se me había ido la hora observándolos. Por entonces, Enzo no perdonaba, a las 13.30 horas tenía que comer. Eran las 14.00 y se estaba irritando por momentos (en esa edad, es habitual que sean inflexibles con los horarios). A mí me entró el agobio, porque sabía que ya iba contra reloj. O me daba prisa o todo iría a peor.

Subimos a casa corriendo. Como Enzo estaba en esa etapa maravillosa en la que exploraba todo lo que había en casa y abría los cajones, le dejé varias cosas por el suelo de la cocina para que se entretuviera y me puse con la comida. Gael, por su parte, estaba tranquilo leyendo en el sofá (¡bien!). Afortunadamente, el menú de aquel día era sencillo: macarrones con soja texturizada y tomate. Puse la soja y la pasta a hervir. Me agaché para estar con Enzo, que estaba cansado: era la hora de su siesta y no había comido aún. Cuando volví a la cocina, el fuego estaba muy fuerte y se había salido toda el agua. Me dije a mí mismo: «¡Ares, siempre igual, la soja a fuego medio!». Esquivé a Enzo, que gateaba por el suelo, cogí la bayeta, limpié la vitrocerámica y me animé: «¡Venga, Ares, que no queda nada para la siesta! La pasta y el tomate ya mezclados, termino la soja y todo a la olla. Un poco de orégano y acabo la comida, ¡vamos!».

Saqué los platos, los puse en la mesita de la cocina y serví la pasta bien calentita para los tres. Coloqué los cubiertos, las servilletas, los vasos, el agua, el pan y el queso rallado para llevarlos a la mesa del salón. Cuando estaba a medio camino entre el salón y la cocina, vi a Enzo de pie, apoyado en la pata de la mesita de la cocina, estirando la mano todo lo que podía para ver qué se encontraba encima. Se paró el tiempo mientras observaba a cámara lenta cómo sus deditos exploradores agarraban el borde del plato de macarrones, que se volcó lentamente sobre su cara, a la vez que yo corría.

Miré rápidamente para ver si se había quemado, y afortunadamente estaba bien. Los macarrones recién hechos cubrían su cuerpo y el suelo de la cocina, él lloraba desconsolado, porque no sabía qué había pasado. Lo abracé y lo calmé, sentado en el suelo, entre tomate, soja y pasta. Entonces, me llevé las manos a la cara por desesperación; el enfado me corroía por dentro y me salió todo el estrés por llevar cuarenta minutos a toda prisa. Lloré en silencio. Mientras, Gael se acercó tranquilamente para preguntar qué había pasado y, al ver el panorama, decidió volver a su lectura.

Un volcán dentro de mí estaba a punto de explotar… Le había puesto todo mi amor a la situación, paciencia a raudales, y encima, ¡un plato menos de comida! Supe contener la frustración y la rabia, aunque me costó mucho. Duché a Enzo entre lágrimas; después, se sentaron a la mesa y repartí lo que quedaba entre los dos. Comieron y acosté a ambos a dormir la siesta. Volví a la cocina, recogí la comida del suelo y comí a solas lo que encontré por la nevera. Ahora me río de aquella situación, pero en aquel momento quería morirme.

Esta historia nos lleva a la última actitud que considero clave: la **paciencia.** Mi gran maestro Ferran Ramon-Cortés nos la explica con lo que denomina el *efecto botella de cava*. Tú eres la botella, y tus emociones, el cava que está dentro. Ya sabes que tu cerebro, al igual que en la infancia, se dispara desde la parte primitiva y emocional. En teoría, cuando somos adultos, somos capaces de controlar estos impulsos emocionales fuertes desde el cerebro racional, pero la realidad es que algunas veces, cuando hay mucho ruido en casa, tu hijo se enfada y grita, o simplemente cuando estás muy cansado y no puedes más, te sientes desbordado.

Sabemos qué ocurre si agitamos una botella y después la abrimos. Pues lo mismo sucede cuando sentimos ese torrente emocional dentro y lo dejamos salir: somos agresivos y terminamos haciendo daño. En este caso, a tus hijos, aunque tu pareja puede llevar muchas papeletas de la rifa. No deberíamos permitirnos estos lujos tan humanos, pero tan perjudiciales.

La clave para salir de ahí es cultivar la paciencia en ese momento en el que sentimos que nos disparamos y darnos cuenta es el primer paso. Dejando pasar unos segundos, podemos distanciarnos de nuestra emoción, y nos empezaremos a calmar. ¡No abras tu botella de cava cuando estés agitado emocionalmente! Con niños y niñas, **lo más importante cuando la situación se tensa es soltar,** no controlar, ver lo que pasa, relajarse y después actuar.

Aunque profundizaremos en el último capítulo, otro aspecto que hay que considerar en tu día a día y al que tienes que prestar mucha atención es el **estrés.** Sin darnos cuenta, va aumentando la presión y se instala en nuestras vidas. En vez de disfrutar desde la **tranquilidad,** nos pasamos el día con angustia y tensión. El estrés se codifica en el cerebro y se hace crónico si permanecemos demasiado tiempo en esta situación.

Como ves, tu relación con cada emoción y con cómo estás afecta directamente a nuestras vidas. No es una carga, es una realidad de la que tenemos que ser conscientes y que es la cuna de nuestras habilidades emocionales y sociales. Queramos o no, nos expresamos en función de **nuestras experiencias** y de cómo hemos vivido el cuerpo, la autoridad, los límites, la autonomía, la relación, las emociones…

Te contaré que desde pequeño he sido una persona muy sensible, y eso me ha hecho ponerme muchas corazas para sobrevivir. Sin embargo, a la hora de relacionarme, soy rápido, directo y hasta brusco. Me sale de dentro de forma inconsciente. La primera parte de mi camino ha sido darme cuenta de que, sin querer, puedo hacer daño, no escuchar una demanda o perderme detalles interesantes. Cuando estoy con niños y niñas, si no estoy atento, puedo romper un proceso de juego con mi actividad, asustarlos cuando hablo y no se lo esperan, o no tener paciencia para respetar sus tiempos. Por eso, decidí trabajar la ternura cada día y, sobre todo, **darme permiso** para poder ser tierno. Voy poco a poco, y sé que mi gente cercana, mis hijos, mi alumnado y mi familia lo agradecen. También, cuando me equivoco, lo detecto más rápido, puedo pedir disculpas y solucionar la situación. Cada cual tiene sus cositas que resolver.

Somos como somos, y sí, **podemos cambiar.** Aquello de que las personas no cambian nunca es otro mito, depende de su voluntad. A veces, nos miramos desde lo que nos gustaría ser o desde lo que nos falta, cuando lo que ya somos es mucho más de lo que no tenemos.

«Si nos aceptamos por lo que somos
y por lo que no somos, podemos cambiar.
Lo que se resiste persiste. La aceptación
es el núcleo de la transformación.»
MARIO ALONSO PUIG

Es fundamental **reconocer lo que eres** y reconocer qué está pasando en tu vida. Desde ahí puedes partir para empezar a cambiar. Conocerte y aceptarte es el inicio del camino para ir mejorando aquellas actitudes que puedes afinar un poco, y también para sacar del cajón otras cualidades maravillosas que tienes y que no te das el permiso de disfrutar.

Por el contrario, negarte u oponerte a lo que eres solo hará que continúes tropezando una y otra vez con la misma piedra. ¡Ah!, tampoco vale **ocultar** lo que no quieres que se vea, porque se ve. Quienes lo detectan primero son los niños y niñas, que **nos hacen de espejo,** mostrándonos lo que no queremos ver de nosotros.

Estaba con Juan en una tutoría y me contaba que su hijo comía mal, poco y muy lento.

—Y tú, ¿qué tal comes?, ¿comías mal cuando eras pequeño?, ¿cómo ha sido tu relación con la comida? —le pregunté.

—De pequeño, mi madre se volvía loca para que comiera, y ahora, la verdad, como pocas cosas.

En efecto, él también comía mal. Su hijo estaba reflejando la forma de comer en casa y sirviendo de espejo a su padre. Así que cambiamos el enfoque y decidimos trabajar toda la familia en conjunto.

Estos casos se repiten y muchas veces las dificultades de niños y niñas son un reflejo del contexto en el que viven. Si prestas atención, a menudo son como tu imagen en un espejo, te muestran cómo eres. Cuando te preocupe algún tema de tu hijo, ocúpate y reflexiona sobre cómo lo gestionáis tú o tu pareja. **Empezar por ti aclara y ayuda a resolver mejor los problemas.**

Es inevitable y natural que dejes tu **impronta,** porque tienes un ritmo vital propio, una forma de relacionarte, hay cosas que te gustan y otras que no, aspectos que se te dan mejor o peor, e incluso algún tema tabú. Hay que afrontarlo y aceptarlo sin dramas. Solo podemos dar lo que somos.

Te habrás dado cuenta de que a menudo tus emociones son también las de tu hijo o hija. A veces, sus sentimientos parecen mezclados con tus propias emociones. Incluso en ocasiones hacen cosas iguales a cómo las hacemos nosotros sin habérselas enseñado, ¿cómo puede ser? Ese vínculo tan fuerte y esa imitación tan poderosa tienen una explicación: las **neuronas espejo.**

Mientras estás hablando por teléfono, lloras con una película, andas por la casa, cantas de alegría, te enfadas por algo, haces la comida o acaricias a tu bebé, sus neuronas se activan junto con las tuyas. Cuando están en relación contigo, su cerebro viaja por los mismos caminos que está recorriendo el tuyo. **Imitan y observan** para aprender qué haces, cómo lo haces, qué sientes y qué respuestas emocionales tienes en función de lo que ocurre. Así interpretan cómo comportarse y aprenden cuál es su cultura.

> *«Los niños reaccionan en función*
> *de la experiencia afectiva que tienen.»*
> VICENÇ ARNAIZ

De todo lo que te transmita en este libro, una de las enseñanzas más importantes es **ser un buen ejemplo.** Evidentemente, eres imperfecta o imperfecto. Este es el gran ejercicio que tenemos que hacer para educar, porque si queremos calmar a nuestros hijos, tenemos que calmarnos primero; si queremos que bajen la voz, no podemos gritar; si queremos que nos respeten, tenemos que tener actitudes respetuosas…

Ponerte a la altura de sus ojos cuando hablas, acompañar sin invadir, responder a sus necesidades, aceptar sus errores, buscar soluciones o gestionar sus emociones con tranquilidad establecerá vuestra forma de relación y la que tu hijo entenderá como propia. A su vez, la forma en la que hables a los demás, respondas cuando se te pide algo, aceptes tus errores, busques soluciones ante las dificultades o gestiones tus emociones será el **modelo** que imitarán tus hijos.

Educas como te han educado

Y llegó el día. Sí, lo siento, hay un momento en la vida de todo padre o madre en el que paras y te dices: «¡Pero si soy igual que mi madre!», «Si me enfado como mi padre», «Pero esto no puede ser, con todo lo que he leído, lo que me he formado y en cuanto me descuido… ¡pum! **Hago aquello que no me gusta de mis padres**».

Esto tiene una explicación: **los estilos de apego pasan de una generación a otra.** Todo lo que viviste de los cero a los tres años se queda bien grabado en tu memoria: la forma en que te acariciaban, cómo te arropaban por la noche, si te contaban cuentos, cuándo se enfadaban y por qué… Cuando tienes un pico de estrés, tu cerebro se va a la seguridad de lo primero que se grabó en él. Entonces, ¿qué aparece? Lo que «te dieron» a ti, que lo reproduces con la siguiente generación.

> *«El estilo de apego es transgeneracional.»*
> RAFA GUERRERO

Por una parte, produce ilusión que algunos comportamientos y actitudes maravillosos de la crianza de tu abuela o de tus tatarabuelos se puedan **repetir.** Sin embargo, también tendrás que

actualizar aquellos que no se basaban en el respeto y la igualdad (los tiempos cambian).

Siete de cada diez personas continúan con el mismo estilo de apego en su madurez que el que recibieron en su infancia. Lo que significa que de forma natural e inconsciente repetiremos estos comportamientos con nuestros hijos e hijas. Esto no quiere decir que no se pueda dar otro tipo de relación, ni mucho menos. **No dependes de lo que viviste en tu infancia, sino de cómo lo hayas resuelto** (en su momento o ahora).

En ese momento en el que el cansancio ya se ha apoderado de ti después de trabajar todo el día, comer en el coche, estar dos horas en el parque, llegar a casa, resolver siete cosas, decir cinco veces que hay que recoger para cenar y cuando no puedes más, tu pareja te hace un comentario que te desagrada…

Entonces explotas, tus niveles de estrés también, tu cerebro vuelve a su parte más primitiva, a lo que recibiste en tu origen (las primeras conexiones que se grabaron) y tu **reacción desajustada** se recuerda durante varios días, porque has gritado, no has respetado a nadie, y después de un minuto te sientes fatal y no sabes qué ha pasado.

Es normal, aunque no justifica tu actitud, sí explica por qué la tienes. Es tu **responsabilidad** resolverlo, y mejor más pronto que tarde.

En algún momento, la mayoría hemos perdido los papeles, lo que no podemos hacer es permitir que se repita constantemente por el ejemplo que damos y el daño que causamos. Tenemos que observar qué desató la reacción para estar alerta cuando vuelva a pasar y rebajar nuestra revolución interna. Recuerda la botella de cava, ¡no la descorches!

A veces nos liamos un poco, porque queremos ser todo aquello que leemos sin tener en cuenta nuestras vivencias pasadas.

Educamos como nos educaron y parece inevitable que, mientras estamos creando nuestra familia, tengamos en algunos momentos que **mirar atrás** y revisar todo lo que vivimos, sobre todo la relación con nuestro padre o nuestra madre.

Educar requiere desaprender.

En lo que recibiste, verás cosas que te gusten y que no te gusten; es lógico y normal. Tendrás que ir al pasado y tratar de **comprender** qué hicieron en función de las posibilidades que tenían. Quédate con todo lo que te dieron, que será mucho, y agradécelo si quieres.

Por ejemplo, lo más importante que nos han dado nuestros padres y madres es la vida. Seguro que se equivocaron en algunos momentos, es imposible no hacerlo, incluso puede ser que metieran mucho la pata. Tú también lo harás, aunque menos (espero).

Si quieres **liberarte** y avanzar, ahora te toca **aceptar** que las cosas fueron como fueron y comprender que quienes te criaron hicieron lo que pudieron. No puedes cambiar tu pasado, por muy duro que haya sido, pero sí puedes aceptar que ya ha quedado atrás, tomar la fuerza necesaria y **ser libre** para crear tu vida personal, familiar y profesional.

No hay otro modo: para no quedarnos enganchados en lo que pasó o en lo que no nos dieron, hemos de **responsabilizarnos de lo que fuimos, de lo que somos ahora y de lo que queremos ser en el futuro.**

TU FUERZA PARA EDUCAR

Te propongo un ejercicio al que podrás volver de vez en cuando. Ya eres consciente de que, después del nacimiento de tu hijo o hija, tu vida ha cambiado por completo y tu forma de mirar también. Por otra parte, sabes que todo lo que eres va a influir inevitablemente en su vida.

Vas a reflexionar sobre varios aspectos importantes de la crianza con los que nos enfrentamos todos los padres y madres. Haz una tabla como la que te enseño a continuación y anota en la columna de la izquierda los siguientes temas: presencia, afecto, sueño, alimentación, higiene, autonomía, límites y emociones (puedes añadir más si quieres).

	¿Cómo me educaron?	¿Cómo educo yo ahora?	¿Cómo me gustaría educar?
Presencia			
Afecto			
Sueño			
Alimentación			
Higiene			
Autonomía			
Límites			
Emociones			

Rellénala contestando las preguntas de cada columna con lo primero que te venga a la cabeza. No hace falta que hagas un análisis exhaustivo, mejor que sea algo ágil, porque ahora necesitamos más acción y menos pensamientos. Será tu punto de partida. Las preguntas siguientes pueden ayudarte a responder la primera columna:

Presencia: ¿pasaban tiempo conmigo?, ¿estaban disponibles?, ¿respondían a mis necesidades?

Afecto: ¿me mostraban cariño?, ¿me trataban con respeto?, ¿me abrazaban?

Sueño: ¿me contaban cuentos?, ¿tenía horarios?, ¿dormía suficientes horas?

Alimentación: ¿tenía que comer todo lo del plato?, ¿tomaba regularmente fruta y verdura?, ¿y si la comida no me gustaba?

Higiene: ¿me enseñaron hábitos de higiene?, ¿me lavaba los dientes?

Autonomía: ¿me controlaban?, ¿tenía capacidad de decisión?, ¿confiaban en mis posibilidades?

Límites: ¿me regañaban a menudo?, ¿eran estrictos?, ¿qué lugar tenía el error?

Emociones: ¿podía decir lo que sentía?, ¿me ayudaban a gestionar mi enfado o mi rabia?

¿Qué te ha parecido? Para mí fue revelador. No comprendemos cuánto nos parecemos a nuestra familia de origen y cuánto hemos cambiado hasta que no hacemos un ejercicio así.

La primera columna es tu pasado. No podemos hacer nada para cambiarlo, solo aceptarlo y, si quieres, agradecerlo.

La segunda columna es todo lo que ya eres. Tu fuerza para educar. Quiérete y reconócete, aunque haya rasgos que no te gusten. El primer paso es la aceptación.

No hemos acabado aún. Anota en la última columna qué aspectos quieres mantener igual, cuáles puedes mejorar y aquellos que tienes claro que quieres cambiar.

Con esta selección, piensa cuál es el aspecto más importante para ti. Investígalo, fórmate y márcate pequeños objetivos que te hagan llegar a ser quien tú quieres ser. Después, puedes seguir con otro aspecto.

Cree en ti por encima de libros u opiniones

De repente, te ves en una librería o navegando por internet en busca de libros sobre el embarazo, el parto, la educación…, secciones que no habías visitado nunca antes, pero que ahora necesitas. Compras tres o cuatro libros, te lees alguno y también visitas varios blogs, escuchas alguna ponencia por internet y sigues a varias personas interesantes en redes.

¡Cuánta información! Entonces, un experto recomienda hacer algo y decides llevarlo a cabo con tu hijo, con alguna duda, pero también con gran determinación. Te gustaría hacerlo como él, pero no tienes sus capacidades y terminas con una **gran confusión** porque lo que **haces** no se corresponde con lo que **sientes**.

> *«No vayas en tu contra, en contra*
> *de tu yo verdadero o esencial,*
> *de tus deseos más profundos.»*
>
> CURRO CAÑETE

Parece lógico, somos personas distintas, lo que funciona para mí probablemente no funcione para ti. Solo **tú** puedes saber qué es mejor para tu familia y para ti. Al principio, hacía recomendaciones a las familias de mi aula en las tutorías, les decía qué hacer en su casa y cómo. Aquellas que tenían ciertas similitudes conmigo obtenían resultados, pero con las que eran diferentes no funcionaba (la mayoría). **Desconfía de las recetas** y de las instrucciones «paso a paso». No funcionan.

Por otra parte, tenemos cierta fantasía infantil sobre **cómo resolver las dificultades** con nuestros hijos e hijas. De repente, al comparar con otras familias, nos damos cuenta de que nuestro hijo no duerme bien, o no come bien, o le falta autonomía o… No es un hecho que aparezca de la noche a la mañana, pero nuestro agobio, sí.

Además, queremos que se resuelva rápido, porque tenemos mucho trabajo, porque vamos a tener otro bebé… Creemos que si leemos ese libro o hacemos ese curso tendremos un **resultado inmediato** que hará que nuestro hijo sea autónomo, que respete los límites, que no grite o que duerma toda la noche. Es un deseo erróneo, la educación no funciona así (como veremos en el siguiente capítulo). La respuesta no suele estar en los libros (solo las pistas), la solución está en ti. El comportamiento y el bienestar de tus hijos es el fruto de **cultivar cada día la brújula para educar, es decir,** las bases de la educación.

Otro hecho habitual al que nos enfrentamos es el siguiente: **todo el mundo opina.** Vas a una reunión familiar, te sacas la teta para que coma tu hija y aparece alguien que te dice que es muy mayor, que deberías darle el biberón, que en sus tiempos se hacía de otra manera... Pero nadie sabe cómo es tu relación con tu hija, ni cómo gestionas tu relación de pareja, ni cómo es vuestra realidad familiar. Solo tú y tu pareja (si la tienes) podéis saber qué es mejor para vuestra vida.

Seguro que tienes otros mil ejemplos más de personas que te han querido **«ayudar»** sin que se lo pidas (tu madre o tu padre, tus suegros, tus amistades, tu pareja, las chicas del grupo de crianza y hasta tu amigo Pedro, que ahora va a resultar que es experto en educación). Observa, sin embargo, quién te dice dónde mirar cuando preguntas, quién te indica qué detalles deberías tener en cuenta y quién te anima a **descubrir** tu propio camino en familia.

Tenemos que tener mucho cuidado con **juzgar** y valorar la crianza de los demás. Tú y yo hemos pecado alguna vez —y lo hemos hecho sin querer y con todo el amor del mundo—. Juzgar añade **presión** y mina la **autoestima** de padres y madres. Bastante tenemos ya.

Estamos acabando el capítulo y es un buen momento para resumir lo que hemos visto: la importancia de nuestra presencia y la gran capacidad que tenemos para **influir** en nuestros hijos e hijas. No te queda otro remedio que **equivocarte**, **aprender** por el camino, **asumir el riesgo** de ser tú mismo y, sobre todo, **tolerar la frustración** que genera no saber qué será lo mejor para tu familia. En otras palabras, hay que **vivir** con todas las consecuencias, sabiendo que **nuestra actitud marcará la diferencia.**

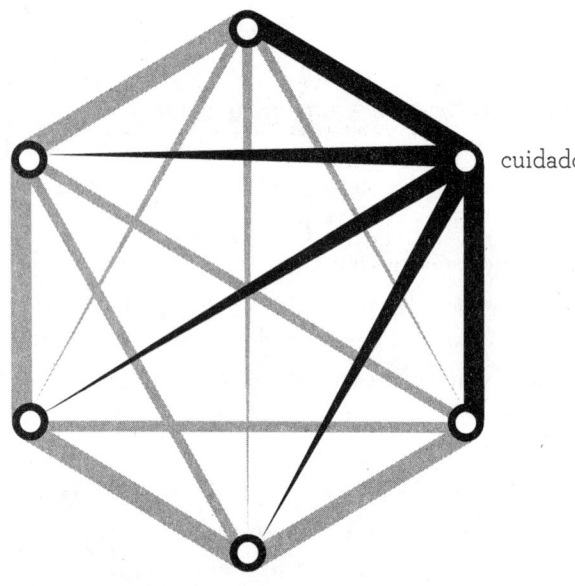

cuidados

2

Los **cuidados** que necesitan

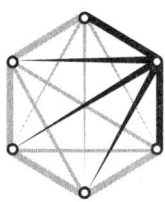

Nuestra presencia determina su desarrollo. Creo que ahora ya lo tienes claro. Todos los momentos de interacción con los demás definen nuestra forma de ser, los valores que transmitimos, cómo abordar una situación difícil, qué actitud tomar cuando nos enfadamos... Aunque para mí la **presencia** es el pilar más importante en el que se sustenta la vida, para que nuestros hijos e hijas puedan desarrollarse completamente necesitan que los cuidemos.

El ser humano nace con toda la energía biológica para desarrollarse y, sin embargo, es completamente **dependiente,** necesita **cuidados básicos** para sobrevivir. Son cinco los aspectos claves que debemos contemplar: la salud, la temperatura, la higiene, la alimentación y el sueño.

Agárrate, porque en este capítulo nos adentramos en uno de los temas más difíciles de la crianza, el **sueño,** y en otro de los aspectos que da más quebraderos de cabeza, la **alimentación.** Ambos nos demuestran que ser madre o padre es una de las experiencias más intensas de nuestra vida.

Nos mantienen muy ocupados durante los primeros años y después, cuando parece que ya están dominados, dejamos de darles la importancia que requieren. No podemos dejar de **invertir** en ellos, ambos sustentan la vida de las personas que más quieres (y la tuya, por cierto).

Aunque he centrado el capítulo en estos dos aspectos, los demás también son importantes. Cuando un niño no está bien, toda la brújula para educar se ve alterada. Lo primero es una **base estable de buena salud.** Fiebres, molestias, mocos o dolores afectan a su vida, y para ayudarte tienes las revisiones con su pediatra. Como en todos los ámbitos, hay profesionales excelentes, como Lucía Galán. Busca a quien te dé confianza. No voy a adentrarme en todos estos aspectos por no ser mi campo. Solo recuerda que el estado de salud de tu hijo o de tu hija puede alterar toda su vida.

A algunos de estos **cuidados** los denominamos *desagradables,* porque poner una vacuna o curar una herida no le suele gustar a nadie. Lo hacemos porque es bueno para su salud, aunque no nos guste. La mejor forma de afrontarlo es normalizar lo que ocurre, es decir, hablar con tu hijo para anticipar lo que le va a pasar, explicarle lo que ocurrirá (que no le va a gustar y que le harán daño, por ejemplo), también la razón de por qué lo hacemos. Por nuestra parte, es importante saber que —como veremos en el capítulo 4— este tipo de cuidados necesitarán una dosis de amor y de firmeza a partes iguales. Nuestra seguridad los ayudará a calmarse las primeras veces, hasta que prevean lo que ocurrirá. Las soluciones de hacerlo engañándolos, con pantallas o mientras duermen, no abordan las circunstancias y no funcionan a largo plazo.

La **higiene,** en el mundo desarrollado, se da por supuesta. Sin embargo, conviene recordar su importancia, porque cuando no se mantiene, no suele ser por carencia de recursos, sino por ausencia de atención o constancia. Niños y niñas necesitan mantener una higiene corporal adecuada de forma regular (lavarse los dientes, la ducha diaria, cortarles las uñas…). También se deben cuidar las condiciones de limpieza en casa, en lo que comen, en su ropa y en su entorno.

Por otra parte, no solemos valorar otra necesidad básica: tener una **temperatura** adecuada. A veces, no nos damos cuenta, pero algunas de sus dificultades tienen que ver con que pasan frío por las noches o hay una corriente de aire en el cuarto por culpa de una ventana mal aislada. Para solucionarlo, solo se necesitan unas condiciones adecuadas en la vivienda y en su vestimenta.

Como escribí en la carta del nacimiento de mi hijo Gael, una cosa es lo que teníamos pensado antes de que nacieran nuestros hijos y otra bien distinta lo que sucede en el día a día. Las **expectativas** nos invaden y, en familia, es probable que no se cumplan. Piensa en todas las veces que has llegado tarde a un evento con amigos porque tu hijo se ha hecho caca a última hora, quiere comer, se ha quedado dormido o incluso tienes que cancelar la cita porque se ha puesto malo con fiebre. O ese día que has hecho toda la rutina de sueño perfecta, ya es la hora de acostarse, se frota los ojos, piensas que lo tienes hecho y, de repente, vomita. ¡Sí! A volver a empezar, con cambio de ropa incluido. Los hijos son incertidumbre, no cabe duda. Hay que tener muchas dosis de paciencia para emprender esta aventura.

Para ayudarte en estos momentos que a veces nos desesperan te traigo una herramienta que aprendí de mi maestra Angélica Olvera, el **«modo GPS»**. Seguro que tienes la experiencia de ir siguiendo el navegador del coche, confundirte de camino e irte por otro distinto del indicado. En ese momento, ¿qué hace el navegador?, ¿chilla?, ¿te critica por haberte equivocado? Creo que no. Sencillamente, tarda unos segundos en **recalcular la ruta** y te ofrece una nueva. Fácil, sencillo, sin discusiones ni juicios.

Claro, claro, ya sé que es una máquina. Sin embargo, cuando suceden estos imprevistos en la vida familiar, nos enfadamos, buscamos algún culpable, perdemos la paciencia y, sobre todo, **nues-**

tra energía. He utilizado esta forma de afrontar las dificultades en cada nacimiento de mis hijos y también ha ayudado a otras familias cuando lo he compartido en preparación al parto. Cuando haya algún imprevisto que no controlas, no pierdas energía en lo que no ha podido ser, recalcula tu ruta y saca lo mejor del siguiente momento. Cuando planifiques algo con niños y no se pueda realizar, acuérdate del «modo GPS», no podemos controlar todo lo que ocurre; de hecho, esa es la magia de la vida. Ya habrá tiempo de evaluar lo que ha pasado, de sacar conclusiones y de mejorar.

«Pero, Ares, ¿no tenía que tirar el GPS?», te dirás. Sí, sí, no lo necesitas para educar, pero podemos aprovechar este modo tan maravilloso para recalcular sin perder energía. Como te decía en la introducción, quédate con lo que te funcione y descarta lo demás. Cada familia y cada vida son diferentes.

Con el sueño no se juega

Hace unos años, en la escuela, durante el recreo de la mañana y en pleno mes de diciembre, me encontré dos días seguidos con una niña de tres años sentada en una plataforma de madera, apoyada en la pared. Hacía frío, cinco grados, y ella dormía profundamente. Además de este ejemplo, en la mayoría de las aulas convivimos con alumnado que habitualmente presenta falta de sueño.

Fue un *shock* para mí. ¿Nuestros niños y niñas duermen lo suficiente?, ¿qué estamos haciendo sus figuras de referencia para que tengan buenos hábitos de sueño?, ¿le damos al descanso la importancia que tiene? Empecé a analizar y me encontré con que algunos niños y niñas se acuestan a las doce de la noche, que algunas familias tienen muchas dificultades para acostarlos y que, a consecuencia de ello, su carácter empeora y no están disponibles para hacer frente a lo que les trae la vida.

El descanso es vital para nuestro bienestar. No se puede ser flexible en este punto. Como adultos responsables, **debemos procurar unas condiciones estables de sueño a la infancia.** Sabemos que los patrones irregulares o que generan falta de sueño alteran su equilibrio personal. Está demostrado que las consecuencias potenciales son graves, tanto en la infancia como en la edad adulta.

**Todo empeora cuando el sueño
y el descanso no están bien regulados.**

Por definición, el sueño en la infancia es **errático y muy variable** durante el primer año. ¿Cómo vas a hacer frente a un sueño de estas características? Se ha demostrado que madres y padres perdemos entre cuatrocientas y setecientas cincuenta horas de sueño durante el primer año. ¡Y no se termina después del primer año!

¡Tranquilidad! La evolución te ha preparado para lidiar con la crianza y sus necesidades. **Tu hijo sabe dormir,** y lo hará antes o después. Tu función es proporcionar las condiciones necesarias para que pueda hacerlo. Iremos concretando cómo a lo largo del capítulo, ya sea un bebé o tenga ocho años.

Lo primero que vamos a hacer es entender **cómo funciona el sueño.** Todo empieza con algo tan simple como el **ciclo de luz y oscuridad.** La hormona que nos ayuda a dormir es la **melatonina,** se produce cuando llevamos tiempo a oscuras, responde a la falta de luz y nos prepara para el sueño. Cuando amanece y nos llega luz natural, nuestro cuerpo produce **serotonina** que nos mantiene despiertos.

Pruébalo, tu sueño funcionará mejor si utilizas la luz natural al levantarte y la oscuridad a la hora de ir a la cama. Cuando modificamos artificialmente estos ciclos naturales, solemos notar las consecuencias, como veremos pronto.

Vivimos en un ciclo continuo de sueño y vigilia que se llama *ritmo circadiano.* Se trata de un **reloj biológico** que dura veinticuatro horas y regula los patrones de sueño, de alimentación, de temperatura, de digestión…

Piensa en tu ritmo circadiano, ¿sobre qué hora te levantas de forma natural?, ¿a qué hora te acostarías si siguieras tus ritmos internos? Cada persona produce melatonina a unas horas y tiene un **cronotipo** diferente.

- **Cronotipo matutino:** están activos en las primeras horas del día, se levantan pronto, a la seis de la mañana, y se acuestan pronto, sobre las diez de la noche. Son un 25 % de la población.
- **Cronotipo vespertino:** necesitan acostarse y dormir hasta tarde (las once de la mañana). Están activos por las tardes. Representan también al 25 % de la población.
- **Cronotipo intermedio:** es el más común, afecta a un 50 % de la población. Son personas que duermen a partir de las doce de la noche y se levantan a las ocho de la mañana, aproximadamente.

Puedes estar actuando en contra de tu reloj biológico, lo que hará que el cansancio o el sueño aparezcan cuando no quieras. **Conocerte y respetarte** hará que duermas mejor y, por tanto, que vivas mejor.

Según el cronobiólogo José Antonio Madrid, tenemos **tres relojes** que funcionan a la vez para activar el sueño.

Reloj biológico   Reloj de luz   Reloj social

Nuestro **reloj biológico** genera nuestro ritmo circadiano, que marca el momento en el que el cerebro nos dice cuándo levantarnos y acostarnos.

El **reloj de luz** marca cuándo dejamos de recibir luz (natural o artificial) y cuándo la volvemos a recibir. Con la llegada de la electricidad a los hogares, este reloj entró en juego, al no tener que seguir el ritmo de la luz solar.

Por último, el **reloj social** hace referencia a los tiempos de nuestras circunstancias vitales: cuándo podemos dormir, a qué hora tenemos que levantarnos para ir a trabajar o llevar a los niños al colegio, a qué hora es el descanso de la comida en el trabajo…

Es habitual que tu cuerpo te pida irte a dormir (reloj biológico), pero te quedes haciendo cosas, porque la luz artificial te mantiene despierto (reloj de luz), y, además, puede que vivas lejos del trabajo, por lo que te tienes que levantar pronto (reloj social) y al final no duermes todo lo que tu cuerpo te pide. Si durante mucho tiempo no escuchas tus relojes y no los ajustas para que funcionen más o menos con los mismos horarios, es prácticamente seguro que sufrirás las consecuencias de la falta de sueño.

Para estar disponible para educar, tienes que dormir bien.

«Vale, Ares, ¿y mis hijos?, ¿tienen estos ritmos circadianos?, ¿qué puedo hacer para ayudarlos a dormir?, ¿cómo funcionan los relojes en la infancia?» Sí, sí, no me he ido del tema, esta es la base mínima que necesitas conocer para poder abordar **el sueño en la infancia.** No olvides que, para cuidar, tienes que cuidarte primero. Tu sueño es fundamental.

Los bebés, antes de nacer y durante las primeras semanas de vida, no tienen definido este ciclo de veinticuatro horas, sino que es de algunas menos. De hecho, **el ritmo circadiano de la madre se sincroniza con el del bebé** durante el tercer trimestre del embarazo y las primeras semanas de vida, porque el del hijo está aún madurando. ¡Esta sospecha de que las madres y los bebés están conectados es real! No solo eso, como bien saben todas las madres, el ritmo interno de su bebé también afecta a sus propios ritmos de sueño y de vigilia.

Progresivamente, el bebé construirá su propio ritmo circadiano alrededor de los seis meses, en función de las **influencias externas:** el efecto de la luz (tipo de luz, exposición al sol o a la oscuridad…), el ambiente (alimentación, respuesta a sus necesidades, presencia…) y los ritmos de vida de su familia (horas de las comidas o de acostarse). Si estos ritmos son irregulares, tardará más en construir su ciclo diario, es decir, su reloj biológico. Lo analizaremos detenidamente, porque estos ritmos son vitales para el desarrollo natural del sueño.

Desde que nacen, niños y niñas pueden mostrar diferentes patrones que tendrás que observar y analizar para conocer **en**

qué momento (cronotipo matutino, vespertino o intermedio) y **cuántas horas duermen.** En la siguiente tabla puedes consultar algunos rangos recomendables, en función de la edad, para saber cuántas horas de sueño (incluyendo siestas) tendrían que dormir. Como siempre, tu caso es único, así que observa primero el sueño de tu hijo antes de pensar si tienes que ir corriendo a pedir ayuda al pediatra.

Edad	Tiempo de sueño recomendado	Puede ser apropiado	No recomendado
0-3 meses	14 a 17 horas	11 a 13 horas 18 a 19 horas	Menos de 11 horas Más de 19 horas
4-11 meses	12 a 15 horas	10 a 11 horas 16 a 18 horas	Menos de 10 horas Más de 18 horas
1-2 años	11 a 14 horas	9 a 10 horas 15 a 16 horas	Menos de 9 horas Más de 16 horas
3-5 años	10 a 13 horas	8 a 9 horas 14 horas	Menos de 8 horas Más de 14 horas
6-13 años	9 a 11 horas	7 a 8 horas 12 horas	Menos de 7 horas Más de 12 horas

Fuente: National Sleep Foundation.

Aunque estas son las tablas de referencia, los **indicadores** para saber si no duerme o descansa lo suficiente son el cansancio frecuente, la impulsividad descontrolada o la irritabilidad continuada. Cuántos días he vivido como padre en los que he pensado: «¿Qué le pasa hoy, que no hay quien lo aguante?», y entonces recuerdo que ayer llegamos tarde a casa y durmió menos, que el día anterior también, porque fue a un cumpleaños, y que lleva la semana con el horario de sueño un tanto desajustado. Muchos de los problemas actitudinales que nos agotan a las madres y los padres en el día a día se resuelven mejorando la rutina de sueño o durmiendo más.

Lo primero es descartar la falta de sueño.

Lamentablemente, es habitual ver en el aula a niños y niñas que duermen menos de lo necesario, que se acuestan a las doce o la una de la mañana y, por tanto, no están disponibles para estar jugando, socializando o aprendiendo.

En lo que respecta a los **menores de tres meses,** la recomendación es reconocer los dos tipos de sueño que tienen: el **sueño activo** y el **sueño tranquilo.** El sueño activo es un sueño con movimientos, respiración irregular o muecas al principio del sueño; es importante no interrumpirlo, porque a continuación vendrá el sueño tranquilo, que es más profundo, con una respiración suave y regular. A estas edades duermen mucho, pero no de forma continua, porque necesitan cubrir sus necesidades básicas: alimentación, higiene y contacto.

Entre los **tres y los seis meses,** cambia su sueño y empiezan a tener las fases que después serán iguales a las de los adultos. A partir de este momento, padres y madres desarrollan el «modo ninja» para salir de la habitación sin hacer ruido. En el inicio de su sueño se despiertan con facilidad, por eso parece que la cuna «tiene pinchos». Poco a poco van dejando de dormir a todas horas para hacerlo preferentemente durante la noche y se incrementa el interés del bebé por su entorno. Es importante, en este momento, empezar a desarrollar **rutinas presueño** que lo tranquilicen antes de dormir y hábitos regulares que mejoren la calidad de su sueño (misma hora para dormir, paseo, baño…).

A partir de los **seis meses y hasta el año,** aunque ya tienen su ritmo circadiano, se despiertan por la noche habitualmente. El sueño funciona por ciclos de sesenta a noventa minutos y entre ciclos se despiertan (también les sucede a los adultos). Estos micro-despertares son normales, aunque pueden ser frustrantes para la mirada adulta, que quiere descansar por la noche el mayor número de horas posible. La experiencia será muy diferente si el bebé es capaz de dormirse por sí solo o necesita ayuda. Durante el día, hará varias siestas y empezará a extrañarnos cuando no estamos. Por otra parte, como veremos en el capítulo sobre la autonomía, se produce una explosión psicomotriz en su desarrollo y empezarán a moverse, reptar, desplazarse, coger objetos, gatear… Es habitual que esta activación corporal, junto con el nacimiento de los dientes, altere y dificulte los momentos de irse a la cama.

De los **doce meses a los dos años** continuarán los despertares nocturnos. Tendremos que poner atención a las siestas, para ver si se van regulando, tratando de evitarlas cerca de la noche, lo habitual es hacer una por la mañana y otra después de comer. La regularidad de los horarios será importante, y debemos intentar respetarlos cada día. En este momento, es posible que se enfaden cuando sea la hora de dormir y no quieran, las rutinas presueño les ayudarán a predecir ese momento permitiendo que su cerebro empiece a segregar melatonina. Además, los límites para irse a dormir jugarán un papel importante; esta será una de las dificultades más importantes para la familia.

Empezarán a andar durante estos meses, y también a hablar, lo que también afecta al desarrollo del sueño.

Entre los **dos y los cinco años,** solo se mantiene la siesta de después de comer, aunque alrededor de su cuarto año es posible que pierda el hábito. Continuarán las rutinas antes de dormir, las actividades tranquilas dos horas antes de irse a la cama, los límites claros, etcétera. Puede que casi no se despierte por la noche, aunque es difícil hacer estas afirmaciones, porque cada caso es único.

No he querido hablar en este breve resumen de la cantidad de horas de sueño que pueden dormir o el número de despertares nocturnos, porque lo único que generan en madres y padres es **frustración** y **comparaciones.** Aunque existe bibliografía y estudios al respecto, las diferencias son grandes entre unas familias y otras, en función de cómo sea la relación con el bebé en el momento de ir a dormir, de si come a demanda, con lactancia materna o biberón, y de si duerme en la misma cama, en una cuna junto a la cama o en su habitación. Todas estas posibilidades definirán el sueño de tu hijo o hija. Haremos un ejercicio sobre ello.

Cuando llega la hora de dormir

Es hora de sincronizar relojes para ir a dormir. El ritmo circadiano de tu hijo o hija se ve afectado por el **ambiente** en el que vive, por sus acciones y por las respuestas que recibe. Esta danza entre el desarrollo biológico y las condiciones externas definirá su **patrón de sueño.**

Son importantes tanto la cantidad de horas como la calidad (profundidad del sueño) a la hora de dormir, y para eso podemos **asegurar algunas condiciones ambientales.** Vamos a ayudar a su reloj biológico a que pueda sincronizarse y regularse lo mejor posible a través de su reloj de luz y de su reloj social.

Es imposible no influir en su desarrollo del sueño.

Queramos o no, ya sea **de forma consciente o inconsciente,** la manera en la que hacemos las cosas en casa, nuestra actitud, nuestros horarios, la luz solar y las necesidades de la familia afectan a la construcción de su sueño, porque el bebé ajusta su reloj biológico en función de todos estos estímulos externos.

El primer objetivo es que conozcas el **reloj biológico** de tu hijo o hija. Para ello, apunta a qué hora se levanta de forma natural y a qué hora tiene los primeros síntomas de sueño (la melatonina nos avisará de cuál es su hora de dormir). Es importante escuchar estos indicadores, porque así sabrás exactamente qué es lo que necesita su cuerpo y cuál es su ritmo circadiano.

El **sincronizador principal** del sueño es el **reloj de luz,** es decir, la exposición a la luz. Desde la parte natural, la aparición de la luz al amanecer y su pérdida al anochecer harán que el cerebro de tu bebé entienda que es la hora de levantarse o de dormir. También será importante recibir luz del sol a lo largo del día.

Sin embargo, vivimos en sociedades en las que la **luz artificial** modifica este regulador biológico. Cuando anochece, encendemos las luces, y nuestro cerebro entiende que todavía es hora de estar despiertos. Por eso es importante dormir en oscuridad y no utilizar luces potentes ni usar cualquier pantalla antes de ir a dormir.

Te sorprendería saber la cantidad de niños y niñas que ven dibujos antes de irse a la cama. El efecto es que su cerebro recibe **luz azul** y conduce a la infancia (y a los adultos) a lo que Chris Idzikowski denomina ***sueño basura***. Es un sueño interrumpido y de peor calidad, porque la luz azul inhibe la secreción de melatonina para dormir y adelanta el reloj biológico. Piensa en las veces que lo has experimentado cuando te has ido a dormir después de estar con el móvil en la cama durante una hora. Limitar el uso de pantallas es una responsabilidad de padres y madres.

Las pantallas perjudican la cantidad y la calidad del sueño.

Un **ambiente oscuro** ayuda a dormir, y que al menos durante una hora antes evitemos las luces azules, usando tonos cálidos, ya que interfieren en la secreción hormonal. Podemos usar alguna luz tenue para que no estén completamente a oscuras, porque les puede dar miedo. Es importante evitar cualquier invento de *marketing* para niños, como proyectores de estrellas o móviles de cuna con luces y sonidos. Un consejo: tapa los pilotos de luz de la televisión o de cualquier aparato que tenga en su habitación; aunque no lo creas, afectan al sueño de tu hijo.

Otro factor es el efecto de la **temperatura de la piel** en el sueño. Nadie puede dormir si tiene las manos y los pies fríos. Es así de sencillo. El cerebro necesita enfriarse para dormirse y utiliza ambas extremidades para expulsar el calor. Aumentar un poco el calor en el inicio del sueño y asegurarse de que tiene las manos y los pies calientes hará que duerman antes. Si tienen frío o mucho calor, se despertarán muchas veces a lo largo de la noche.

El **reloj social** incluye muchos aspectos que afectan al sueño: horarios y rutinas familiares, alimentación, actividad física y relaciones sociales. También se deben considerar la actitud, el estilo de apego o el efecto de nuestra presencia en el sueño.

De forma consciente o inconsciente, cada persona está inmersa en un horario más o menos fijo, ya sea por el horario de trabajo, de la escuela infantil, de las comidas o de acostarse. Este **patrón repetitivo** durante el día ayuda a la maduración del ritmo circadiano de tu hijo o hija.

Está demostrado que los **horarios fijos,** tanto a la hora de dormir como a la hora de comer, ayudan al sueño. Fijo no quiere decir estricto, sino estable y constante, pudiendo variar quince o veinte minutos arriba o abajo. Este es el motivo por el que muchas familias se quejan, porque durante los fines de semana sus hijos se levantan a la misma hora cuando podrían dormir más. ¡Su ritmo circadiano manda!

Como **ejemplo de horario,** mis hijos, cuando eran pequeños (hasta los dos o tres años), se acostaban sobre las 19.30 y se levantaban sobre las 7.00 o 7.30 horas, y a partir de esa edad se están acostando a las 20.30 horas. Igual te parece una locura, pero más allá de lo que creamos los adultos, lo que nos pasaba es que nos lo pedían. Enzo, mi hijo mediano, estaba cenando y llegaba un punto en que decía él mismo «a dormir», siendo aún muy pequeño. Mirabas el reloj y eran las 7.30. Hablaba su reloj biológico. Sin embargo, ahora el mayor tiene siete años y lleva un tiempo que quiere dormir menos y a mí, que creo que el sueño es fundamental, no me parecía apropiado. Justo escribiendo la tabla de duración recomendada del sueño me di cuenta de que su necesidad de dormir era menor y entendí que según va creciendo necesita menos horas. ¡Los niños no paran de crecer; sus necesidades cambian y nos toca reaprender!

También el **horario de las comidas** se sincroniza con el sueño. Es cierto que, al principio, si la lactancia es a demanda, el bebé se rige por sus necesidades. Según se introduce la alimentación complementaria, empiezan a establecerse ciertos horarios para desayunar, comer y cenar, que son momentos sociales muy importantes y que cuando se repiten cada día ayudan a regular su sueño.

Aunque hablaremos largo y tendido sobre ello, la **composición de la alimentación** puede desajustar su reloj biológico; así, por ejemplo, el azúcar lo sobreestimula. También ocurre si cena una comida pesada o si tiene hambre antes de acostarse.

Tienen bastante relevancia las **rutinas presueño** a la hora de dormir. El objetivo es hacer una transición de la plena actividad al descanso. Si nos ayudamos de cuándo su ritmo circadiano empieza a segregar melatonina (la hormona del sueño), el momento de dormir será mucho más sencillo.

Cada familia tendrá su **ritual,** con masajes, baño, cuentos, caricias, besos…, en función de sus necesidades y sus posibilidades familiares. Lo importante es respetar la hora de dormir y tener en mente que el objetivo es que se relaje. No es el mejor momento para saltar en la cama o hacer juegos de movimiento. Además, es importante —como ya hemos dicho— que la habitación sea oscura y tranquila, con una temperatura agradable y donde se evite el ruido. Si la habitación es estimulante, no ayudará a conciliar el sueño.

Otro elemento que sincroniza el sueño es la **actividad física** regular. Como veremos en el quinto capítulo, pasar tiempo al aire libre tiene múltiples beneficios, el sueño es uno de ellos, gracias a la exposición a luz solar diaria.

Aunque no lo creas, las relaciones, el contacto y las **interacciones sociales** también ayudan a sincronizar nuestro sueño. Vaya o no vaya a la escuela infantil en los primeros años, socializar es importante.

Como ves, la calidad del sueño está relacionada con multitud de factores que es interesante tener en cuenta. Sin embargo, aún falta un aspecto muy relevante: **tú.**

Los padres y las madres podemos influir profundamente en la organización del sueño, ya sea proporcionando todas las condiciones de su reloj social o mediante nuestra presencia. Ya sabes, tu presencia determina su desarrollo.

Es evidente que un **buen apego** mejorará su sueño y que la forma en la que interaccionamos o la **actitud** que tengamos generará unas posibilidades u otras. Es necesario que el momento de irse a dormir se viva con tranquilidad y seguridad.

> *«Para que un niño duerma bien*
> *necesita tres cosas: seguridad,*
> *una buena afectividad y*
> *confianza en que el mundo*
> *está controlado.»*
> GONZALO PIN

Es curioso: si decimos que los bebés saben dormir y que se autorregularán con el tiempo, entonces, ¿por qué es necesario tener en cuenta tanta cantidad de información? La dificultad reside en que muchas veces, sin darnos cuenta, quitamos al bebé la oportunidad de aprender a **dormirse sin ayuda.**

Como medida de supervivencia, nos vemos de repente meciéndolos, dándoles golpecitos en el pañal, cantando la misma nana en bucle y casi haciendo el pino para que se duerman. El sueño se organiza mejor cuando tenemos en cuenta los aspectos ambientales que ya hemos comentado y nuestra estimulación es suficiente, ni mucha ni poca. Observa qué necesita, acompáñalo y **evita sobreestimularlo.**

Lo importante es generar las condiciones para que pueda dormir y acompañarlo para que lo haga **de forma autónoma.** Esto evitará uno de los grandes problemas que suelen vivir las familias: el insomnio por microdespertares nocturnos.

«Que el bebé adquiera el hábito de dormir de manera autónoma favorece la cantidad de horas de sueño del niño y de la madre.»
ÁLVARO BILBAO

Ayudará a la madre, en el caso de lactancia nocturna, y, si no, a cualquiera de la familia. Para poder ayudarles a que se duerman, necesitamos estar **disponibles.**

Reitero una vez más que el descanso es vital para poder educar. Con estas vidas tan apresuradas y exigentes que tenemos, es difícil mantener la **continuidad** y la **constancia** para que se vayan a la cama a la misma hora. Los horarios son fundamentales y dependen de ti exclusivamente.

Después de años en el aula, he conocido a muchos niños y niñas que se han dormido en clase. Puede ser un hecho esporádico, pero, si se repite, es posible que algo esté pasando. En bastantes ocasiones, me siento a conversar con una familia y lo más habitual es que me digan:

—Ares, es que le digo que se vaya a la cama y no se va.

—Y al final, ¿a qué hora se ha dormido?

—Cada día a una hora: a las once, a las doce, incluso hay días que a las dos de la mañana.

Aunque estos son casos extremos, es indudable que a muchas familias les cuesta el momento de irse a la cama. Puede que nos inunde el cansancio y se nos vaya la hora, que no tengamos paciencia, que no seamos firmes... Por eso vamos a dedicar todo el capítulo 4 a los **límites,** que es otra de las grandes dificultades en la educación y la crianza.

Aunque me adelante, siempre digo que **no es incompatible ser firme y tener claridad con ser amable y mostrar respeto.** De hecho, es importante integrar ambos aspectos a la hora de poner un límite.

Es cierto que tendremos que hacer un esfuerzo extra para ser firmes si hay cansancio. La **tranquilidad** y la **seguridad** para dormir no se consiguen nunca chillando o enfadándonos, no sirve de nada. Si te pasa, túrnate con tu pareja si puedes y, si no, respira. Es mejor un minuto para serenarse que perder los nervios en el siguiente instante.

Conocer sus etapas de desarrollo y cómo funciona el sueño te ayudará a entender y relativizar lo que ocurre. A veces, desde nuestra mirada de adultos, no vemos las necesidades de la infancia.

DESCUBRE SU PATRÓN DE SUEÑO

Ya tienes mucha más información de la que necesitas sobre el sueño. Puede que estés esperando un bebé, que tengas a un recién nacido en casa, un hijo de un año y medio, una hija de nueve meses o incluso varios hijos de distintas edades.

Puedes hacer este ejercicio si tiene más de tres meses, porque su ritmo circadiano empezará a mostrarse. Si tiene menos, puedes hacerlo por curiosidad y comprobar que su sueño es aún muy irregular.

1. Anota en una hoja a qué hora se despierta por las mañanas, a qué hora percibís las primeras señales de sueño y a qué hora se duerme. Así conoceréis su ritmo circadiano y no tendréis falsas expectativas.
2. Ahora, vamos con las siestas. Apunta cuánto tiempo duerme, a qué hora y cuántas son.
3. Consulta la tabla de duraciones y suma cuántas horas duerme por la noche y en las siestas. Si está en la zona no recomendada, ve al pediatra para descartar posibles problemas.
4. Analiza si hay un patrón aproximado de sueño. Si es más o menos regular, establece un horario fijo, pero flexible (con quince o veinte minutos de margen), apunta la hora de irse a la cama, de levantarse y de las siestas. Suma las horas para que coincidan con las de la tabla de duraciones recomendadas.
5. Si el sueño de tu pequeño es muy irregular, igual tienes que esperar aún a que tenga un patrón, o puede ser que su reloj biológico, de luz y social estén desajustados. Abordaremos este tema más adelante.

Establecer un horario regular basado en la observación de sus procesos biológicos estructura su sueño y hará que descanse con calidad. Con el tiempo, la repetición diaria de este patrón beneficiará a toda la familia. Por supuesto, podéis hacer excepciones de este horario por eventos, fiestas o vacaciones. El problema viene cuando la excepción se convierte en la regla.

¿Cómo va a ser vuestro momento del sueño?

Seguramente te hayas dado cuenta de que aún no he hablado de **métodos para dormir**. Intencionadamente, he querido exponer la información básica, porque sinceramente creo que cada familia tiene un método diferente y que cada cual hace lo que buenamente puede.

De hecho, un día tenemos a un bebé en nuestras manos que se duerme cuando le dice su cuerpo. Va pasando el tiempo, y hacemos lo que podemos, basándonos en algunas **decisiones** que tenemos más claras, algunas en las que nos dejamos aconsejar y otras que tomamos de forma inconsciente al actuar de una manera o de otra.

Ha llegado la hora de **decidir conscientemente.** Aparte de la base del sueño que hemos visto, hay cuatro aspectos que tienes que considerar: cómo va a ser tu **presencia** (aunque ya he dado algunas pistas), el **sueño seguro,** cómo va a ser la **alimentación** y **dónde dormirá.** El sueño transcurre entre las decisiones voluntarias o involuntarias que tomamos sobre estos aspectos.

Antes de comenzar, me gustaría hablar sobre algunos de los **sinsentidos** en los que vivimos. Por una parte, sabemos que desde tiempos inmemoriales los niños y las niñas dormían junto a sus madres, permanecían junto a ellas durante el día y no había problemas del sueño. Por tanto, existe una corriente de crianza que aboga por tener un apego que responda a sus necesidades, en la que la lactancia y el colecho son importantes.

Sin duda, este sistema de relación es el ideal si la familia quiere. ¿Cuál es la **paradoja**? Que las madres tienen que estar disponibles durante años hasta que el niño o la niña se autorregule. El destete se produce de forma natural entre los dos y los siete años, y el colecho alrededor de los cuatro años (hablo de medias). ¡Sí, hasta los siete! Aunque la sociedad nos haya llevado poco a poco hacia un destete temprano, lo cierto es que la biología sigue ahí.

¿Cuál es la realidad? Que en España las bajas de maternidad actualmente son de dieciséis semanas más la lactancia (cuatro semanas más, aproximadamente). Y a partir de entonces, las posibilidades para mantener la presencia son excedencias, reducciones de jornada o dejar de trabajar. ¡Ah! No, espera. Que hay otra posibilidad, que es la más habitual. Que las madres hagan lo imposible por mantener la lactancia y el colecho cargando con el peso de los cuidados, de su trabajo y de la familia. La corresponsabilidad entre madres y padres sigue sin ser real (aunque hay pequeños avances). El resultado: madres agotadas en una lucha interna entre **lo que debería ser y lo que puede ser.** Mientras seguimos remando hacia un futuro social mejor, no queda otra que intentar sacar el máximo partido a la situación que vivimos.

¿Es importante que la infancia pueda **crecer sin prisas** y con figuras de referencia estables, disponibles y descansadas? No cabe la menor duda. Sin embargo, las exigencias del sistema laboral, social y educativo en el que vivimos aceleran sus procesos madurativos. Hay personas que quieren y pueden cambiar sus condiciones de vida para ofrecer a sus hijos entornos con ritmos más lentos y ajustados a sus necesidades reales. La gran mayoría (entre quienes me incluyo) luchamos para cubrir las obligaciones económicas y laborales a la vez que hacemos lo imposible para ofrecer a nuestros hijos las mejores posibilidades de desarrollo según nuestras condiciones de vida.

En función de la realidad que viva cada familia, tomará unas decisiones u otras: lactancia hasta que se quiera o hasta un punto determinado; biberón si la madre se incorpora rápido a trabajar, si no quiere dar el pecho o si ha tenido alguna circunstancia que dificulte la implementación de la lactancia; colecho en la misma cama para dormir lo máximo posible, en una cuna pegada porque les cuesta descansar si duermen todos juntos, o en otra habitación porque así se considera. **Las posibilidades son tan diversas** y únicas como familias hay. Si nadie sabe realmente lo que ocurre en el espacio interno de una pareja, imagínate en el de una familia.

Basta de juzgar, cada familia hace lo que puede.

Lo cierto es que **rápidamente se critica** si una familia lo hacen bien o mal, todo según el criterio de quien lo mira, claro. Al venir la infancia con la **incertidumbre** bajo el brazo, tendemos a sentirnos vulnerables y juzgados, porque si hablamos con honestidad, no siempre tenemos clara cada cosa que hacemos. Son muchas decisiones al mismo tiempo.

Este es el motivo por el que a lo largo del libro profundizo en los pilares básicos para el bienestar de los niños y niñas. Resulta necesario pararse de vez en cuando a decidir con un mínimo de información. Es lo que intento aportar con este libro.

Para mí, **la presencia es innegociable.** A la hora de dormir, implica estar y responder de forma continua a las necesidades del niño. Digo esto porque hay métodos con cierta popularidad según los cuales se deja llorar a los bebés en franjas de tiempo. Se ha demostrado que no es saludable, que rompe la estructura de apego y que el mito de que dejarle solo le hará más independiente es falso. Como veremos en el próximo capítulo, para que vuelen han de tener la seguridad interna necesaria para crecer con autonomía. Eso solo se consigue si les hemos tenido bien cerquita. Con el sueño es igual, aunque hay matices en función de la edad que tengan.

Es posible que llore para mostrar su desagrado ante un límite para ir a dormir, porque le invade la frustración (es una respuesta natural). Es importante diferenciar este lloro del llanto desgarrado del abandono. En el primer caso, el adulto tratará de acompañar el llanto y darle herramientas para afrontar la situación, mientras que, en el segundo, el bebé entiende que nadie le va a ayudar y dejará de emitir señales de ayuda (apego evitativo). Sentirse **seguro** y **acompañado** le dará la autonomía necesaria para dormirse solo.

Antes de empezar con el lugar o con el tipo de alimentación, quiero que nos detengamos en las recomendaciones que establece la Asociación Americana de Pediatría para evitar el **síndrome de muerte súbita del lactante** y tener un **sueño seguro:**

- **Dormir boca arriba** hasta que pueda cambiar de posición autónomamente.
- Dormir en una **superficie firme,** con una sábana ajustable. Nunca debe dormir —ni dormirte tú con tu bebé— en sofás, mecedoras, sillones…
- **No deben colocarse** en la cama almohadas, sábanas, mantas, muñecos o **elementos que puedan obstruir la respiración del bebé** o causar **sobrecalentamiento.** Con que duerman con una capa más de ropa es suficiente. Todos los inventos para sujetar la cabeza, las caderas…, aparte de no servir para nada, son peligrosos.

- La **lactancia materna** reduce el síndrome de muerte súbita del lactante y tiene múltiples beneficios contrastados, como veremos más adelante.

- **Compartir habitación** sin compartir cama, al menos hasta los seis meses y preferentemente durante un año. Si al dar de mamar te quedas dormida, la recomendación es pasarle a su cuna de colecho cuando te des cuenta.

- Una vez que la lactancia esté establecida, considera ofrecer un **chupete,** porque reduce la muerte súbita del lactante. No deben estar sujetos a cuerdas o juguetes.

- **Evita la exposición al humo del tabaco** en el embarazo y después del parto, y el consumo de **alcohol, drogas o medicamentos** que no te permitan estar consciente.

Ahora sí, hablemos de **dónde dormirán.** Lo cierto es que desde unos ámbitos se critica el colecho, y desde otros que duerman en otra habitación.

Lo importante es responder y estar disponibles, no el lugar donde duerme.

Seguramente no lo sabes, pero prácticamente todas las familias hacen **colecho** por supervivencia. Es un término que significa dormir con tu hijo en la misma habitación. Habría que diferenciar si duerme en la misma cama, en una cama/cuna contigua o en el mismo cuarto, pero en una cuna separada.

En el caso de **dormir en la misma cama** (o cama familiar), existen ciertos mitos. No es malo que tu hijo o tu hija se acostumbre a estar con su madre, y sí, podrás sacarlo de la cama si en algún momento así lo consideras. De hecho, el colecho se debe mantener siempre y cuando todas las personas que lo comparten quieran, y es lo más habitual durante los primeros meses o años.

En cuanto a sus **beneficios,** lo más importante es que los cuidados que necesite el bebé se resolverán rápido, porque la presencia es inmediata, y se construirá un apego seguro. Estar acompañados elimina el estrés de dormir en soledad. Además, la lactancia materna es mucho más cómoda cuando la madre está tumbada: el bebé comerá más y ambos descansarán. Así se regula automáticamente la temperatura del bebé, se sincronizan el ritmo cardiaco, la respiración y el sueño. Si optáis por biberón, será un proceso similar.

También existen algunas **desventajas** que tienes que valorar (y esto es muy personal). Hay personas a las que les cuesta dormir con bebés o niños en la cama, porque les resulta incómodo, las posturas a veces pueden generar dolores de espalda y, por tanto, se descansa menos. También se dice que se pierde intimidad y que afecta a la pareja, pero para mí esto depende más de la unión que se tenga que de las condiciones. De hecho, al principio es natural que nos centremos más en el bebé, independientemente de dónde duerma.

Hay organismos que no recomiendan dormir en la misma cama hasta los cuatro meses, aunque a otras personas les parece fundamental. Se contraindica si alguna persona tiene obesidad o se comparte el lecho con hermanos o con mascotas.

En caso de **dormir en una cama o cuna contigua** a la misma altura, el proceso es similar porque se está cerca para responder a sus necesidades. Con biberón o lactancia materna, tras la toma se le deja en la cuna contigua. Habrá que acompañar más los inicios del sueño, lo que ofrece más posibilidades de que aprendan a dormir solos. Se pierde la regulación natural del sueño, la temperatura… que proporciona el dormir junto al bebé.

Estos dos formatos son habituales al menos durante los primeros meses o años. Si después duerme **en otra habitación** porque así se considera, el beneficio principal es la independencia de sus figuras de referencia a la hora de dormir. La dificultad es que el vínculo tiene que ser fuerte y seguro para que pueda dormirse solo tanto al acostarse como en los microdespertares evolutivos que tiene (ya sea con o sin chupete). Cuando nos necesite, tendremos que levantarnos o se levantará él. Si no está preparado para dormir solo o no duerme muchas horas seguidas, estaremos media noche en el pasillo.

Otra decisión importante es la **lactancia:** si será natural o artificial, si será con pecho o con biberón. Los argumentos, estudios y evidencias científicas sobre los abrumantes beneficios de la lactancia materna son indiscutibles. Inevitablemente, la balanza se inclina a intentarlo todo para que el pecho sea la vía de alimentación principal, al menos durante el primer año. Profundizaremos en la lactancia más adelante.

Respecto al sueño, la lactancia **facilita** la sincronización de los ritmos circadianos entre el bebé y su madre, se duermen más fácilmente al iniciar el sueño y por la noche. Como vimos, los patrones de alimentación afectan al sueño, al tener intervalos más cortos entre comidas, suelen adquirir el patrón de sueño nocturno continuado más tarde y se despiertan más por las noches. Otra dificultad —como ya se ha comentado— son las exigencias laborales y sociales para las madres, que tienen que hacer malabares para sostenerlo todo. De hecho, hasta que pasen unos años, es complejo que la madre pueda salir a cenar fuera o ir al gimnasio cuando el bebé duerme mientras se queda con otra figura de referencia.

Por otro lado, **el biberón y la leche de fórmula,** tan denostados en algunos ámbitos, han salvado la vida de muchos niños y niñas (este es su mayor beneficio). Permiten más independencia a la madre, al poder alternarse los progenitores durante la noche. Tiene el inconveniente de que hay que prepararlos y llevarlos a todas partes.

> *«Quien no sabe adónde quiere ir termina donde no quiere estar.»*
> Anónimo

HORA DE DECIDIR (I)

Esta es una decisión muy personal, tuya y de tu pareja, si la hubiera. Implica cambios estructurales en vuestra forma de vivir. Por eso, tendréis que sentaros a reflexionar cómo abordar el sueño.

Coged una hoja y contestad individualmente, sin que la otra persona vea vuestras respuestas:

1. ¿Dónde me gustaría que durmiera? ¿En la misma cama? ¿En una cuna o en una cama al lado? ¿Fuera de la habitación? ¿Qué pienso del colecho o de que duerma en otra habitación?
2. ¿Cómo creo que se alimentará mejor? ¿Qué me parece la lactancia materna? ¿Y la alimentación con biberón?

Después hay que ponerlo en común. Es posible que coincidáis o no. En el segundo caso, habrá que leer un poco más al respecto, argumentar y llegar a un acuerdo que os satisfaga.

Puede ser difícil, pero es necesario al menos saber lo que os gustaría. Muchos problemas de pareja vienen de tomar estas decisiones de forma inconsciente. Si ambas personas se comprometen con una decisión, ambas deben resolverlo cuando surge un problema.

Vamos con la segunda parte, una cosa es lo que os gustaría y otra lo que podéis. Responded a estas preguntas:

- ¿Tenemos que hacer cambios de vida para la crianza que queremos? ¿Podemos hacerlo?
- ¿Cómo hacer lo máximo posible si no podemos emprender grandes cambios?

Como hemos visto, muchas veces la realidad laboral limita nuestras posibilidades de crianza o nos obliga a cambiar nuestra vida para poder educar a nuestros hijos e hijas como queremos. Es importante tener en cuenta que no vais a poder sostener algo en lo que no creáis, no vais a poder hacer algo con lo que no os sentís bien. Por eso, la sinceridad en este ejercicio de pareja será clave.

«No puedo más»

Esta es una frase que se dice a menudo si el sueño va mal o que se grita internamente, porque no nos damos permiso para decirla.

El primer paso es **reconocer que la situación nos sobrepasa** y que ha llegado el momento de reajustar el sueño de toda la familia de forma respetuosa.

Podría contar aquí infinitos casos de madres —sí, de madres, no padres— desbordadas porque se ocupan del sueño de sus hijos e hijas y la situación se hace insostenible. Mi amiga Raquel se incorporó al trabajo después de cuatro meses maravillosos compartidos con su bebé, disfrutándose a un ritmo tranquilo que respetaba las necesidades comunes. El pecho hinchado, usando el sacaleches en los baños del trabajo, la presión laboral y unas noches durísimas, porque su hija, ella y su pareja no dormían; al menos, su hijo mayor de tres años sí podía descansar en otra habitación. Decidieron reconducir la situación con una asesora de sueño (un recurso interesante y desconocido por muchas familias). Han empezado un trabajo de reajuste para tener algo de bienestar familiar, porque no dormir es demoledor.

Ona y Pedro comparten cama en familia con sus dos hijos. Apostaron por ofrecer lactancia y colecho todo el tiempo posible, aun con trabajos exigentes. A pesar de su sonrisa cada mañana, sus ojeras los delatan cuando me traen a clase a su hijo de cinco años. En la tutoría, me confiesan que no pueden más. Necesitan descansar, llevan cinco años sin dormir «de seguido» ninguno de los dos y empiezan a replantearse su situación por pura supervivencia.

Tampoco tengo que irme muy lejos… Puedo contarte mi propio caso. Mi hijo pequeño de nueve meses duerme en una cuna a nuestro lado y queremos mantener la lactancia lo máximo posible. Sigue siendo el alimento principal hasta el año y hemos conseguido sostener tantos meses de presencia y lactancia continua con una excedencia de Ana, mi pareja. Sin embargo, Mae acaba de empezar la escuela, la lactancia se va a interrumpir durante ese tiempo y queda un mes para que Ana vuelva a trabajar. Actualmente, se despierta muchas veces por la noche, solo se duerme con pecho, y los pocos días que Ana se ha ido a un curso, la situación ha sido difícil incluso con biberón de leche materna.

Esto ha hecho que nos replanteemos la estructura que hemos tenido hasta ahora para que, siendo respetuosos con él, pueda ser sostenible una vez que ambos estemos trabajando. Justo en el momento en que escribo estas palabras, llevamos una semana durmiendo mal, pasando las noches acompañándolo para que pueda dormirse autónomamente sin el pecho, a la vez que continúa con lactancia. Ya te contaré cómo nos va.

Si me das a elegir entre **pararse** y **reajustar** para que toda la familia duerma mejor, o continuar, aunque se sufra cada día y se esté peor, prefiero reajustar, porque si estamos mal no vamos a poder educar en condiciones. Eso sí, nadie nos quita algunos días o semanas difíciles hasta que nos reajustamos.

Es posible reajustar el sueño.

Ya hemos visto cómo el reloj de luz y el reloj social ayudan a **estructurar el sueño.** De hecho, en España cambiamos el horario añadiendo o quitando una hora dos veces al año y nuestro cuerpo se reajusta en unas semanas. Las diversas situaciones que alteran nuestro reloj social también producen cambios en nuestro reloj biológico: incorporación al trabajo o a la escuela, viajes, fiestas u obligaciones que marcan nuevos horarios y estructuras en la familia.

A veces, **situaciones normales** que ocurren por el propio desarrollo de los niños son difíciles para unas familias y no para otras.

Hay que **contextualizar el sueño** dentro del marco evolutivo, como vimos en la primera parte del capítulo. Es habitual que la infancia tenga algunas regresiones a lo largo de su desarrollo y nos toque reajustar de nuevo el sueño; nos pasa a todas las familias y se pasan unos días complicados.

Por otra parte, parece que **nunca es el mejor momento para reajustar el sueño.** Si no es un diente que le está saliendo, es que ha dado un salto evolutivo en su desarrollo motor, o que se incorpora a la escuela, o que ha empezado a hablar, o que estamos quitando el chupete, o controlando esfínteres, o que en unos días tiene vacunación o que ya viene la Navidad. Conclusión: si no podéis más, hay que ir a por ello, aun teniendo en cuenta todos estos hitos.

Hace años que utilizo una herramienta que aprendí de los hermanos Heath: el **«cable trampa».** Imagina un cable invisible que cuando pasas por encima activa una trampa. Este símil es muy útil para darse cuenta de cómo nos encontramos antes de que la vida cotidiana nos lleve por delante y terminemos en una situación que no queremos.

La idea es que tras tomar una decisión podamos detectar señales que nos harían reaccionar exactamente en el momento oportuno para evitar males mayores, alertándonos de la necesidad de replantearnos la decisión original. Sirve para dos cosas: por una parte, limita los riesgos, y, por otra, calma nuestras cabezas hasta que llegamos al «cable trampa».

PONER «CABLES TRAMPA»

Aunque lo puedes utilizar para cualquier aspecto de tu vida, en este caso lo aplicaremos al sueño y la alimentación. Se trata de tomar una decisión y concretar qué tendría que ocurrir para volver a decidir de nuevo con las nuevas circunstancias.

Acabáis de tomar varias decisiones en el ejercicio anterior. Ahora se trata de añadir algunos criterios que tendrían que cumplirse para que tuvierais que pararos de nuevo y volver a decidir. Será vuestro «cable trampa», en caso de que vuestro piloto automático os lleve adonde no queréis.

La pregunta que tenéis que haceros es: «¿Qué tendría que pasar para que abandonemos el colecho, o la lactancia materna, o para que duerma en su cuarto?».

Debemos concretar, no pueden ser frases ambiguas. Se establecerán fechas tope, una medición concreta, límites personales, etcétera. Por ejemplo:

- Mantendremos la lactancia materna al menos hasta el primer año, después reevaluaremos en función de cómo estemos.
- Si empezamos a tener dolores físicos y no podemos descansar durante cinco días seguidos, contemplaremos la posibilidad de que duerma en una cama contigua, y no la nuestra.

- Si la madre expresa más de tres veces que está agotada con la lactancia materna, reevaluaremos las tomas o la alimentación a demanda.
- Si pasado un tiempo determinado no es capaz de autorregularse para dormir, lo ayudaremos a hacerlo sin el pecho.
- Un mes antes de empezar a trabajar, evaluaremos su sueño, para ver qué tal duerme.
- Le llevaremos de la habitación a su cuarto cuando pueda dormirse solo y no se despierte durante la mayor parte de la noche.

Estos «cables trampa» os darán seguridad en el caso hipotético de que no podáis más, porque sabréis en qué momento tendréis que volver a decidir.

«Lo he intentado todo» es una frase que habitualmente escucho cuando hay problemas del sueño. Para hacer cambios importantes se necesita tiempo. Probar y no ser constante prolonga las situaciones, tras pasar algunos días malos. Veamos qué podemos hacer para **reajustar el sueño,** aunque ya sabes que cada caso es único.

Después del primer ejercicio, ya conoces el ritmo circadiano de tu hijo o hija, y lo has ajustado al horario de sueño y de alimentación; conoces sus horas de sueño y los tiempos en los que duerme por la noche y en las siestas. También tienes en cuenta el reloj de luz, ya sea natural o artificial; la temperatura de la habitación; que pueda explorar y hacer actividad física cada día; que tenga contactos sociales; come bien; y tenéis una rutina presueño. Por último, vuelve a leer la parte de la presencia en el sueño como base de vuestra relación.

La mayoría de las dificultades se resuelven teniendo en cuenta el párrafo anterior. Todos estos aspectos ayudan a que el cuerpo genere una **estructura interna cíclica.** Sin embargo, a veces no es tan fácil, porque el patrón es irregular o nos tropezamos con algunas dificultades.

Dejarle llorar no es una opción.

Hay muchos **trastornos del sueño** que, en caso de duda, puedes consultar con tu pediatra, porque hay aspectos biológicos que pueden afectarle. Sin embargo, hay un problema del sueño muy común que me gustaría abordar: el **insomnio conductual.**

Como hemos visto, todo va a depender de las decisiones que hayáis tomado: no es lo mismo lactancia materna que el biberón, ni que duerma en la misma cama que en otra habitación, ni que tenga cuatro meses que tres años y medio. Dicho esto, es posible que algunos problemas que surjan tengan que ver con el insomnio conductual, es decir, con la **resistencia a la hora de acostarse, un inicio prolongado del sueño** o **despertares nocturnos** que, además, suelen darse a la vez y requieren de nuestra presencia. Las causas principales son dos: cómo inicia el sueño y cómo se establecen los límites al acostarse.

Cuando decimos «no puedo más» y queremos hacer un reajuste respetuoso, suelen presentarse las dificultades. Recordemos que puede ser evolutivo y que **cierto grado de insomnio o resistencia al acostarse es normal.**

Los **problemas para iniciar el sueño** se manifiestan cuando vemos que al niño o niña le cuesta dormirse entre ciclos de sueño (de sesenta a noventa minutos). Entonces reclama nuestra presencia o viene a la habitación, esperando nuestra intervención para recibir las mismas condiciones que cuando se durmió. **Observa** cómo empieza el sueño al inicio de la noche: mamando, meciéndolo, en brazos, cantando, apretando nuestra mano…

Hay mil posibilidades y no estoy diciendo que sean «malas», sobre todo porque en el largo plazo la infancia aprende a dormir de forma autónoma, independientemente de cómo inicie la noche. Cuando necesitamos reajustar es porque la situación es difícil para la familia y queremos hacer pequeñas adaptaciones para descansar mejor. Las posibles formas de ayudarlo a iniciar el sueño son **asociaciones** que el bebé hace para dormirse.

A partir de los tres meses, podemos acompañarlo a dormir solo y atenuar estos despertares nocturnos **acostándolo cuando está somnoliento,** pero aún despierto. Entonces, lo acompañamos un poco y se duerme por sí mismo (es lo que estamos haciendo con Mae). Esta práctica reiterada mejora la calidad de su sueño y evita que asocie dormir con una acción externa. Hacerlo también en el inicio de la noche ayudará en cada microdespertar. El chupete suele cumplir esta función por la noche.

Quiero hablarte del **colecho reactivo.** Es el que se hace no porque se ha elegido como opción de crianza, sino como reacción a la actitud del niño. Suele estar asociado a las dificultades que estamos abordando y se desaconseja, principalmente, porque estás haciendo lo que no quieres. Decide, analiza y reajusta su sueño si fuera necesario.

Otra dificultad habitual es la importancia de **establecer un límite firme, pero lleno de amor,** para que se duerma. Dormir no es negociable, es una necesidad vital. Aunque nos cueste, tenemos que pensar que es necesario para su bienestar, porque, si no, el insomnio se instala en su vida. Tendremos que ser **consistentes,** aunque al principio muestren resistencia. Pocos niños y niñas quieren irse a dormir de forma autónoma. Si lo hacen es porque tienen una rutina diaria que conocen y a la que su cuerpo se ha habituado (segregan melatonina a la hora de dormir). Por tanto, el horario que hayáis establecido, con un margen de quince a veinte minutos y un límite claro y cercano, sentará las bases para su sueño. Algunas veces esta resistencia tiene que ver con otros factores, como el asma, tomar una medicación o sufrir alguna afección... Si tienes una mínima sospecha, acude al pediatra.

Nuestros hijos e hijas necesitan mimos, caricias, besos, contacto y piel. No gritos, malos tratos o personas desesperadas. Un bebé que no duerme es difícil de gestionar, lo hemos vivido la mayoría de los padres y las madres. Haced lo posible para **no perder los nervios** y entended que puede ser evolutivo y, sobre todo, que no será para siempre. A veces, se vive intensamente aunque no haya sido tanto tiempo.

Muchos despertares ocurren cuando quieren **alimentarse por la noche.** Hay que aprender a diferenciar entre cuándo necesitan tu presencia y cuándo quieren alimentarse; la teta, por ejemplo, cumple ambas funciones. A partir de la alimentación complementaria, sobre los seis meses, se pueden ir adaptando los horarios de las tomas, por si se pudieran espaciar.

Si decidís que duerma en una cama contigua o en su habitación, sabed que a veces se usa un **objeto de transición,** como una mantita, un chupete o un muñeco, que les proporcionará la seguridad que necesitan (aunque siempre es mejor un padre o una madre).

Espera..., quedé en contarte cómo duerme Mae. Pues bien, después de mucho cariño y constancia, aprendió a dormirse por sí mismo en la cuna. Esto redujo el tiempo al acostarle y también que se volviera a dormir cuando tenía microdespertares. Tuvimos que quitar el pecho nocturno, porque para Ana era imposible despertarse cada hora y trabajar al día siguiente con veinte niños y niñas de cinco años, así que empezamos lactancia mixta por la noche (biberones de leche materna y de fórmula). Al cabo del tiempo, está durmiendo en la misma habitación que sus dos hermanos y se despierta dos o tres veces para comer en las doce horas que duerme. Ya duerme al menos tres o cuatro horas seguidas y algunos días hasta siete, poco a poco irá espaciándolo. También hemos vivido algunas regresiones y cambios por fiebre, mocos, dientes… Hemos necesitado altas dosis de constancia, amor, firmeza y paciencia.

El sueño es muy complejo y sé que son muchos los factores que hay que tener en cuenta. He tratado de simplificarlo al máximo. Ahora, pasemos a otro aspecto clave de su desarrollo: el maravilloso mundo de la alimentación.

Biencomer: alimentarse no solo es comer

Siempre he creído que yo comía bien. Bueno, alguna cosa que no debía de vez en cuando, pero nunca me había preocupado por la nutrición. Además, como comía de todo y seguimos una dieta mediterránea, estaba seguro de que me alimentaba bien.

Hasta hace algo menos de un par de años desayunaba cada mañana un colacao con galletas. El primero tiene que ser bueno, porque en el anuncio de televisión dicen que hay que tomarlo en el desayuno y la merienda; la leche siempre me han dicho que es buena, y las galletas no son malas, ¿no? Si llevan un logo de la Asociación Española de… «Pues no son saludables, Ares», me dijo Ana, mi pareja. ¡Qué desilusión más grande!

Con la dieta que tenemos en España, nuestra huerta y nuestro aceite de oliva, estamos entre los países que comen mejor, ¿no?

Siento decirte de nuevo que no. Atención, porque España es uno de los países del mundo con las cifras más elevadas de sobrepeso y obesidad infantil. ¿Cómo te quedas? Se estima que uno de cada tres niños y niñas del país tienen exceso de peso. Y yo que estaba tan contento de disfrutar con mis hijos de nuestro colacao mañanero.

Si te interesa el tema, puede que no te sorprenda, pero si es la primera vez que lees algo así (como me pasaba a mí), no te vayas, porque te voy a explicar por qué no sabías nada.

Lo más seguro es que hayas recibido en tu infancia una dieta desequilibrada, que la publicidad te incite diariamente a consumir alimentos que no son sanos y que cuando vayas al supermercado no sepas distinguir bien entre algo saludable o no. Partiendo de que la población general sabe poco de nutrición, lo más seguro es que comas mal si no pones atención.

Si quieres darle lo mejor, empieza por su alimentación.

La mayoría de las enfermedades se relacionan con lo que comemos. Cuidar tu dieta y la de tu familia os ayudará a prevenir diabetes, cáncer, enfermedades cardiovasculares y respiratorias. ¡Casi nada!

Es difícil, porque cuando alguien nos habla de nuestra dieta nos lo tomamos como algo personal: «¿Me estás diciendo que esto que como es malo para mi salud? Si lo he comido toda mi vida». Lo sentimos como un ataque, porque comemos de forma inconsciente y lo vivimos como algo normal. Vamos a poner un poco de ciencia para saber cómo es la alimentación en la infancia, qué deberíamos comer y cómo debe ser el ambiente en la comida. Pero antes...

HAGAMOS UN EXPERIMENTO

Te parecerá raro, pero te voy a pedir que cojas tu móvil, lo pongas en un lugar donde pase desapercibido y grabes una comida familiar. Sí, sí, tenéis que aparecer tú, tu pareja y tus hijos en el momento de la comida. Si tienes un bebé, puede ser una toma de pecho o de biberón.

No hay que hacer nada más que grabar de principio a fin, de tal forma que se os olvide que hay una cámara grabando. Más adelante te diré qué hacer con el vídeo. No pierdas esta oportunidad.

Empezar a comer

Marina disfrutaba con su hijo de once meses una sesión de cuentacuentos de mi querido Juan Malabar. Su pequeño empezaba a tener hambre, ella lo sabía. Miró a su alrededor. Había más familias con sus hijos e hijas y varias madres dando de mamar. No se atrevió a sacar su biberón del bolso, prepararlo y calmar así a su hijo Marco. Salió de la sala, bajó por las escaleras a la calle y se sentó en el primer banco que encontró. Allí, libre de juicios, alimentó a su pequeño.

«Nos vamos de paseo», le dijo Carla a su hija Noa de dos meses. Después de preparar el agua, la mantita, la bolsa de los pañales y un sinfín de preparativos consiguió salir de casa. Iba a poder disfrutar de lo que más le gustaba: el calor del sol, la tranquilidad de los árboles y la frescura del aire puro en la cara. A los cinco minutos de entrar en el parque, justo cuando empezaba a relajarse, Noa comenzó a llorar de hambre. Se sacó la teta, tragó saliva y empezó a darle de mamar: «Tápate», «Vete a otro sitio», «¡Qué vergüenza!», la increpó una pareja que pasaba. Después de tanto sufrimiento por establecer la lactancia materna, después de tanto dolor, después de tanto tiempo sin poder salir tranquila, este era el «regalo» que recibía de la sociedad.

¿En qué clase de sociedad vivimos, que las madres se tienen que esconder para ser madres?

Depende de quiénes sean tus amistades o en qué ámbitos te relaciones, la lactancia o el biberón será la forma de alimentación mejor vista. Lo mismo pasa a los seis meses, cuando unas familias optan por dar papillas y otras por hacer *baby led weaning* (alimentación complementaria a demanda). Por supuesto, también habrá quien ofrezca opciones mixtas. La pregunta es: **¿qué vas a hacer tú?**

Después de hablar largo y tendido sobre el sueño, ya te imaginarás cuál es mi opinión. **Solo tú y tu pareja** sabéis qué es lo mejor para vuestra familia. En la alimentación de los niños y niñas hay muchos intereses comerciales, por lo que la publicidad no es buena consejera. Lo más seguro es que los comentarios familiares estén desactualizados. Y tu círculo de relaciones intentará que todo el grupo haga lo mismo. El objetivo de este capítulo es que puedas **tomar una decisión siendo libre.**

Empecemos por el principio. Llega el momento del parto y en poco tiempo empezará a comer: «¿Qué le doy? **¿Pecho o biberón?**». Es probable que en este momento tan vulnerable te dejes aconsejar por quien te acompaña en el posparto o que tengas clara alguna opción, pero también muchas dudas. Así nos suele pasar a la mayoría.

En el nacimiento de mi tercer hijo estábamos tranquilos, porque habíamos elegido el hospital más respetuoso de nuestra ciudad. Ana se había leído varios libros de lactancia y hasta tenía ya calostro antes de nacer. Como suele pasar, nuestros planes se desvanecieron, porque una fisura en la bolsa se interpuso en el camino. Mae nació a las treinta y seis semanas y dos días. Al ser prematuro, apenas tenía la fuerza suficiente para mamar. ¡Se nos dormía de cansancio! Lo vivimos con mucha tensión, porque era pequeño, frágil, y sufríamos la presión de que no perdiera mucho peso. ¿Quién te prepara para un hijo prematuro? ¿Y para una inducción al parto? En fin, eso daría para otro libro.

Allí, en la soledad de una fría habitación de hospital, nos propusieron ofrecer el pecho y a la vez meter una cánula conectada a una jeringuilla de leche para facilitar la succión. Menos mal que Ana estuvo lúcida, porque cuando nos descuidamos, nos estaban ofreciendo como única opción leche de fórmula para la jeringuilla, en vez de leche materna.

La lactancia está llena de trabas y de negligencias. Seguramente, nos la ofrecieron con la mejor de las intenciones y pensando en la comodidad de la madre. Sin embargo, hay un aspecto que no se tuvo en cuenta. La calidad de la leche materna no tiene comparación con la mejor de las leches artificiales.

El pecho ofrece todo lo que un bebé necesita para desarrollarse. Tiene los nutrientes necesarios para que crezca, se regula la cantidad con la demanda del bebé, ofrece un ambiente íntimo de contacto piel con piel, regula la temperatura, mejora la recuperación de la madre y su salud, y ofrece protección inmunológica al bebé ante infecciones o enfermedades. No es que lo diga yo, es que todos los organismos nacionales e internacionales la recomiendan sin excepción. Además, tiene otras funciones muy interesantes ligadas a la presencia de la madre: el pecho también es seguridad, consuelo, anestesia…, todo lo que tu bebé necesita.

Pero, claro, **¿hasta cuándo debe darse el pecho?** La recomendación es hasta los seis meses (mínimo y casi obligatorio). Sin embargo, la mayoría de los organismos proponen que se mantenga la lactancia por lo menos hasta el año y medio o los dos años. No hay fecha límite: siempre será hasta que la madre y el bebé quieran.

Y, **¿cómo hacerlo?** Este es el gran problema, porque las condiciones laborales dificultan la permanencia de la lactancia en el tiempo. Hasta los seis meses, al menos, debe mantenerse **en exclusiva y a demanda.** Será un esfuerzo, pero también lo mejor que una madre puede dar a su bebé.

Confía: solo tu bebé sabe lo que necesita.

Es decir, cuánto tiempo necesita mamar, de qué pecho y a qué horas. La mejor forma es ofrecérselo: si no quiere nos lo demostrará, si quiere, también; si ya está lleno, se soltará. Se ha pautado históricamente este proceso natural con horas entre tomas, minutos por pecho, orden de cada pecho, etcétera. **Ofrecer y observar** es lo único que necesitas para que se alimente, olvida todos los consejos que tengan números y sigue tu instinto.

Un mito extendido es que hay mujeres que no pueden dar el pecho. Es falso, porque es muy difícil que una madre **no tenga leche** (aunque hay casos). Suele haber dificultades a veces (grietas, dolor, mal enganche...), no dudes en apoyarte en alguna asesora de lactancia. Su gran trabajo facilita que madres y bebés vivan este proceso íntimo en un ambiente de calma y placer.

Como explica Julio Basulto, «**si no puedes (o no quieres) dar el pecho** a tu hijo, la segunda opción es darle tu leche mediante un biberón [...], y la tercera es darle la leche de una nodriza sana o de un banco de leche humana. Descartadas las anteriores opciones, escogeremos la leche artificial para lactantes».

No voy a generarte **ni un ápice de culpa** si no pudo ser. Así fue y se tomó la mejor decisión en ese momento. Afortunadamente, existe la opción de la leche de fórmula y del biberón, que ha ayudado a muchas familias. Si no puedes sostener la lactancia y no estás bien, hay que tomar alternativas. Si has decidido libremente una cosa o la otra, lo estás haciendo bien.

Teta o biberón, respeta sin condición.

A partir de los seis meses, aproximadamente, empieza el maravilloso mundo de la **alimentación complementaria.** La lactancia (natural o artificial) será el aporte principal, y el resto es adicional. La leche deberá tener el lugar principal de la alimentación, por eso se ofrece primero, y el resto de los alimentos después.

Para algunas familias es la era de los **purés,** mientras que para otras es una etapa de exploración a través de la comida. Si vas al pediatra, es posible que te digan muchas cosas diferentes, porque hay mucha desactualización en cuanto a la alimentación. Puedes decidir entre hacer triturados (papillas) según las pautas que te den o darle prácticamente la misma comida que tú comes, el famoso *baby led weaning* (BLW o **alimentación autorregulada** por el bebé). No se trata de una moda, ya lo hacían nuestras madres y abuelas.

Consiste en ofrecer progresivamente alimentos blandos que el bebé pueda masticar con las encías y se lleve a la boca en función de sus sensaciones de hambre y saciedad. Se les ofrece comida real (no versiones) con múltiples sabores, las variaciones con el menú familiar son pequeñas, se mejora el desarrollo psicomotriz y la infancia siempre come lo que necesita. Tiene muchas ventajas ya que se basa en su autonomía y su autorregulación.

Hay mucha bibliografía y cursos al respecto, así que no me detendré mucho. Solo necesitas saber que hay **dos formas de alimentación complementaria.** La autorregulada ofrece muchas más ventajas, aunque necesita un poco de humor para limpiar tanta exploración. Merece mucho la pena, todo depende de la vida que tengáis. Ver a mi hijo comer espárragos trigueros y pimiento rojo asado con absoluta pasión desde los seis meses no tiene precio. De hecho, te podría decir que con sus nueve meses ya había adquirido movimientos con sus manos para coger los alimentos que yo no tengo.

Respetar su ritmo es la base de la educación.

De cualquier manera, necesitan de nuestra **presencia** cuando comen, ya sea triturado o sólidos blandos. Para que puedan **empezar a comer** necesitamos que se cumplan algunos requisitos, no es que lleguen a la edad de los seis meses y ya podamos ofrecerles comida. Habrá quien lo haga a los cinco y medio, y quien lo haga a los ocho meses. Estos son los **indicadores** que se tienen que dar a la vez para saber que están preparados:

- Es capaz de mantenerse sentado (con apoyo) y con la cabeza erguida.
- Tiene una coordinación suficiente como para llevarse la comida a la boca.
- Mastica (con o sin dientes) y no empuja la comida fuera de la boca (reflejo de extrusión).

Aunque no es un criterio como tal, para mí, uno de los más importantes es que notes que tu bebé **muestra interés por los alimentos** cuando estáis comiendo en familia. Si os ve a diario, a las mismas horas, realizando una actividad conjunta y compartida, lo más seguro es que muestre interés. A los bebés lo que más les fascina son los objetos que son importantes y funcionales para sus personas de referencia (la comida, las llaves de casa, tu peine, tu teléfono, el juguete de su hermana...).

Como explica Basulto, en esta etapa «perseguimos dos **objetivos** primordiales y uno secundario. Los primarios son: 1) que el bebé **disfrute** comiendo, y 2) que sus preferencias gustativas se decanten por **alimentos sanos.** [...] El objetivo secundario es la **nutrición,** es decir, cubrir el aporte de nutrientes necesarios para su desarrollo mediante comida saludable».

A partir del primer año suele producirse una disminución del apetito, de hecho, se considera que será «errático» e «impredecible». Siguen sabiendo lo que necesitan, crecen más despacio y necesitan menos. Ofrecer alimentos saludables y observar seguirá siendo una herramienta válida para toda su vida.

La **lactancia materna** continuará durante todo el tiempo que la madre y su hijo o hija decidan. Los beneficios siguen siendo múltiples, así que el destete lo marcarán las necesidades de ambas personas. La **leche de fórmula** se desaconseja a partir de los doce meses, cuando hay una alimentación saludable (como debería ser) y se sustituye por leche entera.

Por otra parte, se recomienda dejar de usar el **biberón** a partir de los dieciocho meses y sustituirlo por vasos adaptados o normales. No hacerlo puede conllevar problemas dentales u obesidad. Si usas biberón, hay que prestar atención a que el bebé no se salte su sensación de saciedad comiendo más de lo que necesita, algo que suele ser habitual.

Hasta los dos años se produce un tiempo de transición en el que la alimentación familiar pasa a ser, de manera progresiva, la principal fuente nutritiva. A partir de entonces, comerán como cualquier adulto (saludable) excepto por las cantidades. También se empezarán a establecer horarios de comidas ajustadas a la persona más pequeña de la familia; en unos años, los ritmos de todos serán los mismos prácticamente.

HORA DE DECIDIR (II)

Ya habéis concretado algunas decisiones y «cables trampa» sobre el sueño y la alimentación. Ahora podéis volver a decidir libremente y sin presiones lo mejor para vuestra familia.

Te propongo algunas cuestiones para iniciar vuestra conversación: ¿cómo va a comer vuestro hijo o hija?, ¿pecho o biberón?, ¿qué haréis si surge algún problema con la lactancia?, ¿probaréis con las papillas o el *baby led weaning*?, ¿cuánto tiempo mantendréis la lactancia materna?...

¿Cómo es una buena alimentación?

Acabamos de hacer una breve síntesis de la alimentación en la infancia y he hablado con mucha facilidad de la **alimentación**

saludable. Pero ¿cómo es realmente?, ¿qué hay que tener en cuenta?

¿Es saludable el colacao que yo desayunaba toda mi vida?, ¿y lo que nos dicen los anuncios publicitarios?, ¿y lo que compro en el supermercado? La teoría, como veremos, es fácil, pero en la práctica del día a día nos lo ponen más bien difícil.

En principio, desconfía de todo lo que ponga «su primer» yogur, potito, galleta, leche... Suele llevar mucho azúcar, por lo que se desaconseja. Coge tu cuaderno, espera a cualquier pausa publicitaria, apunta los productos que venden para la infancia y después revisa sus etiquetas: diría que todos llevan azúcares añadidos, potenciadores del sabor, sal... Cuando vayas a comprar al supermercado, mira los ingredientes, te vas a sorprender mucho de todo lo que te estás comiendo. Lo bueno es que ahora hay aplicaciones que te dicen si son saludables o no. Si es un buen alimento procesado o un ultraprocesado (muy desaconsejado).

> *«No importa tanto lo que les damos*
> *de comer a nuestros hijos*
> *como lo que no les damos.»*
> JULIO BASULTO

Seguro que has visto diferentes guías para tener una alimentación saludable. La más común es la **pirámide alimentaria,** en cuya parte inferior están los alimentos que puedes comer en mayor cantidad, y arriba los dulces y las grasas que no debes comer más que esporádicamente. Otra propuesta gráfica que habrás visto es el **plato de Harvard,** donde se representan las proporciones adecuadas de cada grupo de alimentos (la mitad, verduras y frutas, un cuarto de proteínas saludables y otro cuarto de hidratos de carbono).

Puede que recordemos e intentemos seguir la pirámide alimentaria o el plato de Harvard, pero después nos comamos unas patatas fritas de bolsa. Entonces sus recomendaciones ya no sirven de nada.

Una de las aportaciones más relevantes y ajustadas a nuestra realidad es la guía *Pequeños cambios para comer mejor* de la Agencia de Salud Pública de Cataluña.[*] No solo aborda grupos de alimentos y su frecuencia de consumo, sino que se enfoca en hábitos y costumbres, que al final son los que marcan nuestra realidad.

---

[*] Se puede consultar en <https://salutpublica.gencat.cat/web/.content/minisite/aspcat/promocio_salut/alimentacio_saludable/02Publicacions/pub_alim_salu_tothom/Petits-canvis/La-guia-peq-cambios-castella.pdf>.

En síntesis, **tenemos que comer más frutas y hortalizas, legumbres y frutos secos,** y mantener a la vez una vida activa y social. **Beber agua** como bebida principal, tomar alimentos integrales, aceite de oliva virgen y productos de temporada y proximidad. Y **comer menos sal, azúcares, carnes rojas y procesadas, y alimentos ultraprocesados.** Esta es la base para una vida saludable.

Es importante planificar la compra y el menú semanal. Se recomiendan, como mínimo, cinco raciones al día: tres de **fruta** y dos de **hortalizas.** ¿Y si nuestros hijos no quieren fruta? Ten siempre fruta encima de la mesa y cortada en la nevera, verás cómo vuela. Consume **legumbres** tres o cuatro veces a la semana. Toma un puñado de **frutos secos** a diario: en el desayuno, en un bol con yogur, en la ensalada de comida, picados en una tostada con aguacate... Eso sí, sin sal y que no sean fritos. Respecto a la seguridad o cuándo incluir estos alimentos en la dieta de tu bebé, en breve hablamos sobre ello. Además, la recomendación es hacer treinta minutos de **actividad física** moderada cinco días a la semana o setenta y cinco minutos de actividad física intensa a la semana. Aunque seas una persona activa, no estés más de una o dos horas sentada.

Bebe tanta **agua** como tu sensación de sed te indique, el objetivo es evitar bebidas con azúcares o el alcohol. Incluye en tu comida principal **alimentos integrales** (pan, pasta, arroz, cuscús...), porque al hacerse con las semillas completas aportan más nutrientes. ¿Cuánto? En función de tus necesidades energéticas. Para cocinar y para aliñar, usa **aceite de oliva virgen,** sus grasas son mejores y aporta más antioxidantes. Evita otros aceites, como el de girasol o maíz, así como otras grasas de uso esporádico (mantequilla, margarina, nata...). Si consumes **alimentos de proximidad y temporada,** estarán más frescos y conservarán mejor sus propiedades originales.

Los problemas de salud vienen de la mano de la sal, los azúcares, la carne roja y procesada, y los alimentos ultraprocesados. No es que no tomes **sal,** sino que tomes un máximo de cinco gramos al día, el equivalente a una cucharilla de postre (sumando la que te echas en la comida y la que incluyen los alimentos que comes). Debe ser sal yodada. Toma esporádicamente productos como patatas de bolsa, embutidos, galletas, salsas, conservas, platos precocinados... Se desaconsejan por la gran cantidad de sal que tienen, mira las etiquetas: 1,25 gramos de sal por cada cien gramos es mucha.

Sustitúyela por especias, hierbas aromáticas u otros condimentos. Los menores de dos años tienen que comer sin sal, y, durante la infancia, siempre menos que la cantidad recomendada a los adultos.

También encontrarás **azúcares** en los productos ultraprocesados: bebidas energéticas, refrescos, zumos, bollería, galletas, cereales, pasteles, helados, golosinas… ¡Pues menudo plan! Ya, para mí también fue un *shock* en su momento. En resumen, este azúcar libre que se añade o que se encuentra en zumos, concentrados y miel solo aporta calorías innecesarias. El cuerpo necesita glucosa que proviene del pan, de la patata, de la pasta, del arroz, de la fruta entera, así como de algunas hortalizas, legumbres, leche y yogur. Así que cuanto menos azúcar añadido, mejor.

Vamos con las **carnes rojas y procesadas** (hamburguesas, salchichas, jamón serrano, jamón de York, fuet…). Se recomienda reducir su uso, porque se relacionan con el riesgo de cáncer y otros problemas de salud. Teniendo una alimentación basada en vegetales, se puede consumir carne tres o cuatro veces por semana, pero carne roja un máximo de una o dos veces. Lo ideal es sustituirla por legumbres, huevos (tres o cuatro veces por semana), pescado (tanto blanco como azul) tres o cuatro días por semana y carne blanca (de ave). También aportan proteínas la leche, los yogures y el queso, que se consumirán de una a tres veces al día, siempre que no lleven azúcares añadidos.

Por último, evitaremos un invento de la industria que no puede llamarse *alimento:* los **ultraprocesados.** Se elaboran con muy poca materia prima, contienen aditivos y sustancias añadidas, además de azúcares, grasas, sal, almidones, etcétera. Su consumo aumenta el riesgo de hipertensión, diabetes, obesidad y algunos tipos de cáncer. ¿Qué ocurre? Que intensifican el sabor y se publicitan por todos los medios, por lo que te costará evitarlos (y contener las ganas de tus hijos de tomarlos). Si das la vuelta al envase y miras sus ingredientes, verás una larga lista con pocos ingredientes que conozcas. Entre los conocidos, seguramente se encuentren la sal y el azúcar. Así que son perjudiciales y, sí, son esos que te encantan y comes a escondidas: bebidas azucaradas y energéticas, bollería, galletas, cereales, chocolates, helados, panes envasados, patatas en bolsa, batidos, yogures de sabores, zumos, platos precocinados, sopas instantáneas...

Hasta ahora estábamos hablando de la infancia. ¿Por qué incluir estas recomendaciones dirigidas a ti, una persona adulta? Es muy simple, porque tú eres quien hace la compra y quien da ejemplo.

La alimentación de los niños depende de las decisiones de los adultos.

«Pero, Ares, ¿esto no es un poco radical?» Sí, principalmente porque está lejos de nuestros hábitos de alimentación (que creíamos saludables), el sistema nos lo pone difícil (publicidad y supermercados) y es la causa de muchas enfermedades. Mis disculpas; ahora que ya conoces esta información, tienes la responsabilidad de darte lo mejor a ti y de dárselo a tu familia.

Siento ser un incordio, pero este es un tema serio. Solo tú conoces los hábitos alimentarios de tu familia y tendrás que mediar con lo que es saludable y lo que no para transformar vuestra forma de alimentaros de un modo positivo. Al principio parece brusco, pero es un cambio progresivo. ¡No tienes que hacerlo todo ya! De todas formas, no te digo que no comas carnes rojas o productos procesados, te informo de lo que sabemos científicamente.

¿Te acuerdas de mis desayunos? Cuando, junto con mi pareja, decidí **cambiar hacia un enfoque más saludable,** mis hijos ya comían bastantes azúcares. Su paladar se había acostumbrado al azúcar y a la sal. De hecho, uno de ellos gritaba por las mañanas todo el rato «¡quiero cereales!». No había manera de meter la fruta ni otras opciones más saludables. Ha sido poco a poco y haciendo un menú semanal con nuestros desayunos (yogur con fruta y cereales, fruta y tostada de humus...). Ahora, toman fruta y frutos secos todos los días sin problema y hacemos un desayuno azucarado cada quince días o más. No estoy diciendo que no comas lo que quieras, sino que sepas lo que comes tú y lo que comen tus hijos antes de decidir qué dieta seguir.

Hablemos ahora de **recomendaciones para la infancia.** No existe un **orden para introducir los alimentos,** como antiguamente se creía, aunque habrás de tener en cuenta posibles alérgenos y algunas cuestiones de seguridad (ya sean purés o sigas una alimentación autorregulada).

Para prevenir posibles **reacciones alérgicas** se suele seguir el método de darles tres días el mismo alimento. Habrá que hacerlo en el desayuno o la comida, porque por la noche podrías no darte cuenta de una reacción adversa mientras duermen. Si en tu familia hay antecedentes de alergias alimentarias, habla primero con tu pediatra para que te aconseje. Los alimentos potencialmente alergénicos son la leche, los huevos, los frutos secos, el gluten, la soja, el pescado, el marisco, las semillas y las frutas cítricas. Si al ofrecer algún alimento notas una pequeña reacción, consulta con tu pediatra.

Los alimentos saludables ya incluyen **azúcar y sal,** por lo que no hay que añadirlas a lo que se le ofrezca. La **leche** (entera) no se recomienda hasta los doce meses (desnatada a los dos años) y sus derivados pueden incluirse antes en alguna receta o en pequeñas dosis. Algunos alimentos, como el atún o las espinacas, contienen **sustancias de riesgo,** así que te recomiendo que investigues un poco sobre el tema antes de ofrecerle algo.

Siempre es recomendable hacer un curso de primeros auxilios. Si has optado por una alimentación autorregulada (BLW), puedes tener miedo de que tu hijo o tu hija se **atragante.** De forma natural, tienen un mecanismo para toser o hacer movimientos con la lengua para sacar un alimento de la parte de atrás de su boca. Estos episodios se producen tanto con BLW como con papillas, y forman parte del aprendizaje de comer. Para evitar la **asfixia** porque un trozo (normalmente duro y redondeado) obstruye las vías respiratorias tenemos que tomar algunas medidas de seguridad:

- El alimento tiene que ser lo suficientemente blando como para que lo puedas aplastar tú con los dedos o con la lengua contra el paladar.
- Presta atención a que no coma echado hacia atrás.
- Ofrece trozos grandes y largos.

Todo se puede ofrecer, pero hay que tomar **algunas medidas en función del alimento para evitar la asfixia:** uvas o tomates cherris cortados en cuartos, zanahorias hervidas y de forma longitudinal, frutos secos muy triturados, carne en trozos más pequeños… Hierve siempre la manzana, hay muchos atragantamientos con ella. De cualquier manera, lo mejor que puedes hacer si te interesa el tema es formarte: hay multitud de recursos para aprender hoy en día.

Como ves, podría dedicar a este tema (y a cada capítulo) un libro entero. Me veo obligado a sintetizar y darte la esencia de la educación y la crianza.

**Educa cada día
y viviréis felices.**

Para cerrar este apartado voy a regalarte la **teoría del 1 %.** La he ido desarrollando a través de mi experiencia diaria con niños y niñas, la observación y múltiples conversaciones con familias. Para mí, educar es un 1 % cada día. Cada día educas un 1 % en el sueño para que se duerma a su hora, un 1 % en los hábitos de alimentación cuando ofreces frutas o verduras, un 1 % en autonomía cuando le permites vestirse… Cada día podemos hacer un 1 % o no hacerlo, ya sea porque no nos hemos dado cuenta, porque nos invade el cansancio o porque no podemos estar todo el día y a todas horas educando.

¿Te acuerdas de cuando hablábamos de reajustar el sueño? En realidad, quería decir «reeducar» el sueño. Lo mismo puede sucedernos con la alimentación de nuestros hijos e hijas.

Yo elegí (inconscientemente) dar unos desayunos poco recomendables a mis hijos. Que ahora coman de forma saludable ha significado reeducar su alimentación. Pero, claro, la letra pequeña es que reeducar requiere tiempo y mucho esfuerzo. Si hubiera sabido todo lo que te he contado sobre alimentación cuando nació mi primer hijo, hubiera hecho cada día un 1 %, mientras que reeducarlo nos ha llevado un 200 % de esfuerzo extra que se consigue con constancia, paciencia y esfuerzo personal (y un poquito de frustración a veces).

Lo mismo sucede cuando hemos decidido que duerma en su habitación. Una noche se levanta y nos pide dormir con nosotros. Con la somnolencia nocturna y la falta de fuerzas, le das un beso, lo abrazas y se tumba a dormir contigo. Ese día ya no has hecho el 1 % de educarlo (y no pasa nada). Pero al día siguiente se vuelve a repetir, y al siguiente, y al siguiente. Sin darte cuenta, ya tienes que reeducar un 4 %. La pereza de no acompañar y levantarse en su momento ahora se va a convertir en un esfuerzo mayor.

Reeducar es mucho más difícil que educar. Por eso, se recomienda que siempre tengamos en casa alimentos saludables, ya que reeducar hacia una alimentación sana, cuando se ha seguido una dieta que no lo es, es bastante más difícil.

También ocurre cuando un hecho inesperado rompe nuestras rutinas (por ejemplo, se ponen malos y durante unos días permitimos alimentos o comportamientos que normalmente rechazaríamos, como hicimos durante la pandemia). Cuando ya están bien, nos cuesta varios días volver a poner las cosas en su sitio.

La conclusión está clara: ya sea de forma voluntaria o involuntaria, **educamos a nuestros hijos e hijas, hagamos lo que hagamos.**

Tener claro que tenemos que trabajar cada día un poquito en los seis puntos de la brújula para educar nos dará la estructura necesaria para vivir felices. La constancia es la clave del éxito: solo un 1 % cada día.

Comer con placer

¿Acaso puede ser de otra manera? Alimentarse es una necesidad biológica. Venimos a este mundo con todo lo necesario para comer. Entonces, ¿qué hace que un niño coma o no coma? Todo dependerá del ambiente y de tu presencia a la hora de comer.

Lo primero que has de tener en cuenta son la **sensación de hambre** y la **sensación de saciedad.** Cuando son bebés, suelen llorar y abalanzarse sobre la comida cuando está disponible; si son más mayores lo pedirán directamente. Tener fruta siempre a mano te ayudará a mantener el horario familiar de alimentación. Da menos comida y seguro que piden más si se quedan con hambre. Actualmente, estoy fascinado porque los veinte niños y niñas de mi clase se pueden comer dos kilos de fruta, verduras u hortalizas a la hora del desayuno. Ofrezco raciones pequeñas al menos de dos alimentos: un cuarto de manzana, media pera, tres tomates cherris… Eligen y repiten hasta que no quieren más en función de su sensación de saciedad. Permitir que reconozcan esta sensación los ayudará a regularse, comiendo unos días más y otros días menos.

A mí, desde bien pequeño, me enseñaron a no respetar mi **sensación de saciedad.** Con todo el amor del mundo, me decían: «Cómetelo todo», y así lo hacía. Esta es una causa del exceso de peso en los adultos: no sabemos cuándo parar. Un bebé cierra la boca para decir que no quiere más y si insistimos aprende a obviar su señal interna. Mi hijo, con menos de un año, se quita el babero y claramente es un «no quiero más». También cuando ves que empieza a jugar y no quiere seguir con la comida. Cuando tienen lenguaje te lo dirán, pero puede pasar desapercibido. Por eso es tan importante «ofrecer» la comida, y no «darla», porque posiblemente no se ajuste a sus sensaciones internas. Pon menos comida en el plato, si quiere más, te lo pedirá, y así evitarás tirar comida. Recuerdo que el problema de la infancia en España es el exceso de peso, no la falta de vitaminas o nutrición.

Como padre, también te digo que **son ciclos.** Cuando son bebés comen y exploran mucho; al año, parece que decae el apetito; después no quieren comer cosas nuevas, etcétera. Nos entran los agobios y se nos «hace bola». Despreocúpate y no hagas más que ofrecer alimentos saludables desde el respeto. Todo volverá a su sitio… Y, por cierto, no olvides que un poco de humor lo arregla todo.

> *«Tu hijo come lo que necesita,*
> *sin más.»*
> JULIO BASULTO

Habitualmente, me encuentro con familias que con todo el amor del mundo evitan el desarrollo de la **autonomía en la alimentación.** Dan el biberón por facilidad o para ahorrar tiempo… Sus hijos se acostumbran a que comer no sea un proceso autónomo y esperan que un tercero haga esa función (inhibiendo las sensaciones internas que acabamos de explicar). Los niños y las niñas son sujetos activos, por lo que podrán comer con las posibilidades madurativas que presenten según su edad.

Nuestra función es **confiar en ellos, permitirles actuar y generar un entorno en el que puedan desarrollarse** sin pedirles demasiado. Es necesario un ligero nivel de dificultad, complejidad y frustración para crecer, que resolverán con la ayuda de nuestra presencia y confianza. Nos vemos tentados a ayudarlos a coger ese trozo de brócoli que se les resiste para evitarles el esfuerzo. Dárselo o permitir simplemente que lo consiga agarrar y llevárselo a la boca marcará una diferencia significativa.

Es importante que te observes, porque tendemos a obligar a comer, a premiar o a chantajear con la comida: «Acábate el plato», «Si te lo terminas, te doy un helado de postre», «Muy bien, te lo has comido todo», «Te quedan cinco minutos»… Todas estas estrategias no funcionan e incluso producen el efecto contrario. No hagas más que ofrecer la comida y permitir que coma lo que necesite. **No obligues,** se trata de comer con placer. Si en el desayuno, la comida, la merienda y la cena se ofrecen alimentos saludables, en algún momento se los comerá. El problema suele surgir cuando en desayunos o meriendas (normalmente) ofrecemos alimentos ultraprocesados con sal, azúcar y potenciadores del sabor (cereales, galletas, bollos, chocolate…). Entonces se atiborrarán y después no comerán de manera saludable en la comida o en la cena. Suele ser una dinámica habitual.

¿Y si va a un cumpleaños o a algún sitio donde no tenemos control sobre lo que come? Como dice mi cuñada Raquel, la regla es **«ni prohibir, ni ofrecer»** (que, además, te vale para muchas más cosas). Es mejor no prohibirlo, porque genera atracción, ni ofrecerlo, porque no es saludable. Disfruta y no te preocupes de lo que no puedes controlar.

Dicen las autoridades al respecto que no tengamos **alimentos ultraprocesados en casa,** y es verdad que lo mejor para no comerlos es no tenerlos. Sin embargo, puede parecer una utopía para muchas familias, porque en algún rincón suele haber galletas, chocolate, patatas fritas, etcétera. La solución, para mí, es tener unos límites claros y normalizar que estos productos se comen de forma esporádica y nunca son un premio. Es una forma de enseñar también hábitos de alimentación.

Las prisas no son buenas, necesitamos un **ambiente relajado** para asimilar lo que se come. Establece tiempos para compartir la comida con calma y sin tensión. ¿Recuerdas que mi padre me daba con el tenedor cuando usaba las manos para comer? Aún vivo esa tensión que tenía cada día al comer cuando lo hago en lugares cerrados. Las consecuencias, como ves, no son menores.

> *«Ralentizar de forma racional*
> *en los momentos justos y oportunos*
> *favorece que se trabaje mejor,*
> *que se juegue mejor, que se coma*
> *mejor, que se viva mejor.»*
> Carl Honoré

Entonces, ¿pueden hacer lo que quieran mientras comen? Eso lo tenéis que decidir en casa, habrá que establecer unas **normas básicas para comer.** Aún recuerdo a un niño que comía en el sofá viendo dibujos animados y moviéndose mientras le daban de comer como podían.

Comer en la mesa nos ordena, porque es un espacio al que vamos cada día con una función: **alimentarnos y compartir.** Por tanto, las normas que tengáis deberán respetar estos dos objetivos.

En mi casa no tenemos pantallas ni juguetes que distraigan su atención del hecho consciente de comer (así evitamos atragantamientos o que no escuchen sus sensaciones de hambre o saciedad). Comemos en la mesa y la ponemos entre toda la familia, como veremos más adelante. Esperamos a estar todos para empezar. Les invitamos a probar cuando hay algo nuevo. No obligamos y ofrecemos. Nos levantamos cuando hemos acabado y cada cual recoge al menos lo suyo.

VUESTRAS NORMAS PARA COMER

Acabas de leer las normas de mi familia. ¿Cuáles van a ser las de la tuya?

Dedica un tiempo a conversar sobre ello, es posible que las tengáis claras y no necesitéis este ejercicio. Sin embargo, hacerlo a veces resuelve algunos problemas cuando se tienen diferentes criterios.

He dejado para el final lo más importante: **ser un ejemplo.** Imagínate: haces un curso de BLW, conoces qué alimentos ofrecer a tu hijo para que su alimentación sea saludable (aunque no estaban en tu menú familiar previo), se los das durante varios meses, pero después el resto de la familia sigue con su dieta habitual, no tan saludable. Entonces, todo ese esfuerzo no servirá de nada.

Los hábitos de comida no dependen solo de la educación, sino que se copian de las figuras de referencia. En más de una ocasión, la dificultad no está en el niño o la niña, sino en los hábitos de alimentación familiares.

El primer paso es empezar por ti. Claro, no eres perfecta, o perfecto (yo tampoco), pero puedes avanzar poco a poco hacia una alimentación más saludable que mejorará tu salud y también la de los tuyos.

Hemos llegado al final, y ya es hora de volver a ver esa grabación familiar que te pedí. Como era un momento relajado y cotidiano, seguro que actuasteis tal y como sois. Solo te pido que observes algunas cosas:

- ¿Adónde se dirige tu mirada? ¿A qué prestas atención?
- ¿Estás presente? ¿Has mirado el móvil?
- ¿Cómo respondes a las necesidades de tu hijo o hija?
- Observa cualquier indicio de presión, control, expectativas, sobornos, premios, castigos, distractores.
- ¿Qué frases concretas decís sobre la comida?

Seguramente descubras algunas cosas que te gusten y otras que no tanto. Reconocerse es el primer paso para transformarse.

Se acaba este capítulo tan intenso. Durante los primeros años, nos ocupan mucho los cuidados: sobre todo la alimentación y el sueño. Por favor, recuerda la teoría del 1 %, porque **cuando crecen nos olvidamos** de la importancia del sueño y de la alimentación. Son claves para su bienestar y desarrollo.

No quiero acabar sin reiterar que **los cuidados son momentos íntimos de comunicación** que hay que proteger con el mayor de los respetos. Un cambio de pañal, una comida compartida, el momento de acostarse o ir al médico pueden ser experiencias traumáticas o placenteras.

Con el cariño, la dedicación y el amor con el que le cuidas, así cuidará cuando tenga un hermano o cuando tenga hijos. Yo lo veo con mis propios ojos cuando Gael y Enzo cuidan a Mae con gestos y actitudes que no han visto, pero sí han sentido. **Aprenderá de ti cómo cuidar** y lo llevará siempre dentro.

Ya conoces la importancia de la **autonomía** para dormir o para comer, pero también se necesita para crecer en el resto de los ámbitos de la vida. Acompáñame en el próximo capítulo, iremos cosiendo, poco a poco, las alas que necesitan para volar.

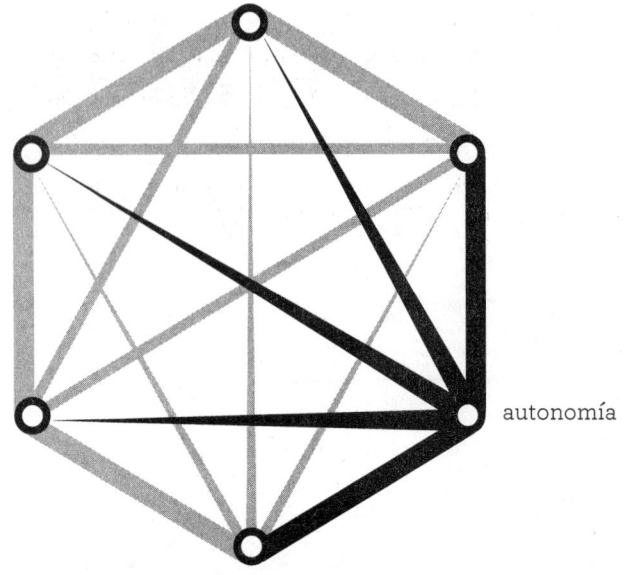

autonomía

3

Dale **alas** para volar

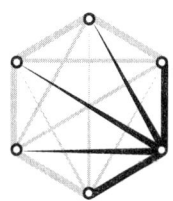

Hace algunos años, hicimos un proyecto sobre pueblos del mundo en el colegio en el que trabajo: en el curso de cinco años aprendían sobre los zulúes; los de cuatro años investigaban la cultura maorí, y los de tres años, sobre los inuits. En medio de tanto descubrimiento, y para saber un poco más sobre las condiciones de vida de estos últimos, nos fuimos toda la escuela infantil a jugar con la nieve a la montaña. Una propuesta superdivertida que recordaremos para siempre.

Imagina a 152 niños y niñas más docentes salir en los autobuses, organizar trajes de nieve, botas, guantes, gorros, ropa de cambio y comida. Según nos acercábamos, empezaron los nervios al ver la nieve y querer salir a jugar. Paramos y les dijimos: «Chicos, chicas, nos quitamos el cinturón, nos abrochamos los abrigos, nos ponemos el gorro, los guantes y nos preparamos para salir».

En medio de aquel estrés, lo peor eran los guantes, porque tienes que pararte e ir con calma, dedo a dedo, en cada mano. Iba revisando junto con mis compañeras que todo estuviera puesto antes de salir, cuando llegué a un niño que me esperaba con los brazos estirados y las manos abiertas para que yo le pusiera los guantes. Sorprendido, lo invité a intentarlo, empezó y fui ayudándolo. Se nos resistieron durante varios minutos, pero por fin lo conseguimos. Me miró con cara de duda, de haberle defraudado y sentenció: «Pues mi madre lo hace mejor».

Está claro que no estuve a su altura. Seguí ayudando al resto del autobús mientras pensaba sobre la **autonomía,** en lo que pueden o no pueden hacer los niños, a qué edad y cómo sus referentes **facilitamos o no este proceso.**

Si preguntamos a cualquier madre o padre, nos dirá que quiere que, en el futuro, sus hijos sean autónomos en la vida. El problema es que **la autonomía no viene sola** por arte de magia. Depende exclusivamente de ti (y de tu pareja) y de las condiciones ambientales que proporcionáis a vuestro hijo o hija.

Su autonomía determinará su desarrollo, sus aprendizajes y su futuro. Puede parecer sencillo, pero **para que la conquisten** tenemos que profundizar primero en…

- tu mirada,
- su ritmo vital,
- la importancia de la dependencia,
- el desarrollo de su movimiento,
- cómo puedes preparar tu casa para facilitarlo,
- y, por último, cómo conseguir que tu hijo o tu hija sean más autónomos.

¿Preparada? ¿Preparado? Este es uno de los capítulos fundamentales en su desarrollo. **Tú y solo tú haces que conquiste nuevos retos** desde la alegría, que explore con seguridad, juegue con iniciativa y crezca con bienestar. La autonomía es la llave y empieza con una frase:

«Ayúdame a hacerlo por mí mismo».
MARIA MONTESSORI

¿Cómo miras a la infancia?

En ocasiones, tengo que dar una mala noticia a las familias de mi aula: «Lo siento, Pablo. Tu hijo **ya no es un niño pequeño**». Pueden y hacen muchísimas cosas cada día ya desde que son bebés. Con todo el amor del mundo, ese que se los come a besos y los apretuja en abrazos, los miramos más pequeños y con menos capacidades de las que tienen.

Cuánto queremos a nuestros hijos e hijas, ¿verdad? Los amamos tanto que **lo son todo en nuestra vida.** Puede que unas veces te ciegues de amor y le permitas todo, que te dé pena cuando lo pasa mal, que otras le veas capaz y mayor, e incluso en ocasiones le evites alguna frustración ayudando un poco más. Es normal, te recuerdo que seguimos siendo personas imperfectas y humanas.

Me contaba una amiga que cuando iba a la escuela a llevar a su hijo de un año, siempre se despedía diciendo: «Adiós, mi bebé». Un acto de **amor puro,** del tiempo compartido, de la fuerza de su vínculo, una frase con mucho significado. Un día, con muy buen criterio, le dijo su maestra: «Te invito a buscar otro término cariñoso para él. Porque ya no es un bebé y tienes que dejarle salir de ahí».

Sí, da pena. A ella, a mí y a cualquiera. **Tu bebé se hace mayor y ya es un niño;** tu niña pequeña ya no lo es tanto… La nostalgia de lo vivido y el duelo de admitir que han crecido a veces se interpone con el mayor de los amores en su crecimiento. Nos corresponde hacer este pequeño trabajo para darles alas para volar.

Cuando escribiste tu definición de la infancia en el primer capítulo, expresaste qué cosas crees que puede hacer, cómo te relacionas y cómo es para ti. Te invito a revisarla, porque **tu hijo o**

hija es una persona completa, llena de capacidades, segura de sí, comunicativa, activa, curiosa, inteligente.

Da igual la edad que tenga, **si le permites expresarse** y observas bien verás todas estas aptitudes desde que son bebés. Se comunican con la piel, con el llanto, con sus emociones, con los gestos, con los sonidos, con las palabras, y en cada oportunidad empiezan un nuevo diálogo. Descubren la vida cada día, exploran todo lo que encuentran, juegan, toman decisiones, se equivocan, vuelven a empezar y así construyen significados de todo lo que pasa.

¿Qué necesitan para ello? Nuestra **presencia** para responder a sus necesidades de forma continua con un apego sólido y seguro que les permita expresarse como son. Además, **calidad en los cuidados:** con tiempo, sin prisas, de tú a tú y llenos de sensibilidad. Por último, que tú sientas y ayudes a que puedan hacerlo por sí mismos.

Todas estas experiencias generan en tu hijo o en tu hija la seguridad de ser una persona atendida, querida, y de que hay alguien ahí si lo necesita. Solo con esta base de vivencias que se repiten una y otra vez puede construir la **confianza** necesaria para conquistar su autonomía y descubrir el mundo. Ten en cuenta la batería de la seguridad.

Debemos recordar que lo hace a su manera, no a la nuestra. Hace ya años, llevaba a Gael a su escuela infantil por la mañana cuando me di cuenta de que pocos niños iban andando y la mayoría de las familias corrían a toda velocidad (incluso para un adulto). ¿Cuántos niños y niñas ves que puedan **caminar a su ritmo** para ir a la escuela?

Pocos, muy pocos. Sí, yo también soy padre y sé que por las mañanas entramos en «modo supervivencia» y hacemos lo que podemos, no te estoy juzgando. Sin embargo, ¿**consigues parar**

el tiempo en otros momentos para ajustarte a su ritmo? ¿Tenéis la oportunidad de ir tranquilamente, andando a su velocidad, observando lo que ocurre y disfrutando de un pájaro, de una flor o de una hoja en el camino? Con niños y niñas de uno a tres años es toda una experiencia.

En otra ocasión, nos recogió una amiga con su coche. Le indicó a Gael que se subiera y después de unos segundos le dijo: «¡Venga, venga!». Si te paras a pensar te darás cuenta de que es un acto habitual e inconsciente de bastantes adultos. En realidad, lo que estaba haciendo mi hijo no era perder el tiempo, sino observar la puerta, el coche nuevo y calcular la subida para hacerlo por sí mismo: del suelo a la alfombrilla, de ahí al asiento y después a la silla. Toda una aventura que no le estábamos dejando emprender.

¿Cuántos adultos agobiamos a los niños para que vayan más rápido?

Te preguntarás: ¿y esto en la vida real cómo se hace? Porque yo no puedo pararme quince minutos con cada cosa que hacemos. Está claro que no, pero considero necesario reflexionar sobre lo que llamo el ***tempo de la infancia,*** es decir, la velocidad a la que los niños y las niñas se mueven en la vida.

No puedes educar todo el día, ni pararlo todo a cada minuto: tendrás que elegir en qué momentos hacerlo y en cuáles no. Lo importante es que sean los máximos posibles, porque **solo podrán conquistar su autonomía cuando se respeta su tempo.**

Cuando vamos a muchas más revoluciones por minuto **nos anticipamos,** no los dejamos actuar bajo su criterio, **o los pre-**

sionamos para que lo hagan rápido. Si quieres sorprenderte cada día con tu hijo, no hay nada como aprender cuál es su tempo y dejaros llevar: el disfrute está asegurado.

Este verano pusimos una zona en la terraza del pueblo para que Mae se moviera libremente. Aún no gateaba, pero se pasaba las horas cogiendo objetos, volteándose, poniéndose a cuatro patas, chupando juguetes… Lo acompañábamos diferentes personas (su madre, su padre, su abuela y sus hermanos), pero quien mejor se ajustaba a su velocidad era su bisabuela, que con sus ochenta y nueve años se echaba a su lado y compartían risas, complicidad y diálogos. Una escena maravillosa, en la que estaban el uno para el otro, **viviéndose al mismo tiempo.**

De la dependencia a la autonomía

Cuando me formé para ser psicomotricista, me sorprendió mucho un vídeo que nos enseñaron en clase. Eran los instantes posteriores al parto, el bebé descansaba entre los pechos de su madre tumbado, piel con piel. Abría los ojos y los cerraba lentamente, hacía pequeños estiramientos con sus manos, daba patadas firmes y suaves con sus piernas al vientre de su madre, abría la boca y movía su cabeza ligeramente. Empezaba a salivar detectando el olor de su pecho y, poco a poco, con pequeños movimientos, se iba desplazando hacia uno de ellos. Con su mano agarraba uno de los pezones y lo volvía a soltar, lo masajeaba, ayudando a su madre a producir oxitocina. Se repetía una y otra vez. Poco a poco empezó a realizar movimientos frágiles con su boca, instintivamente agarraba el pezón y trataba de acercárselo a la boca. Todo su cuerpo actuaba para llegar. Después de muchos minutos e intentos, consiguió enganchar el pezón con la boca bien abierta. Yo estaba atónito.

¿Los bebés ya **son autónomos desde que nacen**? Pues sí, eso parece. Con la calma, el tiempo suficiente y respetando su tempo pueden conquistar lo que de primeras parece imposible. Biológicamente, vienen con dos herramientas imprescindibles: **la curiosidad y la exploración.** Con ellas, descubren por propia iniciativa qué realizar y cómo actuar, aunque conlleve múltiples repeticiones, decisiones o errores (desde la visión adulta).

Parte de **su propia voluntad.** Su autonomía se inicia al nacer, cuando se enfrentan cada día a nuevos retos, según van madurando su cerebro y su cuerpo. Los primeros progresos son el sueño, la alimentación y el movimiento. A la vez, aparecen los aprendizajes, las interacciones sociales, las expresiones emocionales y el desarrollo de su pensamiento. Con el tiempo, se establecerán hábitos y rutinas propios de cada casa. Tienes una tarea fundamental: permitir, potenciar y regular su autonomía.

Los **aspectos más importantes de una persona** están en juego en esta conquista: el autoconcepto, la autoestima, la autopercepción, el autocontrol, la expresión emocional, la empatía, la perseverancia, el respeto, el autoconocimiento, la habilidad para aprender, la iniciativa, la toma de decisiones y la responsabilidad personal. Ni más ni menos, ¡fuera presión!

Tendemos a pensar que un niño es autónomo cuando hace las tareas que le decimos y las hace solo. **Eso no es autonomía, es obediencia,** porque no hay iniciativa ni libertad de decisión para afrontar lo que les ocurre. Es decir, no parte de las necesidades del niño o de la niña, sino de la persona adulta. Solo establezco la diferencia, no estoy diciendo que no te tengan que hacer caso —de ello hablaremos en el siguiente capítulo.

Es importante esta distinción, porque cuando pedimos a nuestros hijos e hijas que hagan algo, ya no se trata de autonomía, porque no parte de su voluntad, hablamos de **falsa autonomía.** Una cosa es decirle que vaya al baño a hacer pis y otra muy distinta es que reconozca su propia necesidad y decida ir al baño.

Los límites son necesarios y regulan su autonomía. Ya sea porque los establecen las figuras de referencia o porque los imponen las leyes de la física, como cuando gatea bajo la silla y se da en la cabeza porque no calcula la altura, o cuando quiere abrir algo y no puede. Por tanto, potenciar su autonomía significa **dejarles enfrentarse a las consecuencias** de sus movimientos, de sus pensamientos, de sus decisiones, de sus emociones y de sus aprendizajes, mientras acompañamos desde la distancia como referentes de seguridad y los ayudamos a regularse.

Cuando pienso en la **conquista de la autonomía,** siempre utilizo una imagen mental en la que la infancia avanza de la dependencia a la autonomía, es decir, crece. En los extremos aparecen actitudes evitables: la sobreprotección y la supervivencia. El niño o la niña se sitúa a lo largo de esta línea, entre la dependencia y la autonomía, en función de sus características personales, contextuales y también de su momento evolutivo.

El primer paso para la conquista de la autonomía es la dependencia. Para descubrir el mundo han de tener un apoyo sólido al que volver cuando surjan dificultades o necesiten seguridad. Cuando son bebés es evidente, pero cuando se van haciendo mayores, nos cuesta entender que **nos necesitan cerca** en algunos momentos. Por ejemplo, a la hora de dormir, ante un cambio de casa, ante un hecho o situación difícil, por una regresión… **Para poder separarse tienen que apegarse primero.** No hay otra posibilidad.

«No hay autonomía sin dependencia.»
Myrtha Chokler

Al nacer, están en el extremo izquierdo del gráfico, en los primeros estadios, en una etapa de **dependencia natural y necesaria** desde la que avanzan progresivamente con el tiempo. En estos momentos, como ya sabes, es importante la vinculación con las figuras de referencia para poder generar una dependencia sana. La lactancia, el piel con piel, el tono muscular, las palabras…, son el marco de acción para que se desarrollen en los primeros momentos de vida.

Poco a poco, según vayan creciendo, irán avanzando por el eje, ganando autonomía y responsabilidad. A la vez, se mostrarán menos dependientes, porque poco a poco integrarán la presencia y la seguridad de sus figuras de referencia para actuar y «ser», incluso estando en la distancia.

Ten en cuenta el estadio evolutivo de tu hijo o hija. Un recién nacido no es autónomo a la hora de vestirse, ni un niño de tres o cuatro años debería ser dependiente para hacerlo (siempre hablamos de una edad aproximada, teniendo en cuenta que los calcetines suelen costar). En resumen, el momento evolutivo cuenta mucho en este gráfico y es el primer punto de partida.

«Vale, Ares, ¿y cómo sé yo si es capaz o no de hacer algo?» Por lo general, todos los niños y niñas quieren ser mayores y hacer «cosas de mayores». Por propia iniciativa, y sobre todo pasados los dos años, empieza la etapa en la que nos dicen a todas horas «yo solo» y se empeñan en algo hasta que lo consiguen hacer. Después, puede que deje de interesarles cuando ya han saciado su curiosidad. Sabrás que puede hacerlo si has observado que tiene interés y le has visto intentarlo por sí mismo en tantas ocasiones como para tenerlo dominado.

Adquirir autonomía en cualquier aspecto **es un proceso** como vestirse todos los días. Poco a poco, permitirás que lo vaya haciendo por propia iniciativa: primero meterá los brazos, después se pondrá el calzoncillo y el pantalón, las zapatillas, después la camiseta, los calcetines… Por la mañana será difícil si no generas el tiempo suficiente para que pueda hacerlo respetando su tempo. Si no, habrá que buscar otros momentos en los que sí pueda hacerlo con calma (con el pijama, en el fin de semana…).

Volviendo al gráfico, digamos que la parte sana es la que va de la dependencia a la autonomía. Pero en el otro extremo nos encontramos con la **sobreprotección.** Es una actitud, normalmente bienintencionada, por la que, por amor, evitamos que los niños y las niñas se hagan cargo de su propia libertad, de su desarrollo y responsabilidad en cada momento evolutivo.

Es el «**ya te lo hago yo** y así te evito dificultades, frustraciones e infelicidad». También se hace por comodidad, ya que al hacerlo tú en vez de tu hijo o hija ahorras tiempo en el presente, al ir más rápido, pero ganas problemas en el futuro: falta de autonomía, voluntad, iniciativa, motivación intrínseca…

Como hemos visto hace unos párrafos, otra posibilidad es hacérselo porque tenemos una mirada que ve al niño o a la niña menos capaz de lo que realmente es. En otras ocasiones, las figuras de referencia quieren controlar todo lo que ocurre, de forma que no dejan espacio para que conquisten su autonomía. Cuando entres en modo «ya te lo hago yo», piensa dos veces si es necesario. Lo puedes transformar por «te acompaño a que lo hagas tú».

Con todo, hay que tener cuidado de no confundir la autonomía del niño o de la niña con la **supervivencia** (el otro extremo del gráfico). En este caso, sobreviven como pueden, en condiciones poco favorables y sin ningún referente.

Puede parecer que no ocurre, pero te sorprenderías. Podríamos definirlo como el **«modo búscate la vida»,** en el que se da por hecho que el niño o la niña puede hacer algo sin nadie cerca que observe si es adecuado para su momento evolutivo, sus posibilidades o sus capacidades. Si te ves diciendo estas palabras o entrando en este modo, transfórmalo por «inténtalo, que estoy aquí si necesitas ayuda».

Te pondré dos ejemplos reales de estos dos extremos para que veas cómo se desarrolla la autonomía. Te recuerdo que cada niño o niña es diferente y que para poder hacer afirmaciones hay que analizar bien el caso de cada familia.

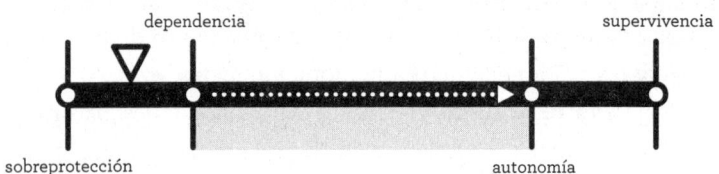

En primer lugar, puedes observar la barra de autonomía en los hábitos de higiene y alimentación de una niña de cinco años a la que dan de comer, visten, duchan… En la escuela, muestra dificultades para el aprendizaje y le suele costar establecer relaciones, mostrándose pasiva.

En función de su desarrollo evolutivo, una niña de cinco años puede y debe prácticamente ducharse, vestirse y comer sola. Sin embargo, como vemos en el gráfico, con todo el amor del mundo, su familia ha procurado dárselo todo a su hija desde muy pequeña, evitando que hiciera algunas cosas por sí misma.

Este proceso, que empieza desde los primeros meses de vida, se ha ido descuidando, y la niña no ha avanzado de forma progresiva, de modo que a los cinco años no está más cerca de la autonomía. Sabe hacerlo, tiene capacidades, pero no lo hace, porque siempre se lo han hecho todo.

Esto provoca que, cuando está en el aula y se tiene que enfrentar a una tarea en papel o a una relación, se paralice y espere a que venga alguien a ayudarla a resolver la situación o el problema cognitivo que le genera una nueva tarea. Esta sobreprotección bienintencionada ha generado una falta de autonomía y de auto-confianza en la niña.

No te alarmes. Se trabajó con la familia y se avanzó rápidamente, cambiando completamente de actitud. A estas alturas ya comprenderás que la dificultad del asunto no reside en la niña, sino en su familia, que tiene que cambiar su mirada y su actitud, permitiendo que su hija se haga responsable de sí misma.

Ahora, veamos un ejemplo situado en el extremo contrario. Se trata de un niño nacido en diciembre, que llega con dos años y ocho meses al primer curso de infantil sin controlar esfínteres. En la escuela, la indicación es ir sin pañal, lo que causa un conflicto entre la familia y la tutora, que además considera que es una responsabilidad familiar.

Por su desarrollo evolutivo, se trata de una franja de edad en la que el niño o la niña puede todavía no estar preparado madurativamente para controlar esfínteres. La dificultad reside en la actitud de la tutora que, por lealtad a su sistema de creencias (y no por mala voluntad), entiende que este punto debería estar ya superado y muestra una actitud de «ya espabilará; al final, todos los niños y las niñas controlan esfínteres».

Lo que ocurre cada vez que se hace pis o caca (además de que se tiene que cambiar solo, cosa que aún le cuesta) es que se va minando la autonomía, la autoestima y el autoconcepto del propio niño.

En este caso, el trabajo es mucho más difícil. Alguien (la familia u otro docente) tendría que hacer ver a la tutora que el niño no está preparado madurativamente, y no solo eso, sino que necesita que la tutora lo recuerde o le acompañe a ir al baño para que el control de esfínteres no sea una tortura, sino un éxito. No se consiguió, y a la larga el acompañamiento hubo que hacerlo desde casa. Los efectos no se ven en el corto plazo, pero si no se resuelve bien, podrían aparecer consecuencias negativas en el largo plazo.

Tienes que ser consciente de que **proyectas tus miedos, inseguridades y expectativas** en el desarrollo de su autonomía. Por eso es importante que te observes. Te contaré algunos casos habituales.

El **miedo a dejarles hacer** se produce cuando controlamos sus acciones en cada momento y no se pueden expresar libremente (¡adiós autonomía!). Tratar de limitar el impulso vital de un niño o niña es casi imposible, por lo que termina creándose un ambiente en el que se mezclan la sobreprotección, los enfados y los límites sin sentido. La falta de control se resuelve con un entorno preparado (como veremos más adelante), con presencia (física o en la distancia) y aprendiendo cómo es la infancia.

Otro miedo frecuente es el **miedo al riesgo físico.** Nos ha pasado a la mayoría cuando vemos que nuestro hijo o hija se sube a algún sitio que nos pone en dificultad a los adultos. Ya sabes que necesitan seguridad para conquistar su autonomía, pero también debes tener en cuenta que tú lo tienes que poder sostener personalmente. Si no lo puedes sostener y lo permites, os ponéis en riesgo. Así que, si tienes pavor a las alturas y tu hija está a dos metros, lo normal es que limites su autonomía. En este caso hay que ser consciente de nuestras limitaciones propias, mirarlas y apoyarnos en alguien para superarlas.

Cuando hablamos de respetar su propia iniciativa, un error habitual es anticiparnos y no **validar sus errores.** Estamos felices cuando hacen nuevos progresos que corresponden con nuestra idea de lo que está bien, sin embargo, cuando está mal, les damos la respuesta correcta o los corregimos. Tendemos a decir: «Mira, cariño, esto se hace así». ¿Y si les dejamos que lo descubran autónomamente? Como maestro te digo que en los «errores» están las mayores posibilidades de aprendizaje.

Por último, es muy común **evitar la frustración** de los niños o niñas. Existe cierto nivel de frustración y, por qué no decirlo, de sufrimiento personal, que es importante para superar las dificultades de cada etapa del desarrollo. Puede afrontar sus dificultades siempre y cuando tenga cerca la seguridad de un adulto acompañando su crecimiento y siempre que no se sobrepase un umbral de malestar perjudicial para su desarrollo.

Noa, con sus seis meses y medio, empezaba a desplazarse reptando, pero no llegaba a una caja de metal que quería coger. Avanzaba y cuando trataba de agarrarla la empujaba más lejos. Con cada intento, se frustraba más, y parecía que iba a llorar. Junto a ella estaba su padre, que desde el suelo la miraba, le decía que podía conseguirlo y le tocaba la espalda para que se sintiera acompañada en este reto al que se enfrentaba repetidamente.

Sería muy diferente si Noa llorase y se frustrase, y nadie estuviera para darle seguridad y acompañarla en su dificultad (supervivencia) o si, directamente, su padre le hubiera dado la caja, evitándole todo esfuerzo o frustración (sobreprotección). Noa no consiguió coger el objeto después de arrastrarse cuatro metros durante diez minutos. Su frustración aumentó y su padre, con buen criterio, la sostuvo entre sus brazos para calmarla.

FUERA MIEDOS Y EXPECTATIVAS

Todos nos sentimos identificados con algunos de estos miedos que, sin quererlo, proyectamos sobre nuestros hijos e hijas. Seguramente, al leer, se te han ocurrido algunos que te afectan a ti. Ya sabes que no te voy a juzgar. Resuélvelo cuando puedas y, por si acaso, te quiero invitar a que firmes un contrato contigo mismo:

Cuando con ello interfiera en la autonomía de mi hijo o hija, yo _____ voy a dejar de...

☐ Controlar sus iniciativas.

☐ Resolver sus dificultades.

☐ Limitar sus movimientos o acciones.

☐ Evitar sus frustraciones.

☐ Exigirle más de lo que puede hacer.

☐ Mirarlo como si fuera más pequeño de lo que es.

☐ Obligarlo a hacer cosas solo.

☐ _____

☐ _____

Firmado:

La magia del movimiento libre

Me hace especial ilusión compartir contigo el **movimiento libre,** porque a mí me cambió la vida cuando descubrí esta forma de mirar a la infancia. Después, he usado siempre sus principios, tanto en el aula como con mis tres hijos, y me he maravillado cada día con sus procesos y con su crecimiento.

Como ya te dije, me considero un aprendiz de la infancia porque cada día es diferente, único, nuevo y lleno de vida. Solo cuando **aprendí a observar y cambié mi mirada** empecé a descubrir su asombroso mundo. Es algo que yo no puedo hacer por ti: cuanto más observes, más verás.

Tengo que darte **una mala noticia.** Como en muchas partes de este libro, te estoy ofreciendo solo una síntesis de lo más importante en la crianza y en la educación. Yo te doy el inicio del ovillo y tú puedes tirar todo lo que te apetezca: amplía información, consulta otras fuentes y fórmate.

Antiguamente, el desarrollo del movimiento de niños y niñas estaba condicionado por la ayuda de alguna persona adulta: se los sentaba, se los ponía de pie, se les hacía andar, etc. Se pensaba que había que enseñarles y ejercitarles para que avanzaran más rápido. Ahora ya sabemos que el cerebro lleva su propio proceso de construcción y que **no se puede forzar.**

Por entonces, hubo quien sentía que esta concepción pediátrica no respetaba la iniciativa y el desarrollo autónomo de la infancia. A comienzos del siglo pasado, la pediatra húngara **Emmi Pikler** decidió, junto con su marido, permitir a su primera hija todas las posibilidades de movimiento autónomo, juego individual e iniciativa personal desde sus primeros días. Siempre iba vestida de forma que pudiera moverse, proporcionándole un espacio apropiado y suficiente. Después de ver los resultados, orientó a centenares de familias con dos consignas:

- No obstaculizar los movimientos libres del bebé.
- Proporcionar condiciones materiales adecuadas para hacerlo: vestimenta, espacio suficiente, materiales, objetos...

¿El resultado? Niños y niñas alegres, activos, en contacto con su entorno, con sus figuras de referencia y con un desarrollo del movimiento regular y armonioso desde los primeros meses de vida. Se observa en sus caras **alegría, atención y un gran interés** por el mundo cuando pueden experimentar y moverse autónomamente.

Es así como llegó a ser directora de la casa cuna de la calle Lóczy en Budapest, un hogar para niños y niñas que no contaban con sus padres por diferentes motivos. El mayor reto fue combatir el **hospitalismo** que se daba en menores de dieciocho meses criados en instituciones sin su figura materna. Al vivir en instituciones, se mostraban decaídos, apáticos, sin relación con el entorno y con retraso psicomotriz.

Su objetivo fue proporcionar **las mejores condiciones para el bienestar completo de cada bebé,** eliminando todo signo de hospitalismo. Lo consiguió: los niños y niñas del instituto Lóczy eran alegres, activos y se mostraban llenos de interés.

Podría ser una bonita historia si no fuera porque la he vivido con cada uno de mis tres hijos y cada día en el aula. Al igual que dormir o comer, nacemos con todos los dispositivos biológicos necesarios para la conquista de la autonomía y el movimiento. Por tanto, lo primero que tienes que aprender es a **no interferir.**

«Intentar enseñar a un niño algo que puede aprender por sí mismo no solo es inútil, sino también perjudicial.»

EMMI PIKLER

Sin querer ayudamos, con la mejor de las intenciones. Nos metemos en sus procesos y les decimos cómo tienen que moverse, pensar, actuar… Tendremos que conjugar el verbo *acompañar* para **permitir que descubran su propio camino.**

«Entonces, ¿dejo que haga lo que quiera y me quedo de brazos cruzados mientras rompe cosas o pega a su hermano?» Pues no, **eso no es acompañar,** es supervivencia. Hay que permitir su movimiento, la exploración y el pensamiento a la vez que se está presente y se regulan algunas acciones que no son apropiadas.

La actividad autónoma a veces **necesitará de límites.** Por ejemplo, cuando mis hijos han querido jugar con agua o comerse la comida de nuestra mascota, hemos tenido que estar presentes para indicarles que no pueden hacerlo. El primer día van a intentar comerse las bolitas de pienso, y no nos engañemos, el quinto también. Sin embargo, con el tiempo, integrarán que con eso no se juega y que tienen otras muchas cosas con las que sí pueden hacerlo. Forma parte de nuestra función entender que tienen la necesidad vital de explorar con materiales, así que lo más fácil es ofrecerles alternativas similares, como jugar con piedras, arena o agua en un espacio adecuado como la bañera, la terraza o el parque.

Lo bueno del movimiento libre es que conlleva una **responsabilidad** inherente, porque toman muchas decisiones de qué hacer o por qué hacerlo. Experimentan con materiales diferentes, prueban su cuerpo para subir o bajar, entienden a base de repeticiones cómo hacerlo mejor o cómo no pillarse los dedos con el cajón. La interacción con su cuerpo y con el entorno es constante. También contigo, como figura de referencia, para ver cómo reaccionas o interaccionas en función de sus actos.

Volviendo al gran trabajo de Emmi Pikler, tendrás que tener en cuenta **tres pilares fundamentales:**

- Trabajar tu actitud para permitir su actividad autónoma.
- Proporcionarle una atención y unos cuidados privilegiados.
- Generar un espacio preparado, que sea seguro y le permita desarrollarse.

A estas alturas, ya te habrás dado cuenta de que todo este libro habla sobre tu mirada, porque condicionará **lo que ves y lo que permites** a tu hijo o hija. Como hemos visto en los capítulos anteriores, una infancia sana se nutre de una presencia y de unos cuidados privilegiados. No se trata de que seamos superhéroes o superheroínas, sino de entender a la infancia y ofrecer lo máximo que podamos en función de nuestras condiciones de vida. Recuerda: si tú no estás bien, no podrás ofrecer lo mejor. Es un equilibrio entre las necesidades de cada persona de la familia.

Respecto al **espacio y los materiales,** más adelante haré un breve resumen general; si tienes curiosidad, investiga sobre el material Pikler en concreto, que es muy interesante. Cuando nos referimos a **instituciones o centros educativos,** los espacios se organizan y se piensan para la infancia garantizando que son seguros y que permiten una actividad libre. Sin embargo, en **tu casa** hay muchos más objetos peligrosos y tendrás que conjugar la vida familiar con un espacio preparado para que tu hijo o hija pueda explorar libremente.

«Pero, Ares, en la práctica, ¿cómo se hace?» Para explicártelo, lo mejor es hacer un **viaje por el desarrollo del movimiento** desde el nacimiento hasta los seis años. Lo primero que debemos saber es que **el movimiento y el pensamiento se desarrollan a la vez, son inseparables.**

**No le pongas en una posición
a la que no haya llegado
por sí mismo.**

Esta es la regla principal. No te preocupes, llegará a conquistar todas las posturas con normalidad y, además, lo hará mejor. Su experiencia y su iniciativa le llevarán a aprender cómo llegar a una postura y también aprenderá después cómo «salir» de ella. Otra ventaja es que así **su cuerpo no se forzará** al realizar siempre aquello para lo que esté preparado.

Bien, lo primero es permitir al bebé moverse libremente con **ropa cómoda** en un **suelo firme y acogedor.** Es decir, en el que no pase ni frío ni calor y que no se hunda para que pueda moverse. Con la ropa hay que tener cuidado, porque a veces los vestimos con tantas capas que parecen muñecos de nieve. Tienen que poder moverse.

Pondremos al bebé **boca arriba** hasta que pueda ponerse por sí mismo en otra posición. Así descubrirá el mundo de forma autónoma durante tiempos cortos que progresivamente se irán alargando. Este es un punto de discordia, porque quienes defendemos el movimiento libre recomendamos dejar al bebé boca arriba y en pediatría se suele aconsejar boca abajo. Y claro, tú, ¿a quién crees?

En pediatría se recomienda tumbarlo boca abajo para evitar la plagiocefalia, que es una deformidad que se produce cuando la parte posterior de la cabeza pasa mucho tiempo apoyada sobre el mismo punto. El peligro es la **inmovilidad** y no que esté boca arriba. Pero si consideramos al bebé un sujeto activo desde que nace y le ofrecemos las condiciones necesarias para que se pueda mover libremente, dicha inmovilidad no se produce (excepto en casos clínicos de los que nos alertarán en pediatría).

Poner al bebé boca abajo fuerza su espalda y su tronco, dificultando su movimiento y aumentando su irritabilidad, porque es difícil salir de esa postura y necesitará la ayuda de un adulto. Además, el bebé, en sus primeros meses, pasa por una gran diversidad de posturas que varían los apoyos de su cabeza: en horizontal y boca arriba (mientras duerme, juega sobre la alfombra o va de paseo en el cuco), en vertical en la mochila de porteo (muy recomendable si se hace bien) o en diferentes posturas cuando está en brazos o acunado en el cuerpo de sus familiares.

Por tanto, el inicio de este viaje es boca arriba y desde el suelo, porque desde allí empezará a mover la cabeza hacia los lados **sin forzar su cuerpo,** observará con atención lo que pasa y se comunicará con sus referentes. Iniciará la coordinación de su boca, sus manos y sus pies, y jugará con ellos. Con el tiempo también empezará a manipular objetos cercanos. Es posible que pienses que dejarle en el suelo es algo sucio, peligroso o incluso puedes sentir que lo «abandonas». Como veremos, el suelo se prepara para que sea acogedor en función de tu casa, y con que apliques algunas medidas de higiene y seguridad será suficiente.

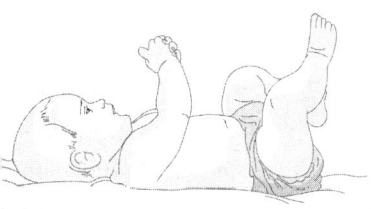 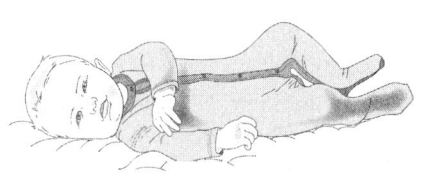

Es así como a poco van ejercitando sus brazos, sus piernas y toda su musculatura. A las semanas, empezarán a empujarse con los pies o a volverse sobre el costado, cambiando de dirección, levantando las piernas hasta que consigan tumbarse boca abajo. Parece que solo se desarrolla el movimiento, pero en cada acción recibirá información sobre sí mismo y sobre el medio en el que se encuentra. Sus conquistas serán suyas y las compartirá contigo. Siempre se volverá a mirarte después de cada reto, para que le devuelvas la mirada y, así, estableceréis un diálogo compartido.

Al principio es posible que no sepa cómo abandonar esta postura: cuando su frustración escale, vuelve a ponerlo boca arriba. En este punto, hay una gran diversidad de movimientos boca arriba y boca abajo, se levantará para coger cosas, se tumbará, rodará por el suelo. Los juguetes estarán próximos, y no se los pondremos en la mano. Te recuerdo que es necesario un umbral de frustración para crecer, y que sobrepasarlo es negativo. Toda conquista conlleva esfuerzo, acompáñalo.

Estas posturas previas sí son comunes, pero a partir de este punto cada niño o niña se desarrollará de forma diferente, no hay un patrón exacto, así que no tiene por qué realizar todas las posturas siguientes. Lo que es seguro es que si no has preparado tu casa ya no tendrás escapatoria. Empezará a desplazarse como pueda, reptará, mostrará interés por objetos más lejanos, tratará de ponerse a cuatro patas, sentado o sobre las rodillas y puede aparecer el gateo. Es bastante probable que tengas que empezar a poner algunos límites de forma sencilla; la repetición amorosa hará que los vaya integrando.

El movimiento ya está conquistado, la exploración es infinita. Ahora ya pasa largos ratos jugando con diferentes materiales. Puede adoptar diferentes posturas y movimientos, como el gateo, subir y bajar escalones, mantenerse sentado, de rodillas y empezar a ponerse de pie. Disfruta y alégrate de cada progreso: también forma parte de su crecimiento.

Hasta que comience a andar solo hay otra fase en la que se desplaza por el suelo con soltura, empieza a dar pasos agarrándose a los objetos, se pone en cuclillas, se mantiene sin agarrarse o da algún paso... No llevar calzado será la mejor opción y, en caso de que sea necesario, buscaremos uno con suela blanda que se adapte a su pie y no lo condicione.

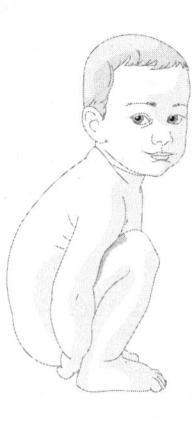
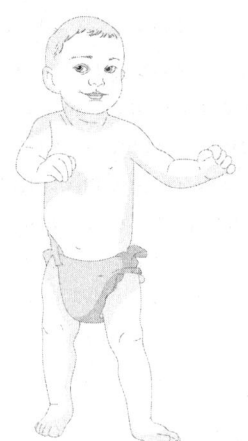

Sabemos que primero están boca arriba y al tiempo consiguen voltearse, que después hay un periodo en el que exploran todas sus posibilidades, se desplazan, consiguen sentarse y siguen descubriéndose hasta caminar. Esta es la visión de una persona adulta, pero sentarse o andar es mucho más que eso, hay **un mundo de posiciones y posibilidades** que tienen que descubrir por sí mismos.

No he querido incluir los meses concretos en los que llegan a voltearse, sentarse o caminar porque es un proceso que no es el mismo para todos los niños y niñas. Respetarlo es la base para **reconocer su ritmo y sus capacidades.** Ahora ya sabes que si a los seis meses te escribe una empresa diciendo: «¡Enhorabuena, tu bebé ya puede sentarse!», no está en lo correcto.

Para desarrollar sus movimientos **no necesitan móviles ni objetos colgantes** en la cuna o en el suelo, ya que les hacen mirar hacia arriba, cuando lo principal es que muevan la cabeza y observen lo que pasa a su alrededor. Tampoco necesitan hamacas, donde permanecen inmóviles, y quedan totalmente descartados los tacatacas o saltadores, pues alteran su desarrollo autónomo y fuerzan su musculatura. Es mucho más barato y, además, más saludable prescindir de ellos. Creo que queda claro que no necesitarán nuestra manita para andar, ni que se los fuerce o entrene para conquistar posturas para las que no están preparados. Dicho esto, hay familias y circunstancias, solo tú puedes valorar lo mejor para vuestra vida; en ocasiones muy concretas, una hamaca o un parque pueden ayudaros.

Es cierto que el desarrollo más importante del movimiento se produce en los primeros dieciocho meses, pero **no acaba ahí.** Después viene subir escaleras, correr, meterse en túneles sin darse en la cabeza, subir a columpios, deslizarse, trepar, la conquista de la altura, andar por bordillos, dejarse caer, saltar en profundidad, coordinar el cuerpo para realizar movimientos más complicados, probarse en diferentes retos, aprender a nadar, a patinar o a montar en bicicleta.

Para todas estas nuevas conquistas va a seguir necesitando tu mirada y tu acompañamiento, independientemente de la edad que tenga, incluso en la adolescencia (entonces más, si cabe). Será vital que des lugar a sus necesidades y emociones, sean cuales sean. Aunque también es importante ayudarlo a ajustarlas a las del resto de la familia, de su escuela o de la sociedad en la que vive. Esta forma de acompañar a la infancia, de creer en ella, no sirve solo para el movimiento, sino que será fundamental **en todos los ámbitos de su vida:** aprendizajes, pensamientos, comunicación, emociones, intereses…

«Oye, ¿y si no apliqué los principios del movimiento libre cuando mi hijo o mi hija eran pequeños?» Pues no pasa nada. Construyeron su movimiento perfectamente y como es algo que sigue evolucionando, **puedes aplicar ahora todo lo que ya sabes,** la diferencia es significativa.

> *«El movimiento libre es un aprendizaje para toda la vida.»*
> Romina Perez Toldi

Una vuelta por tu casa

Cuando Gael tenía ocho meses, exploraba el salón de arriba abajo cada día, ya podía moverse gateando y empezaba a sentarse. Se pasaba el tiempo sacando todo lo que había en el tercer cajón de la mesa. ¡Qué curioso! Solo lo hacía con el tercer cajón y no con los demás. Pues bien, también Enzo sacaba siempre el último cajón, pero en su caso del mueble de la cocina, y Mae ahora hace lo propio con el primer cajón del mueble del baño. Parece que siempre hay un cajón que es víctima de su desarrollo y de sus experimentos. Quizá lo más inteligente sea no poner nada de valor en él.

No es lo mismo una escuela que una casa. En las casas tenemos de todo y hay que saber cómo gestionarlo, porque convivir con niños y niñas no significa infantilizar el ambiente con protectores de esquinas y hacer una burbuja de sobreprotección irreal. Se tiene que caer y se hará daño en algún momento; forma parte del aprendizaje. Lo que te propongo es **organizar tu casa** de forma que sea lo más segura y esté lo más preparada posible para su desarrollo, contemplando siempre que hay más personas y necesidades que tener en cuenta.

Por experiencia propia y de muchas familias, empiezas cediendo un poco de salón y al final nuestros hijos han hecho suya toda la casa. Habrá que **establecer espacios y usos claros** para ellos, pero también para ti y para tu pareja. Convivir implica compartir, ceder, establecer límites, respetar…

Por otra parte, cuando se pretende que habiten **en un espacio de adultos,** lleno de figuritas y objetos milimétricamente ordenados, se vive con mucha tensión, irritabilidad y frustración, porque hay que emplear muchísima energía en controlarlos todo el tiempo y, además, sienten y viven que no se les permite explorar y expresarse desde la autonomía.

Niños y niñas juegan donde estás tú, así que piensa **en qué habitación pasáis más tiempo** en casa, y ese será el lugar en el que jugará habitualmente. Es frecuente preparar la habitación donde dormirá con todo detalle y que después apenas se use. Nos ha pasado a la mayoría.

Una vez que tengas claro dónde estaréis, procura que haya una **buena luz,** que no dependáis siempre de luz artificial. También hay que pensar en el **suelo,** porque si es de madera, será lo suficientemente cálido, mientras que si es de azulejos deberás poner una colchoneta o una manta fina que aísle del frío, que no se arrugue (cuando quiera desplazarse) y que no se hunda (para que no limite sus movimientos). Será suficiente una zona pequeña al principio, y después, cuando se mueva autónomamente, todo el espacio formará parte de su realidad. El suelo es la superficie en la que se desenvuelve a diario, así que con el tiempo aprenderá dos cosas, después de algunos golpes sin importancia: que es duro y que tiene que protegerse.

No hace falta que hagas una reforma para crear un espacio preparado para tu hijo o tu hija, ya cuentas con un **mobiliario** y con lo que tienes es suficiente. Lo importante es que el ambiente sea acogedor y que los objetos estén a su altura. Es cierto que ahora se vende muchísimo mobiliario Pikler o Montessori, y aunque son interesantes, no son necesarios. Suelen ser específicos para centros educativos donde son usados por muchos niños y niñas de una franja de edad concreta. Analiza el tiempo que lo vas a usar, porque algunos materiales valen solo para unos meses. Repito: una casa tiene lo suficiente para un desarrollo sano.

Un día, estábamos en el salón y aún no habíamos recogido la mesa para comer. Me senté en el suelo para ver cómo gateaba Gael tranquilamente, observando las patas de las sillas y de la mesa. Jugaba a meterse entre ellas, se agarraba y tocaba todos los agujeros. En medio de esta exploración, se sentó bajo la mesa y levantó la cabeza: una tela maravillosa colgaba frente a sus ojos. Desde la distancia, y en cuestión de segundos, vi sus ojos llenos de curiosidad, su mano que se esforzaba por llegar y cómo tiraba del mantel con toda su fuerza, lanzando todos los platos, cubiertos, vasos y velas que habría sobre la mesa por el aire. Afortunadamente, tiró desde dentro de la mesa, ajeno al desastre del resto del salón. ¡Menudo susto!

La **seguridad** de niños y niñas es lo primero. Las medidas más habituales son tapar los enchufes, anclar muebles para que no se les caigan encima, retirar objetos pequeños y redondeados que puedan obstruir su tráquea, poner protecciones en las esquinas de algunos muebles que se usen mucho, retirar al principio elementos de cristal o pesados, etcétera. Será importante revisar los cierres de puertas y ventanas que nos pueden dar un susto cuando aprenden a escalar. Todo ello sin entrar en la locura o el miedo, siempre será lo que tú puedas sostener.

**La mayor medida de seguridad
que puedes adoptar es tu presencia.**

Cuando ponemos atención a lo que hacen podemos valorar riesgos que no hemos tenido en cuenta previamente. Después de unas medidas básicas de seguridad, **nuestra labor es observar** con qué explora más y cuáles son sus preferencias. No es necesario que pongas protectores en las puertas si tu hijo o hija no juega nunca con ellas; sin embargo, si está todo el día abriéndolas y cerrándolas, lo mejor es hacerlo.

No puedes estar todo el día observando lo que hace, así que tenéis que **llegar a un equilibrio** en el que toméis las medidas de seguridad suficientes como para que podáis hacer otras labores necesarias de la casa mientras juega tranquilamente.

Como medida de salud e **higiene,** será importante que la zona donde esté se limpie con normalidad, sin que sea una obsesión. Quieras o no, va a terminar jugando con cosas que no estén tan limpias como te gustaría en el parque, en el patio de la escuela o en otros lugares. Al principio nos preocupa mucho, y después lo normalizamos, apoyándonos en los hábitos de higiene familiares.

El siguiente paso será elegir los **materiales y juguetes** que tendrá en casa. El objetivo es crear un espacio preparado donde pueda encontrar todo lo que necesita. Contaremos siempre con elementos un poco superiores a su desarrollo, para que sus juegos e iniciativas puedan evolucionar.

Pero ¿cuáles son **las necesidades de la infancia** que debemos tener en cuenta? Son estas cinco: **experimentación, expresión, juego simbólico, movimiento y descanso.**

La primera necesidad vital es la de **exploración y experimentación.** En los primeros años, chupan, manipulan, lanzan, observan, repiten, y así van construyendo su imagen de la realidad. Usaremos juguetes adecuados y variados, que puedan coger solos, y se los pondremos cerca para que reciban diferentes informaciones.

A veces nos empeñamos en comprar unos juguetes maravillosos y muy sofisticados, pero en sus primeros años **juegan siempre con lo cotidiano,** lo que hay por casa, y también con aquello que tiene una función para las personas que conviven con él. Querrá coger tu teléfono móvil porque lo tienes tú en la mano; las llaves, porque abren la puerta; tu vaso de agua...

La idea es ofrecer una variedad de objetos que tengan **diferentes texturas y que permitan a sus sentidos percibir diferencias.** Veamos algunos ejemplos: experimentarán con tapas metálicas, cucharas de madera, trozos de tela, peluches, conchas, piedras, pelotas de diferentes texturas, sonajeros, piezas de madera, un manojo de llaves, aros de madera, etcétera. Todos ellos son objetos baratos y cotidianos. En los primeros meses, se utiliza mucho el cesto de los tesoros (un recipiente con objetos cotidianos de diferentes materiales y texturas para explorar) y después del primer año, el **juego heurístico** (objetos variados y agrupados que se exploran y después se clasifican). Incluyo dentro de esta clasificación los puzles, los juegos ensartables o los de medidas, puesto que ayudan a **distinguir las propiedades de los objetos.**

La necesidad de experimentar no solo está presente en los primeros años, después también necesitan experimentar, explorar, y se incorpora a sus juegos un concepto importante, la **transformación de los objetos.** Para favorecer su desarrollo, podemos hacernos con bandejas o cubetas para que jueguen con tierra, agua, piedras, palos, comida… La mesa de luz también es un recurso interesante, aunque no imprescindible.

Después de experimentar, van a crear y reproducir su realidad interna con diferentes elementos. Es el momento de la **expresión.** Necesitarán un lugar donde puedan experimentar con diferentes pinturas, papeles, cartones, tijeras u otros materiales. También, después de explorar distintos instrumentos musicales, los usarán para tocar pequeñas piezas improvisadas. Por último, las construcciones de madera o de LEGO entran dentro de esta categoría, al permitirles crear a través de las piezas elementos de su propia realidad.

Con el tiempo, aparece el **juego simbólico,** un lugar entre la realidad y la fantasía donde los niños y niñas recrean sus propias vivencias. Para ello, utilizarán todo tipo de muñecos y muñecas, coches, trenes, animales, cocinitas, lavaderos, carros, cajas, escondites u objetos que evoquen diferentes profesiones (carpintería, medicina, peluquería…). Por último, se incluirían los disfraces o telas para transformarse y jugar a ser otra persona.

A partir de los cuatro años y más sobre los cinco, les encantarán los **juegos de mesa.** Son parte del proceso de socialización y de la integración de normas sociales, entre otras, esperar su turno. El Memory, el dominó, el parchís, la oca, el uno, el mikado, las cartas, las damas… son algunos de los que se usan a menudo.

No profundizaré en el **movimiento** porque acabamos de ver cómo se desarrolla en los primeros años. Después será fuera de casa, aunque en algunos hogares hay una pequeña cama elástica o se les permite usar el sofá como lugar de salto, tumbarse, rodar, dar volteretas… Lo vas a notar rápidamente, si ves que no para, será un indicador de que necesita bajar al parque, montar en bici o dar un paseo.

Parece que no es importante, pero como dice mi querido maestro José María Toro, también necesitamos **tiempos para descansar, y descansar para «ser».** Cuando un niño o una niña parece distraído o inactivo, su cerebro está recolocando toda la información que ha recibido. Por tanto, son momentos de construcción del pensamiento y de regulación corporal. En una casa, es fácil, porque el sofá suele ser el espacio idóneo para el descanso, aunque se puede complementar o crear un espacio con una alfombra y cojines. Este será el mejor lugar para introducir cuentos o álbumes ilustrados que los llevarán a otros mundos, a disfrutar de la concentración y les abrirán la puerta a diversas informaciones, que son la vía para el mejor desarrollo personal.

Por último, recordemos que los materiales de juego deben estar a su altura, tener el tamaño adecuado y estar adaptados a su edad. También es importante la variedad en el **material de los objetos:** madera, latón, lana, loza, cuerda, plástico, acero… Ofrecen diferentes informaciones sobre la temperatura, el color, la textura o los sonidos. Por ejemplo, en la cocinita es preferible que los juguetes que representan la comida sean de madera, las tacitas de loza y la cubertería de metal, y no que todo sea de plástico únicamente. Reutiliza todos los objetos reales que te sobren por casa: vasos, platos, manteles, regaderas, etcétera.

Te recomiendo que sean **materiales y juguetes desestructurados,** es decir, que no ofrezcan una sola solución, sino que permitan múltiples usos, como un palo, una caja o una tela. En ocasiones, nos gastamos un buen dinero en juguetes que solo permiten un uso concreto o que les dicen qué tienen que hacer. Su suelen quedar en una esquina, son menos ricos para la infancia y encima cuestan más. En el capítulo 5 hablaremos sobre los mejores juguetes para la infancia.

*«Que el niño decida a qué quiere jugar,
no que el juguete le diga
cómo tiene que jugar.»*

PABLO RUIZ BOJ

Es un buen momento para reflexionar sobre los **juguetes electrónicos y musicales.** La mayoría no respeta el tempo de la infancia y los sobreestimulan, absorben su atención y los agitan, porque no pueden procesar la información a la velocidad que les llega. Lo mismo ocurre con las «pantallas»: consumen su atención y generan **hábitos de pasividad** en la infancia. No se recomiendan en absoluto para menores de dos años, y después, no digo que no las usen, sino que sea siempre con acompañamiento, para que observes la reacción de tu hijo o hija.

En casa tendrás que **establecer límites** de qué cosas pueden usar y cuáles no. Es cierto que lo van a tocar todo, por lo que tendrás que ir transformando el espacio, y que con elementos más peligrosos, como la comida de nuestra mascota o el armario de limpieza, tendrás que poner límites por su seguridad. Lo mismo ocurre con vasos de cristal, cuchillos ó tijeras. Es importante que les enseñes que pueden usar ciertas cosas solo cuando tú estés disponible (depende de su edad). Lo peligroso no es el objeto, es el uso que se le da. Acompañar para hacer un **buen uso** es una tarea importante.

La zona que preparemos con todo el material deberá tener una **estructura permanente,** con objetos que vayan rotando en función de sus intereses. Así sabrán dónde está cada cosa y tendrán seguridad en el espacio. Es interesante que tengamos alguna mesa o espacio similar donde puedan dejar sus cosas al terminar y continuar con su juego al día siguiente. Así, su juego crecerá y evolucionará.

Es el momento de hablar sobre el **cuidado de los objetos y materiales.** Al poco de jugar con una revista o un cuento, romperán sin querer una hoja. Probablemente quieran seguir haciéndolo, explorando este nuevo juego. Haremos dos cosas: darles una revista que sí puedan romper y, además, les indicaremos que hay que cuidar el resto de los cuentos y juguetes. Es una tarea diaria que integrarán poco a poco junto con algunas reglas más, como que es mejor leer los cuentos en el sofá o sobre las piernas para que no se estropeen.

Ahora, observa estas dos imágenes y piensa en cuál te invita a explorar, jugar, crear e investigar.

Es importante **establecer zonas** donde colocar cada material **en función de su uso.** Las cajas y las cestas ayudan mucho a mantener el orden, porque pueden contener solo un tipo de objetos. Cuando hay **orden externo,** se favorece el **orden interno.** Si no, recoger será imposible.

También es relevante el **número de objetos** de los que disponen. Normalmente tenemos mucho más de lo necesario. Reduce el número y verás que el juego es más tranquilo y los invita a realizar procesos más largos e interesantes.

Considero que además, y esto es deformación profesional, tenemos que dar un lugar a la **estética.** No es lo mismo estar en un espacio caótico y desorganizado que en uno acogedor, tranquilo y ordenado. Claro que se va a desordenar, pero, si hay un orden previo, todo volverá a su origen para transformarse una y otra vez en función del juego. Además, el orden invita al cuidado y a apreciar lo que se tiene, porque le damos valor.

Respecto a los **colores,** no es lo mismo si son estridentes que si son naturales y agradables a la vista. Una estética sencilla deja el protagonismo a la infancia. Como dice mi amiga y maestra Isabel Recio: «El color ya lo ponen los niños y las niñas».

Bueno, pues ya hemos terminado con la zona de experimentación y juego. El resto de las zonas de la casa tienen que facilitar su autonomía.

Podemos poner un espejo a su altura para que se vea antes de lavarse la cara, banquitos para que pueda acceder a sitios altos, como el lavabo o la mesa de la cocina, cubiertos o vasos cotidianos, pero del tamaño de su mano… No hay que transformar toda la casa, solo hacer pequeños cambios que le permitan conquistar su autonomía sin depender de ti.

NUEVE PASOS PARA PREPARAR TU CASA

Aquí tienes una lista resumen para que no se te olvide nada. Como siempre, solo tú puedes ajustarlo a tu realidad: hay casas más grandes y otras más pequeñas, y cada una responde a necesidades distintas.

1. Usa la habitación donde más estéis para que juegue y explore.
2. Toma las medidas de seguridad e higiene necesarias en toda la casa.
3. Escoge objetos y juguetes para experimentar, expresarse, favorecer el juego simbólico y descansar.
4. Organiza el mobiliario y establece pequeñas zonas para cada tipo de juego.
5. Ordena los juguetes de cada zona en muebles, estanterías, cestas o cajas.
6. Comprueba que sus objetos son accesibles a su altura, para que pueda coger y guardar cada cosa en su sitio sin ayuda.
7. Revisa el número de objetos en cada zona: cuantos menos suele ser mejor.
8. Ocúpate de que sea un espacio tranquilo y acogedor, con una estética armónica que invite a pasar el tiempo allí.
9. Por último, revisa el resto de los espacios de la casa y transfórmalos para facilitar su autonomía.

No pienses que necesitas un gran despliegue de recursos. Si os falta espacio, siempre podrás tener una caja para pintar, otra para instrumentos musicales, otra con muñecos, otra con piedras o conchas... En este caso, el orden será más importante si cabe.

«Una última cosa, Ares. ¿Y si tengo varios hijos?» Como cada uno tiene unas necesidades diferentes, **el espacio tiene que ajustarse a todos,** pero a la vez tomaremos como referencia las necesidades del menor. Habrá que intervenir cuando no se respeten entre sí, porque es muy importante que puedan realizar tanto juegos individuales como grupales.

Te ofrezco mi ejemplo. Mientras había un riesgo de que Mae se atragantara con alguna pieza pequeña, las hemos quitado de su alcance y de sus espacios de exploración. Con esas piezas, Gael y Enzo jugaban en la mesa y luego se guardaban en lugares fuera de su alcance. **El espacio se prepara para que sea seguro para el más pequeño de la casa.**

Como Mae gatea, su zona de juego está a su altura, con cestas en el suelo y libros bajos; Enzo juega más en una mesa pequeña, y Gael ahora usa la mesa del salón. Tener diferentes zonas ayuda a que disfruten cada cual a su ritmo y según sus necesidades personales. Gael lee en el sofá, Mae mete tapas en una caja y Enzo juega con los Playmobil. **Unas veces comparten juegos, otras cada uno está en su proceso y otras se molestan. Es parte de vivir.**

La autonomía es un proceso

Vivimos en una sociedad que quiere todo de forma inmediata: compras algo en internet y te llega al poco tiempo, puedes comer en menos de una hora lo que te apetezca y te lo llevan a casa; utilizas una *app*, te recoge un coche en la puerta y te lleva adonde quieras... La paciencia y la continuidad se cultivan poco. **Educar y criar es un proceso,** nada se consigue de la noche a la mañana, ni habrá milagros que conviertan a una niña o niño dependiente en autónomo, ni por arte de magia dormirá tu hijo toda la noche seguida.

Sin embargo, todos los niños sanos nacen con todo lo necesario para ser autónomos, de la misma forma que saben comer o dormir. Si no lo son es porque **se ha interferido en su propio desarrollo.** No es grave y se resuelve en poco tiempo, ya tienes muchas pistas de cómo hacerlo. «Bien, Ares, pero en la vida real, **¿cómo consigo que mi hijo o mi hija sea autónomo?**»

Te lo resumo: los cimientos de la autonomía son la fuerza de nuestro **vínculo** con ellos, nuestro amor incondicional y la calidad de los **cuidados** diarios que les darán la seguridad afectiva necesaria para explorar el mundo.

Después, tienes que trabajar tu mirada para **confiar y permitir** su movimiento y actividad libre. Esto requerirá de tu **presencia,** física o en la distancia, para **acompañar sus emociones y acciones,** regulándolas si fuera necesario. Por último y más difícil, es necesario un cambio de **actitud** para no solucionar y dar pequeñas pistas en caso de ayuda. Esto implica **respetar sus decisiones y valorarlas** como parte del camino.

Nuestro gran aliado es el **espacio,** cuando es **seguro y acogedor** invitará a la exploración. Preparar una zona con **juguetes seleccionados** en función de sus necesidades le ayudará a encontrar su propio camino personal, descubrir límites, superarlos y buscar soluciones.

El último punto del que no hemos hablado aún es cómo **generar tiempos** para su autonomía. Ya sabes que tienen su propio tempo y que es más lento que el de una persona adulta. Tú, que lleva el reloj y conoces las exigencias de vuestra vida familiar, tendrás que establecer momentos amplios y relajados para que puedan hacer las cosas por propia iniciativa.

Si sale de la ducha y tiene su pijama al lado, lo más seguro es que por propia iniciativa se lo querrá poner, si tiene el tiempo suficiente y no hay exigencias. Por la mañana es más difícil, pero también es posible establecer periodos para desayunar, lavarse y vestirse. Recuerda: cada día, un 1 %, así funciona.

Otra de las acciones implícitas en la conquista de la autonomía es la **participación en la vida familiar.** Progresivamente, se irán involucrando en tareas, conversaciones, eventos y decisiones que afectan a toda la familia si se lo permitimos. Se implicarán en la cultura, en los hábitos y en las rutinas de la familia construyendo vuestra forma de vivir.

Sé que esto te interesa, porque es una de las grandes dificultades en todas las familias. Sobre la gestión del tiempo, los límites y las pequeñas responsabilidades que van adquiriendo en casa hablaremos en el siguiente capítulo en profundidad. ¿Te vienes?

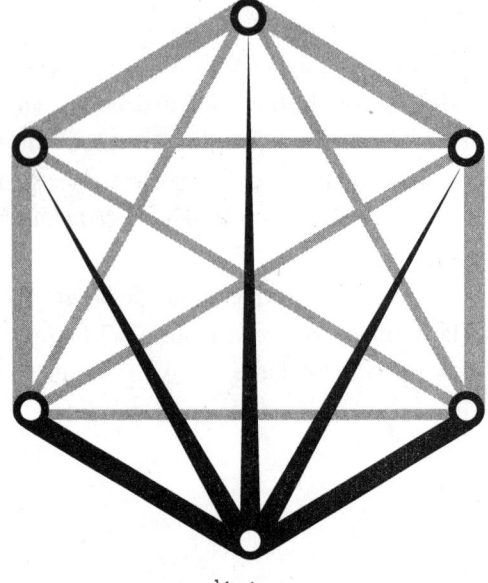

límites

4

El porqué de los **límites**

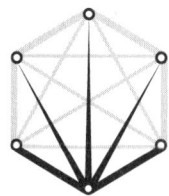

Siempre recordaré un momento de mi vida que me impactó hasta el punto de que no volví a ser el mismo. A mis dieci-siete años tenía la convicción absoluta de que iba a ser inge-niero informático. Era mi último año antes de ir a la universidad y en los ratos libres bajaba a ayudar en las aulas de la escuela infantil de mi colegio.

Un día de marzo, dos niños se habían portado «mal», ten-drían unos tres o cuatro años, y los habían sacado al pasillo para regañarlos. Sus maestras, es decir, aquellas personas que eran sus referentes de seguridad, amor y desarrollo, les dijeron: «A la próxima, vamos a llamar a la policía», «Si no os portáis bien, os llevaremos a la cárcel».

Todavía me tiembla el cuerpo al recordar sus caras desconsola-das y revivir sus gritos sordos llenos de terror y lágrimas. Dos niños envueltos en miedo que no entendían nada de lo que ocurría.

En plena adolescencia, yo no comprendía por qué aquellas mujeres gestionaban así el comportamiento de dos niños peque-ños. Tuve claro que, por más que esas prácticas se hayan norma-lizado durante años, no eran la forma de ayudar a crecer y apren-der. Aquel día decidí inconscientemente que me dedicaría a generar los mejores ambientes para la infancia. Sin embargo, al año siguiente empecé en la universidad la carrera de Informática;

como era de esperar, un año después la abandoné y me cambié a Educación Infantil; pero esa es otra historia…

Seguramente era necesario poner un límite a aquellos niños, pero la forma no era la correcta. Sin ninguna duda, el tema más común entre familias, docentes y cualquier persona relacionada con la infancia y la adolescencia es la **dificultad para poner límites.** No hay charla formal o informal donde no aparezca este tema. La libertad, el respeto, la socialización y los límites van de la mano.

A diferencia de la conquista de la autonomía que solo se puede desarrollar desde la mirada del adulto, los cuidados o los límites se hacen evidentes: **o los gestionas o te llevan por delante.** No es posible convivir sin definir qué se puede hacer y qué no.

Un mar de dudas nos acecha: «¿cómo y cuándo establezco un límite?, ¿lo estaré haciendo bien?, ¿estaré respetando su proceso de crecimiento?, ¿qué normas son las más apropiadas?»… Lo habitual es **vivir una lucha interna** entre el respeto a los niños y las niñas y el propio. Tratando de buscar este equilibrio, aparecen también el sentimiento de culpa y el malestar por todos los momentos en los que podíamos haberlo hecho mejor. Poco a poco, y con sufrimiento, vamos dejando atrás tantos malos hábitos integrados con los que hemos crecido, como el «porque sí y punto» o el «porque lo digo yo».

Por una parte, acabo de insistir unas páginas atrás en que es fundamental crear espacios y tiempos para que el niño o niña pueda conquistar su autonomía. En el primer capítulo aprendimos que lo más importante para su desarrollo es tu presencia y tu amor incondicional. Lo más normal es que, cuando incluyamos los límites, tengamos una **gran confusión para educar.** ¿Pueden hacer lo que quieran cuando quieran?, ¿hay que estar siempre a su completa disposición, sin respetar las necesidades propias?, ¿te adaptas tú a los niños, o ellos también se tienen que adaptar? Si no le das todo lo que pide, ¿dudará de tu amor?, ¿cómo le marcas límites si sabes que no le van a gustar?

¡Qué difícil! No queda otra que ir resolviendo y arrojando luz poco a poco sobre todas estas dudas. Cuando termines este capítulo, tendrás claro el marco de acción necesario para crecer, el porqué de los límites, el uso de las normas, la participación en la vida familiar y la importante función que cumplen los hábitos y las rutinas. **Tener claridad y comprender a tu hijo o a tu hija** hará mucho más fácil convivir y disfrutar.

Más importante que los límites

Habíamos citado a unas veinte familias de la escuela infantil en un aula con sus hijos e hijas para compartir dificultades a la hora de educar. Todo transcurría con normalidad hasta que un niño de tres años se subió a una mesa y lanzó un estuche al suelo jugando. Continuamos y no le dimos mayor importancia.

En seguida lanzó un cuaderno; después, un bolígrafo, y poco a poco tiró todo lo que había encima de la mesa. Disfrutaba de este juego, mientras el desconcierto se instalaba entre quienes estábamos allí y no éramos sus figuras de referencia. Apenas podíamos realizar la sesión sin interrupciones, y su madre lo miraba satisfecha y tranquila, porque estaba expresando sus necesidades. Cada vez hubo más lanzamientos, más interrupciones y más juegos para llamar la atención del grupo. Se hizo un gran esfuerzo colectivo para obviar esta situación y continuar.

Esta reunión era un espacio de adultos para compartir, no un espacio preparado para niños y niñas. Claramente, su madre no entendió el marco en el que nos encontrábamos, ni el lugar, ni las normas necesarias para realizar una reunión. Casos como este demuestran la gran confusión que tenemos a la hora de poner límites. Apostando por el mejor desarrollo de su hijo, permitió que se expresara como si no estuviéramos allí veinticinco personas más. No me cabe duda de que lo hizo sin mala intención y, sobre todo, sin darse cuenta del efecto que tuvo en el resto de los asistentes. **Era necesario poner un límite o buscar alternativas** para que su hijo pudiera jugar tranquilamente en otro lugar.

Muchas veces nos vemos en situaciones como aquella y no sabemos si hacer algo, porque hay una línea delgada entre satisfacer las necesidades de la infancia y las posibilidades que ofrece el contexto en el que nos encontramos. La infancia requiere un **marco claro de acción** para poder desarrollarse con libertad, respeto y responsabilidad.

Pero también hay niños y niñas que viven todo lo contrario. No me tengo que ir muy lejos: yo mismo, cuando de pequeño iba de visita a alguna casa o a un bar con mis padres, tenía que estar siempre quieto y callado. No estaba permitido hacer nada sin el consentimiento expreso de mi padre. Pasarse de la raya significaba una mirada que te fulminaba en el acto y que te quitaba las ganas de intentar nada. Regulaba mi comportamiento en función del miedo que tenía a hacer algo que no fuera correcto.

Hay un **término medio** entre el primer ejemplo —en el que se deja hacer al niño y entonces se pierde porque no sabe cómo ajustarse al contexto y a las relaciones— y casos como el mío, en los que no se permite al niño que se exprese y se controla todo su comportamiento.

Es habitual dedicar tiempo a la gestión de los límites, pero no nos damos cuenta de que depende de varios aspectos. Por eso, conviene que profundicemos primero en los **cinco factores que determinan un marco de acción:**

1. Lo que se puede hacer y lo que no.
2. El rol que tienen las figuras de referencia.
3. Las posibilidades que ofrecen el espacio y el entorno.
4. La «danza» entre la autonomía y los límites.
5. Los hábitos y las rutinas que organizan la vida.

Vivimos en sociedad y eso implica que compartimos la vida con otras personas. La libertad individual termina en la responsabilidad que tenemos con el otro. Este principio determina **lo que podemos hacer o no** en cada momento. No es lo mismo tu casa que la escuela, el trabajo o el parque. En cada sitio te comportas de forma diferente, y saber cómo forma parte de un proceso largo que irá integrando tu hijo o tu hija. Algunas veces, como es natural, no sabrá calibrar la dimensión que tiene el aspecto social, por lo que será tu función explicarle ciertas normas para incluirlo en la vida en comunidad. Depende de la cultura y de las normas sociales de donde vivas: no es lo mismo un pueblo que una gran ciudad, y será muy diferente si resides en España, Perú, Dubái o Senegal.

Sin claridad no hay seguridad.

Lo más importante para la infancia es **tener claridad** a la hora de saber qué se puede hacer y qué no. Muchas veces, ni nos lo hemos planteado como adultos, así que el niño o la niña vive en contextos confusos y le cuesta ajustarse a ellos: «Hoy sí puedo saltar en el sillón, pero ayer me regañaron; con papá no hace falta que recoja los juguetes, pero con mamá tengo que hacerlo…».

Para ganar en claridad debes entender lo que es un **marco de acción.** Veámoslo a partir de la **metáfora de la carretera.** Imagina que vas conduciendo tu coche por una carretera de dos carriles de ida y otros dos de vuelta. Vas a buena velocidad por el carril izquierdo, adelantando; luego vuelves al derecho, donde tienes más seguridad y vas tranquilamente, disfrutando del viaje. De repente, ves que un coche va en sentido contrario. Te preguntas qué pasa. Sientes confusión e inseguridad, y en ese instante compruebas además que se borran las líneas del suelo que separan los carriles. Sin duda, permanecerás lo más a la derecha posible, tratando de protegerte. Pero cuando recorres quinientos metros más, ya no hay asfaltado y el camino es de tierra. Reduces la velocidad, tratando de evitar alguna piedra en el camino y un posible accidente. Tu cabeza no entiende nada y busca alguna referencia que le dé seguridad: señales, líneas en el suelo, alguna población, otros coches… ¿No iba yo viajando tranquilamente?, ¿dónde están todos los códigos y las reglas de circulación?, ¿por qué no hay asfalto ni señales?

Es lo mismo que sienten niños y niñas **cuando viven en un marco de acción que no es claro,** que cambia constantemente o que depende del estado emocional de sus figuras de referencia. Cada niño y cada niña hace **el viaje de su vida** por una carretera. De ti depende que sea un carril estrecho donde apenas pueda expresarse, porque no tendrá espacios ni tiempos para poder «ser». Si reprime sus necesidades vitales internas terminarán saliendo al exterior por algún sitio. Pero entonces ya serán difíciles de gestionar: enfados continuos, irritabilidad, depresión, comportamientos difíciles, problemas de salud…

También puedes elegir darle seis o siete carriles para expresarse **con tanto espacio y posibilidades de que se pierda.** Esto ocurre cuando les dejamos hacer todo lo que quieren, cuando no existen límites ni responsabilidades mutuas o cuando no acompañamos su crecimiento y tienen que sobrevivir como pueden, sin referencias. En estos casos, en vez de avanzar por la carretera, se desorientan, van despacio de un extremo a otro y usan toda su energía para encontrar referencias de seguridad: límites, normas, vínculos o presencia.

En esta metáfora, la carretera es el viaje de su vida; las líneas del suelo son los límites a la hora de educar; el Código de Circulación son las normas que irá integrando en la infancia para vivir en sociedad; y los paneles informativos y las señales son los hábitos y las rutinas.

¿Cuántos carriles va a tener tu hijo o tu hija para hacer su viaje en la vida?

La pregunta es obligada: ¿cuántos carriles va a tener tu hijo o tu hija? ¿Dos, tres, cuatro? Solo tú (y tu pareja) podéis establecer el marco de acción para que crezca. Un marco claro que le proporcione seguridad; amplio, para poder expresarse; con las normas y con los límites necesarios para poder crecer y llegar adonde quiera.

Como has visto, **casi todo va a depender de ti,** del control que tengas, de lo que le permitas «ser» y expresarse, de tu relación con las normas… Lo vas a hacer lo mejor que puedas, no me cabe duda. Lo interesante es ver cómo te nace hacerlo de forma natural y observarte para ver si hay que reajustar un poco.

Tienes una función muy importante **como figura de referencia.** Lo que sostiene su vida es el vínculo y la conexión que tengáis, desde esta seguridad descubrirá el mundo. Cada día mirará a través de ti cómo comportarse, ser y estar. **Tu ejemplo** es vital no solo a la hora de comer, sino en todo. ¿Cómo vas a decirle que no grite si tú gritas?, ¿cómo va a respetar las normas de casa si tú no lo haces?

Te lo digo ya, cada día nos observan, nos imitan, son como **nuestra imagen frente a un espejo.** Te vas a descubrir a través de la mirada de tu hijo o hija, vas a ver tu yo inconsciente. Un día te saltarás las normas o gritarás sin darte cuenta. No te culpes, porque verás cosas que te gusten y otras que no. Es una de las mejores oportunidades de crecimiento que tenemos, como las personas adultas imperfectas que somos.

El amor mutuo, vuestra profunda conexión o vuestra relación privilegiada pueden confundirte, pero has de tener claro que **no sois iguales.** Tú eres la persona adulta que tiene una maduración completa, puede comprender la realidad de forma global, entender los límites y las posibilidades de la vida, mirar a largo plazo, etcétera. Sin embargo, un niño o niña está en pleno proceso de desarrollo, con sus grandes posibilidades y limitaciones. Lo denominamos *autoridad sistémica,* porque tú eres la persona adulta, y él o ella, no. Cada cual tiene que asumir su lugar en la familia.

No quiere decir que en la infancia se haga siempre lo que los mayores quieren. Implica que tú y tu pareja tenéis que ser conscientes de que **regular o limitar algunos comportamientos, necesidades o expresiones es vuestra responsabilidad** como adultos. Os corresponderá tomar decisiones por y para toda la familia con la mejor de las intenciones.

Tu hijo o hija sí puede participar en muchos aspectos de su vida y de la vida familiar. Sin embargo, no le corresponde decidir a qué hora se va a dormir, si irá o no a la escuela mañana, o qué comprar en el supermercado... Es habitual malentender el concepto de autonomía y ver a niños decidiendo sobre estos asuntos. Deben ser escuchados y tomados en cuenta, pero no les corresponde resolver estas cuestiones. **No es su responsabilidad.**

El marco de acción en la infancia también lo determinan las posibilidades que nos ofrece el ambiente en el que estamos con ellos. Porque no es lo mismo **un entorno adecuado,** donde pueden moverse, expresarse y estar tranquilamente, que **un espacio hecho para adultos,** donde nada está preparado para su desarrollo y les exige un comportamiento que no es el adecuado a su edad. La tristeza es que abundan más los segundos: restaurantes, centros comerciales, muchas casas de familiares o amigos, y muchos espacios públicos.

A veces, las dificultades familiares surgen porque los niños no se comportan como adultos en espacios para adultos. Si necesitan saltar, moverse, jugar, leer o simbolizar **debemos preparar el espacio** como ya hemos visto **o evitar permanecer durante mucho tiempo** en entornos donde claramente no están bien. No se trata de que no vayas a un restaurante nunca, ni de que no hagas nada que no sea «para niños». Solo hay que tener en cuenta las posibilidades que les ofrece el espacio, el esfuerzo que están realizando y que no lo podrán hacer mucho tiempo.

Como ya he comentado, las señales y los carteles en la metáfora de la carretera son **los hábitos y las rutinas.** Aparte de sus figuras de seguridad, niños y niñas necesitan momentos repetidos para tener una regularidad en su vida. Necesitan anticipar, así no se tienen que preocupar por lo que vendrá ni tendrán que ajustarse a una cosa diferente cada día. El orden y la estructura les permiten ordenarse internamente para explorar los límites del marco amplio en el que viven.

Esta es la **«danza» entre la autonomía y los límites.** Por una parte, necesitan una mirada que les permita sentirse capaces de experimentar y jugar, y a la vez, otra que les indique amorosamente cuáles son las normas y los límites establecidos. Crecerán dentro de este marco y del número de carriles que hayáis decidido.

Seguro que quieres saber cómo poner un límite, qué hacer cuando no se cumplen, o conocer alguna técnica para no perder los nervios. Ya queda menos…, pronto las veremos juntos.

«Creer en el niño es, en primer lugar, ofrecerle el afecto, la ternura y un marco de acción lo más regular posible, con el fin de apoyar un sentimiento de seguridad, necesario para el desarrollo de todas sus funciones.»

BERNARD AUCOUTURIER

Vamos a terminar de concretar el marco de acción para tu hijo. Como vimos en la introducción, vivimos en una infoxicación constante, en un contexto en el que **niños y niñas, por lo general, reciben grandes cantidades de afecto, cuidado, tiempo, atención, juguetes y recursos.**

Ya sabemos que necesitan un marco claro y que **ser respetuosos** con ellos no significa dejarles hacer lo que quieran; implica que el marco sea amplio y que además les indique qué pueden hacer y qué no (normas y límites). Pongámoslo en práctica.

DALE TODO (O NO)

En muchas ocasiones, los adultos necesitamos dar en abundancia y no pensamos en las necesidades reales de la infancia. O incluso, no somos conscientes de qué efecto tendrán estas actitudes en el futuro de nuestros hijos e hijas.

Te propongo hacer un ejercicio muy sencillo. Se trata de reflexionar sobre aspectos importantes a la hora de educar utilizando la **técnica del uso, abuso y desuso.**

Junto con tu pareja, papel y boli en mano, rellenad esta tabla para determinar cómo afectará a vuestros hijos e hijas que les deis demasiado, lo suficiente o nada en distintos aspectos.

Aspecto	¿Cuánto le damos?	¿Qué efecto tendrá a largo plazo?
Regalos		
Afecto		
Disponibilidad		
Juguetes		
Normas		
Caprichos		
Atención		
Bollos		
Ir al campo		
...		

Podéis ampliar la lista todo lo que necesitéis y usar esta técnica para la mayoría de los temas que os preocupen. Además, os ayudará a determinar qué queréis para vuestros hijos, a concretar el marco de acción y, a veces, servirá para daros cuenta de alguna circunstancia que os ha pasado desapercibida. Siempre deberéis tener en cuenta la edad de vuestro hijo o hija.

Habrá aspectos en los que será interesante que deis mucho (afecto) u otros poco (como el uso de pantallas). No hay una respuesta correcta, porque cada familia tiene un modelo para educar. Haced el ejercicio y sabréis cuál es el vuestro.

Límites, respeto y libertad

¡Vaya! ¿Los límites tienen que ver con el respeto y la libertad? Sí, sin ninguna duda... Gracias por preguntar. Ya en serio, **la función de los límites no es coartar la vida,** ni restringirla, sino permitirla fluir dentro de las posibilidades de un contexto relajado y seguro.

Si hemos estado presentes, confiando en su conquista de la autonomía, poco a poco irá descubriendo los pequeños **límites** de la vida y **los integrará con normalidad.** Al tener un espacio preparado y acompañar con respeto, los límites y las normas serán pocos y sencillos.

No podemos perder de vista que **el objetivo de los límites es aprender, no obedecer.** La obediencia genera todo lo contrario al aprendizaje. Ya sé que tú viviste otra cosa y que cuando éramos pequeños (e incluso antes) existía este maravilloso refrán: «La letra con sangre entra». Pues ya sabemos que no entra y que, además, es perjudicial para el desarrollo de la persona.

> *«La obediencia se basa en el miedo;*
> *los límites, en la seguridad.»*
> Carlos González Viñambres

Solo se educa estando presentes, observando, acompañando, respetando y ofreciendo posibilidades para que descubran cómo pueden hacerlo mejor. **Tu mirada va a ser fundamental,** porque nada tiene que ver decir «esto se hace porque lo digo yo» con «¿qué es lo que ha pasado?, ¿cómo lo puedes solucionar?».

Poner un límite es hacer en ocasiones algo que a tu hijo o a tu hija no le gustará, porque preferiría continuar jugando o conseguir algo que desea. Este es el motivo por el que debemos tener claro el marco de acción, porque, si no, pondremos límites aleatorios y sin sentido, **habrá más confusión** y será mucho más difícil. A veces, vemos los límites como algo negativo, pero son positivos, porque protegen, anticipan y aportan seguridad.

Sabemos que **dar todo lo que quiera** a un niño puede generar problemas. Los límites sirven para normalizar el proceso de vivir, son un ensayo para la vida. No hace falta preparar a la infancia para las condiciones de la vida adulta, sino para los pequeños límites que ya tiene su propia vida: tiene que aprender a esperar, porque en ese momento no estamos disponibles; a vestirse, porque hay que ir a la escuela; a recoger los juguetes para que no se estropeen...

La pregunta más habitual es **cuándo hay que poner un límite.** Cuando la situación lo requiere por seguridad y para poder vivir en sociedad. Vuestro marco de acción vela por la seguridad de tu hijo o hija, y además le indica qué se puede hacer o no en función de dónde estéis: vuestra casa, la calle, la escuela, una tienda... En cada lugar hay unas normas sociales diferentes.

Una familia llegó preocupada a clase diciéndome que su hijo Jaime se quitaba el cinturón de seguridad dentro del coche en marcha y no quería ponérselo de ninguna manera. Además, en pleno invierno y a cinco grados de temperatura salía de clase con el abrigo puesto y al ver a su familia se lo quitaba. «Es que no hay manera de que se ponga el abrigo» me decían.

Los **límites que se refieren a la seguridad y a la salud son innegociables.** Con estos temas no se juega. Por ejemplo, si tu hijo o hija no duerme, o tú no duermes bien, tendréis un problema de salud. Beber lejía, asomarse a un balcón, cruzar la calle sin supervisión o el abuso de dispositivos electrónicos pueden tener graves consecuencias, y nuestra obligación es protegerlos de estos efectos negativos. Te habrás quedado pensando en Jaime, el niño que se quitaba el cinturón, hablaremos pronto sobre cómo reeducar los límites cuando ya no nos hacen caso.

¿Pegamos o gritamos a la gente por la calle?, ¿tiramos la basura en medio del parque? No, no lo hacemos porque existen **normas de convivencia.** Niños y niñas las aprenden de forma espontánea a través del ejemplo que tú y tu familia les dais. Si tú le das los buenos días a la conductora del autobús o al dependiente, tu hijo querrá participar de la vida social y hará lo mismo sin que lo obligues. Así es como se adquieren los valores de la cultura en la que vivimos.

Por último, las **normas familiares** son las que más confusión generan. ¿Por qué? Porque en cada casa costumbres, valores y normas son distintos. Sea cual sea tu caso, seguro que en tu familia hay un sistema de normas. ¿Se puede saltar en el sofá?, ¿y comer viendo la televisión?, ¿jugar a la pelota dentro de casa?… Haremos un ejercicio sobre ello más adelante, porque la claridad en los límites es fundamental.

«Entonces, Ares, **¿cuándo empiezo a poner límites?**» Es frecuente que un bebé pellizque el pecho a su madre o que le tire del pelo sin querer. Estos son pequeños límites claros en los que le indicamos con amor que no permitimos que nos haga daño. Se empieza desde bebés y no significan coartar su desarrollo, sino que poco a poco integran que hay límites en el mundo, y otras personas que también sienten y viven.

Pensamos que son pequeños y que no entienden nada. Pero **los límites se integran porque algo ocurre en repetidas ocasiones.** Se caerán y se golpearán contra el suelo cuando empiecen a ponerse de pie; tras dos o tres caídas, se regularán para que no les pase. Necesitan años para ir integrándolos cerebralmente, hasta que los límites se convierten en normas. Requiere mucha paciencia y confianza.

Es fundamental poner límites durante sus tres primeros años.

Veamos **cómo poner límites.** Muchas veces, no sabemos si somos demasiado duros o cuánto hay que permitirles, por eso he creado este gráfico, para que lo puedas visualizar mejor:

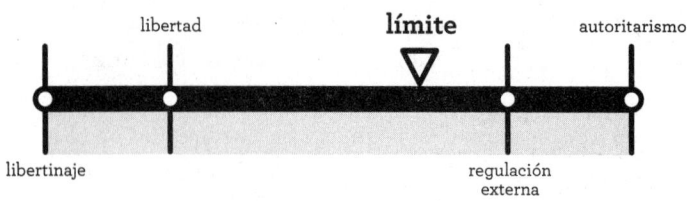

Parto de que los niños y las niñas descubren muchos límites desde su libertad de movimiento, pensamiento y acción. Bastantes normas **se cumplen de forma natural** si tu hijo tiene claro el marco en el que vive. Aunque en ocasiones serás tú, su figura de referencia, quien le pondrá límites.

En función de cómo haya integrado las normas y el marco de acción a lo largo de su vida, el límite que pongas estará más cerca de su **libertad,** porque se regula autónomamente, o tendrás que estar más presente y, por tanto, **regularle externamente.** En este caso, necesitará más acompañamiento emocional y social para controlar sus impulsos. No se establece un límite por igual a todos los niños y niñas, porque hay quien necesita más presencia y quien precisa más libertad. Incluso siendo hermanos o teniendo la misma edad, a cada persona se le ponen los límites de forma diferente, en un punto específico entre la libertad y la regulación externa.

¿Cómo ha integrado tu hijo o hija los límites?, ¿en qué punto se encontraría en el gráfico anterior?, ¿es necesario estar más pendiente y ayudar desde fuera en algunas ocasiones o por lo general se regula después de que se lo digas pocas veces? El objetivo es que esté más cerca de la libertad, eso implicará que, poco a poco, ha integrado los límites establecidos y se va regulando internamente. Aunque los interiorice, seguirá necesitando, a medida que crezca, tu presencia y tu mirada para aprender a vivir en sociedad y para que el marco de acción siga siendo claro.

En el otro extremo del gráfico se sitúa el **libertinaje,** es decir, la ausencia de límites. Cuando hay mucha permisividad, los niños y las niñas «se pierden» ante la falta de un marco claro de acción. Puede ocurrir por comodidad, por malentender el concepto de educar en un marco amplio para que se desarrolle y, a veces, por la esperanza de que madure y abandone ciertos comportamientos de forma natural…, sin embargo, la situación no se resuelve sola. Si dejamos de hacer nuestro 1 % diario, surgirán dificultades asociadas. Niños y niñas suelen mostrar angustia e inseguridad y con el tiempo terminan poniendo límites a sus padres y madres, cuando no les corresponde.

La tendencia contraria al libertinaje, e igual de negativa, es el **autoritarismo,** que se produce cuando no se tienen en cuenta las necesidades de la infancia y se dirige todas sus acciones y pensamientos. Es lo que me pasaba a mí cuando iba a un bar con mi familia, porque se entendía educar como obediencia ciega; desafortunadamente, aún sigue ocurriendo en muchas familias. Otras veces, el autoritarismo deriva de la necesidad de control y del abuso de poder por parte del adulto sobre el niño, que tendrá miedo a las consecuencias. Con el tiempo, se romperá el vínculo entre ambos, porque el adulto no ha conectado con las necesidades del niño, que, a su vez, siente que no puede confiar en él.

Aunque por norma general las familias no se posicionan en estos extremos, es inevitable que **en algunas situaciones concretas acabes en algo de ellos** de forma momentánea (nos enfadamos y nos vamos al autoritarismo, o por comodidad caemos en el libertinaje). Saber que hemos caído en uno de los dos extremos nos ayudará a resolver la situación rápido y mejor.

> *«No es porque las cosas sean difíciles*
> *por lo que no nos atrevemos a hacerlas,*
> *es justamente porque no nos atrevemos*
> *por lo que se vuelven difíciles.»*
>
> Séneca

Quiero volver a incidir en ello: es nuestra responsabilidad poner límites claros y respetuosos a nuestros hijos. Es posible que entendamos su importancia, pero que vayamos dejando de hacer ese 1 % diario en los límites y se agrande el problema. Un día nos saltamos una norma por evitar un conflicto, que lo pase mal o que se enfade. Otro día, porque estamos cansados u ocupados en alguna cosa que nos interesa más. Sin embargo, hay que hacerlo, **no podemos mirar para otro lado.**

Vamos cediendo y el marco de acción termina siendo confuso. En estos casos, hablamos de que la familia pone **límites desestructurantes,** es decir, que a veces se aplican y a veces no, sin un patrón claro, más allá del criterio momentáneo del adulto. Para la infancia es demoledor, porque las reglas y las regularidades no se pueden distinguir de las arbitrariedades, y no saben a qué atenerse. Además, terminarán integrando que esa figura de referencia no es fiable ni constante, y el tema de los límites será una lucha diaria y agotadora.

Los límites se ponen con amor y firmeza.

Ya sabes cuándo hay que poner un límite, desde cuándo y cómo. Ahora vamos a profundizar en **cómo ponerlos** en el momento en que hay que hacerlo. Con amor y firmeza, así de sencillo en teoría y difícil en la práctica. Lo curioso y lo que solemos perder de vista es que para establecer bien los límites hay que cumplir ambos requisitos:

AMOR	FIRMEZA
Afecto	Constancia
Incondicionalidad	Regularidad
Cercanía	Claridad
Atención	Tono activo
Presencia	Tacto
Amabilidad	Estabilidad
Cuidado	Solidez
Respeto	Perseverancia
Contacto	Decisión

A veces solo tenemos en cuenta uno de los dos criterios y entonces somos demasiado amorosos o demasiado firmes. En el primer caso, el marco de acción terminará difuminándose por falta de estructura; en el segundo, dejarás de conectar con las necesidades de tu hijo o hija. Va a depender mucho de cómo seas tú, de si para ti es más natural poner un límite con amor o con firmeza. Seas como seas, **hay que integrar ambas partes para conectar a la vez que estableces una estructura.**

Lee la lista varias veces, porque la dificultad que tengas con los límites está ahí. Se requieren todos esos aspectos y es normal que se te haga difícil. Te pondré un ejemplo que me pasa habitualmente a la hora de ir a dormir. Yo sé que quedan quince minutos y que a mis hijos aún les falta lavarse los dientes y hacer pis. Llevo todo el día con veinticinco niños y niñas en el aula, he recogido a mis hijos, les he preparado la merienda, hemos ido al parque y jugado; luego, las duchas y la cena, y ya no puedo más. Me siento en el sofá, mi cuerpo se relaja, me embarga esa sensación agradable y baja mi energía.

Mientras, Gael y Enzo juegan o leen tranquilamente. Les digo: «Chicos, los dientes y a la cama». No ocurre nada, siguen ensimismados. Pienso: «No me hacen caso» y saco el móvil, que me atrapa varios minutos. ¡Ay! La hora, que se me va. Repito la frase y nada ocurre… Me enfado internamente un poco porque no me hacen caso. Entonces me doy cuenta de que un límite se pone físicamente con un tono activo, con cierta energía. El sillón me ha atrapado, la pantalla también, tengo que guardar el móvil y levantar mi cuerpo, que solo quiere seguir allí. A duras penas lo consigo, me acerco a cada uno, contacto con sus miradas y se lo repito con un tono activo. Ahora sí, van al baño, hacen pis y se lavan los dientes.

No se puede poner un límite con un tono pasivo, sin firmeza, porque nuestras palabras dicen una cosa, pero nuestro cuerpo está diciendo otra. Cuando no hay coherencia, lo podemos repetir hasta el infinito, que no pasará nada aparte de aumentar tu enfado. Por otra parte, necesitan que **te hagas responsable del límite:** no es lo mismo decir «no te permito lanzar los juguetes» que «recuerda que la norma es cuidar los juguetes». Se usan habitualmente ambas frases, pero observa que hay una diferencia notable entre hacerte cargo de lo que ocurre o que la responsabilidad sea externa. Con seguridad, no es conveniente utilizar estos recursos: «Si lanzas los juguetes mañana se lo digo a tu profe» o, incluso, «Tú verás, te están viendo los Reyes Magos» (o el Ratoncito Pérez, o Papá Noel…).

También se necesita que utilices un **lenguaje claro y sencillo.** Volviendo al primer capítulo, necesitas **ajustarte a su momento evolutivo.** Es decir, de cero a un año, te apoyas en un «código reptiliano», resolviendo sus necesidades básicas y sencillamente diciendo con claridad que no se puede hacer algo y si fuera necesario separándole físicamente. De uno a tres años, añades el código emocional: necesitarás conectar emocionalmente y aplicar el límite sin grandes explicaciones, formulándolo de manera breve y sencilla. A partir de entonces, comenzamos a usar los códigos racionales, podemos alargar un poco más la explicación para ayudarlos a entender las consecuencias de lo que ocurre y el porqué de cada límite.

Muchas veces, lo que necesitan por debajo de los tres años es un «no» claro y sencillo, con amor y firmeza. En vez de eso, les hablamos como si fueran adultos, cuando su cerebro aún no está preparado para ello. ¡Menudas charlas vemos a diario, cuando para poner un límite lo que se necesita es seguridad! **Cuantas más palabras, menos claridad.**

En el mundo educativo, la palabra no resulta polémica, porque venimos de un mundo autoritario donde todo era un *no* constante. Se habla de poner **límites en positivo,** evitando la negación y dando la vuelta a las frases. Aunque es interesante, el problema no es la palabra en sí, es que a veces enrevesamos tanto la frase para poner un límite que ya ni es corta, ni es clara, ni adecuada para su edad. Aplica la técnica del uso, abuso y desuso, y ten en cuenta su edad. Al menos hasta el año y en muchos casos hasta los tres, hay algunas palabras claves para indicar peligros: *no, para, quieto...* Este límite hay que integrarlo pronto por su seguridad. Dicho esto, no conviene hacer un abuso del *no,* porque supone imponer una represión constante, ni hacer un desuso, porque la palabra cumple su función gracias a su claridad. Se utilizará de forma moderada si el niño o niña ya ha ido integrando los límites, el marco de acción, está en un entorno preparado, etcétera.

Poner un límite no es decirlo, es aplicarlo.

Repito la frase anterior una y otra vez. Pecamos de decir y decir que hagan o dejen de hacer, pero no se trata de comunicar el límite; lo más seguro es que ya lo conozcan. Se necesita **presencia y atención,** así que tenemos que acercarnos físicamente, ponernos a la altura de sus ojos, establecer contacto visual o corporal, y entonces indicar el límite. Te acercas, nota que estás, te agachas a su altura, le dices «mírame a los ojos», le contienes con una mano en su cuerpo, conecta contigo: «Cariño, es hora de recoger, ya sé que no te apetece». Para cambiar su acción y salir de sus pensamientos e impulsos, necesitará tu atención momentánea, tu presencia, tu mirada y que lo acompañes con el cuerpo.

A veces, implica que **abandones la actividad** en la que estabas durante unos segundos para establecer contacto con él, darle atención y entonces decir: «Ahora no puedo, tienes que esperar». Si tú no paras y pones el límite desde tu presencia, dedicándole unos segundos, no parará y no respetará que tú en ese momento atiendas a otra prioridad (hablar por teléfono, con otro adulto, o resolviendo un tema).

Es importante respetar que no les gusta el límite y dar lugar a su tristeza, enfado o frustración desde el amor. **Acogeremos sus emociones** y a la vez nos mantendremos firmes, aunque se resistan y protesten. Necesitan esta ambivalencia para crecer.

> *«Los amamos aun cuando*
> *no les permitimos hacer algo*
> *que les gustaría hacer.»*
> Rebeca Wild

La infancia repite y experimenta hasta la extenuación para aprender. Andar les lleva más de un año; hablar, más de dos; e integrar los límites también será un proceso largo. El problema es que para este último tenemos menos paciencia y **queremos que lo aprendan más rápido de lo que pueden.** Repito: es un proceso de aprendizaje que requiere, por parte de las figuras de referencia, **constancia y regularidad,** como ya hemos visto.

Te sorprenderás con el resultado si construís un marco de acción amplio, con límites claros, respetas sus procesos y actúas desde el amor y la firmeza necesarios para acompañarlo. En resumen: **tono activo, mensaje claro y corto, respeto, afecto, atención, presencia, contacto y constancia.**

Hace unos años, en una tutoría, detecté que el marco de acción de una familia era confuso. Cuando su hija Irene, de cinco años y medio, estaba con su padre, tenía unas normas: no recogía, le daba de comer, la duchaba… Cuando estaba con su madre, que era mucho menos tiempo, debido a su trabajo, esta le hacía comer a ella sola, le exigía que recogiera… Les propuse que se sentaran a establecer unas normas comunes en casa para que el marco fuera claro y amplio. También para que dejaran más espacio a la autonomía de su hija, que a esa edad podía hacer muchas cosas por sí misma. De hecho, el padre estaba cansado de estar siempre haciendo todo por ella, pero no sabía cómo salir de ahí.

Hablaron con la niña sobre qué cosas le gustaría hacer a cada persona de la casa, establecieron unas pocas normas comunes conjuntamente y, al tiempo, el resultado fue que había ganado mucho en autonomía y responsabilidad: «Come sola, se ducha sola con un poco de ayuda, se viste sola y hasta ayuda en las tareas domésticas. Lleva un tiempo así. Faltan algunas cosas que estamos trabajando todavía, ¡pero va muy bien!».

Este es un claro ejemplo de cómo los límites y la autonomía van de la mano. Las **normas** tienen la función de **aclarar el marco** en el que vive cada familia y permiten convivir con respeto. Según vayan integrando límites, los regularizarán y se convertirán en una norma de la casa.

> *«Nada desconcierta más a un niño*
> *que la ausencia de normas.»*
> JOSEFINA ALDECOA

Por eso es tan importante **consensuar las normas.** Primero, entre las figuras de referencia, y después, a partir de los tres o cuatro años, ya pueden entrar en la construcción de las normas familiares a su manera (lo harán activamente a partir de los siete años). Una forma eficaz de revisar el marco de acción es hacer **reuniones familiares** de vez en cuando para hablar sobre las necesidades de cada persona y actuar en consecuencia. Lo sencillo sería pensar en optar por la democracia, pero ya nos apuntaba Carles Capdevila que no era muy recomendable en algunos casos, ya que corres el riesgo de que cuando voten tus cuatro hijos pierdas siempre.

En cada casa hay unas normas diferentes que tendréis que decidir. Es importante analizar el porqué de cada norma; a veces, te das cuenta de que son un poco absurdas y que están puestas porque así lo aprendiste en algún momento. Las normas también tocarán tus miedos o inseguridades como persona; tenlo en cuenta y no pongas una norma que no puedas sostener. Hay quien dejará más libertad y quien menos sin llegar al autoritarismo. Es decir, en algunas casas se pueden pintar las paredes y, en otras, rotundamente no. Comer en el sofá es normal para algunos padres y madres, mientras que en otros hogares comer en la mesa es fundamental para conversar, compartir y dar ejemplo. Aunque la norma en concreto parece lo importante, no lo es. Lo fundamental es que el marco de acción esté claro, que se revise de vez en cuando y que cada persona de la casa sea respetada y viva sin sentirse oprimida (tú también).

No solo hay que decidir unas normas, sino que además tendréis que **ser flexibles,** porque cada hijo está en un momento evolutivo y, además, cada situación es única. Por ejemplo, hay una hora al final del día en la que no compensa ponerse firmes con las normas, porque ya no pueden más por el cansancio; por debajo de los dos años y medio les ocurre antes de comer o de dormir, cuando tienen sueñambre y tampoco es inteligente ponerse muy firmes. La flexibilidad también les enseñará que es bueno y normal ceder cuando se escucha lo que necesita toda la familia.

> *«Mantente fiel a tus decisiones,*
> *pero aplícalas con flexibilidad.»*
> Tom Robbins

LAS NORMAS DE TU CASA

Es hora de decidir, siéntate con tu pareja y escribid una pequeña lista con las normas básicas de vuestra familia, esas que vais a seguir tanto mayores como pequeños. Te pondré algunos ejemplos que utilizamos en mi casa, por si te pueden ayudar.

Siempre
- Cuidamos a los demás y nos cuidamos a nosotros mismos.

En casa
- Si hay techo no se grita (en la terraza o en el parque, sí).
- Cuando duerme alguien, no se hace ruido (por ejemplo, su hermano pequeño o durante las siestas).
- Cuidamos las cosas y el ambiente.
- Recogemos aquello con lo que hemos jugado para poder sacar lo siguiente.

En las comidas
- Comemos sin pantallas ni juguetes (es decir, sin distracciones).
- Cada persona come lo que necesite (respetando su sensación de saciedad).
- Hasta que no hemos terminado, no nos levantamos de la mesa.

En la calle
- Se puede ir hasta donde los veamos los mayores.
- Para cruzar, hay que estar cerca o ir de la mano.

Ahora os toca a vosotros. Cuando tengáis las normas definidas, revisadlas preguntándoos cuál es el sentido de cada una. Recordad que hay que actualizar las viejas normas de vuestra infancia, porque ahora puede que ya no sirvan.

No me hace caso, ¿qué hago?

Como ya hemos visto en los capítulos 1, 3 y la parte anterior de este, para que se cumpla una norma o un límite hay muchos aspectos que actúan a la vez: presencia, disponibilidad, atención, mirada hacia la autonomía, entorno preparado, marco de acción, dar ejemplo... Como ves, **cada punto de la brújula para educar se relaciona y afecta al resto.**

Como no querrás releerlo todo de nuevo, te lo resumo. Lo primero es tener una buena **presencia,** así podrás observar qué está haciendo y por qué no te hace caso. Implica tener **disponibilidad,** pasar el **tiempo** suficiente con el niño o niña, y **responder** a sus necesidades vitales creando un buen **vínculo.** Con esta base de **dependencia natural** hacia las figuras de referencia, buscará explorar y conquistar su propia **autonomía.** Aquí empiezan los primeros **límites,** al moverse y descubrir el mundo. Será importante permitir que descubran cuáles son estos poco a poco, en un **espacio preparado** en casa. Así, no serán una exigencia por encima de sus posibilidades (esta es la principal causa de los problemas con los límites). A partir de ahí, debemos tener claro como padres y madres el **marco de acción** en el que vivimos, con sus **límites y normas,** para proteger la seguridad y la convivencia.

Además, hemos de **permitirle «ser»,** ofrecerle la posibilidad de vivir tranquilamente, respetando y cubriendo sus necesidades.

Hay que destacar la importancia de la **vida en familia** y cómo afecta a todo lo que hacen: pareja, bienestar familiar, ambiente...

Los problemas con los límites suelen ser la punta del iceberg, indican que algo más está pasando. Cuando se portan mal, rápidamente se relaciona con los límites. Sin embargo, te invito a revisar los seis puntos de la brújula para encontrar realmente dónde está el problema.

También **hay que normalizar que niños y niñas exploren los límites del marco de acción** en el que viven. Si tienen solo un carril y es agobiante, estarán pidiendo a diario ampliar los límites de la carretera. Si es suficientemente amplio, encontrarán todo lo que necesitan, y aunque descubrirán los límites, será de forma natural. **Los límites son parte del desarrollo social,** tú también los descubres o respondes a ellos cuando haces una broma en grupo y no hace gracia, o cuando en el trabajo realizas un comentario poco afortunado y tiene consecuencias. Son pequeños indicadores que te hacen reajustar tu comportamiento para adaptarte a cada contexto social.

Se portan mal porque se sienten mal.

Es duro, pero es así. Algo está fallando en ellos, en sus figuras de referencia o en el entorno para que tengan un mal comportamiento. Muchísimas veces es porque no entendemos que lo hacen simplemente por la edad que tienen y **su nivel de madurez.** Lo difícil es comprender a tu hijo o a tu hija en función de la edad que tenga.

Lo más sencillo es que hables con alguna persona amiga o conocida que tenga hijos de la misma edad y compartáis cómo están. Verás que es absolutamente normal. Cuántas veces he charlado de estos temas con mis amigos Sergio y Silvia, porque sus hijos y los míos se llevan un mes de diferencia.

—Familia, ¿está Eneko gritando por todo, sin saber lo que quiere y enfadándose todo el rato?

—Sí, Ares, qué paciencia y qué difícil es algunos días.

—Gracias, es que Enzo está igual y ya no sé si me estoy volviendo loco.

Simplemente tenían casi dos años y aún no manejaban el lenguaje suficiente para expresar exactamente lo que querían. No era un problema de nuestros hijos, sino nuestro. Incluso siendo los cuatro maestros de Educación Infantil, **a veces la vida familiar se hace dura** en función de en qué momento estén.

Si no damos espacio a sus necesidades, se sentirán mal. Pero, claro, **puede haber muchas más razones para que no estén bien.** Lo mejor es que vayamos viendo ejemplos para ir deshaciendo el ovillo poco a poco.

¿Te acuerdas de Jaime, que se quitaba el cinturón de seguridad en marcha y no quería ponerse el abrigo? Una de las razones habituales por la que no nos hacen caso es que nos hemos olvidado (padres y madres) de que **tenemos que hacer cumplir ciertos límites innegociables.** No todo vale, tu responsabilidad es ser la «persona mayor» y ocuparte de la vida de la «persona pequeña» **(autoridad sistémica),** y no al revés, como en este caso, en el que es Jaime quien dice a sus padres cómo hacer cada cosa.

¿Cómo conseguirlo? Con amor y firmeza. Será necesario parar el coche cada vez que se quite el cinturón y ponérselo con paciencia. Si desde el principio es un límite claro, lo asumirá, el problema de Jaime es que llevaba ya muchos años decidiendo que no se iba a poner el cinturón y no se lo ponía. Salir de ahí no es fácil, porque reeducar requiere mucho esfuerzo, mucho cariño, más firmeza y, sobre todo, **ser más constante,** lo que suele ser un problema. Nos aplicamos una semana, después nos relajamos y vuelta a empezar. Seré muy pesado, pero voy a insistir en ello: educar es un 1 % cada día.

Marina tiene preocupados a su padre y a su madre, los cambios le cuestan mucho y se muestra angustiada e insegura. De hecho, se plantean no hacer cambios para que no lo pase mal. Así visto, todo nos indicaría que puede ser un tema de vínculo y presencia. No diagnostiquemos tan rápido, sin revisar todos los aspectos que conforman la brújula de la educación. Además, recuerda que cada caso es único.

Los padres de Marina han estado muy presentes, la han tratado y le han hablado como a una igual desde pequeña. Me cuentan que les cuesta mucho despedirse por las mañanas, que necesita muchos besos (entre cinco y doce), abrazos (entre cuatro y ocho), les dice que la lleven «en el corazón», que se va a acordar todo el día de ellos y que los quiere mucho. Sufren en esos momentos, porque le dan lo que pide, pero no parece suficiente. Además, la niña quiere saber todo lo que hacen sus padres en cada momento y trata de controlar su tiempo, a pesar de sus tres años y medio.

No puede hacerlo aún, no tiene la capacidad (la desarrollará sobre los seis años). Está haciendo algo que no le corresponde: gestionar tiempos y lo que se puede o no hacer. Con todo el amor del mundo, se han ido al libertinaje, dejándola perdida, buscando los límites del marco de acción que cada día cambia y fluctúa, para que no esté mal, pero sigue estándolo. Lo resolvieron con un poco más de firmeza para que las despedidas y otros momentos difíciles tuvieran un marco claro (un abrazo grande y varios besos). Entendieron que a veces no hay que dar tantas explicaciones racionales y que la responsabilidad de algunas decisiones era solo del padre y de la madre. Al tiempo, Marina dejó de estar angustiada e insegura, porque vivía en un marco de acción amplio, respetuoso y, a la vez, claro.

Llevo trabajando con niños y niñas muchos años, y he visto cómo bastantes problemas de comportamiento están relacionados con un **marco de acción confuso y cambiante.** Algunas veces se puede y otras no, por eso he destacado la importancia de establecer pocas normas básicas en el ejercicio anterior. Poner conciencia, amor y firmeza transformará la situación.

La falta de coherencia desequilibra a la infancia.

En algunos momentos queremos regular externamente el comportamiento, ya sea por un peligro o porque se necesita socialmente. Hemos hablado bastante de las **consecuencias naturales,** es decir, de aquellos límites que descubren por sí mismos y que son resultado de sus acciones: si me caigo me hago daño; si no como, tengo hambre; si llueve, me mojo, etcétera. Siempre que se pueda (y sea seguro) hay que dejar que descubran las posibilidades del mundo. Es la mejor forma de aprender.

Recuerdo tristemente a una madre que dejaba a su hijo quemarse con un mechero para después reírse de él: **esto es abuso y maltrato,** no hay ni un atisbo de aprendizaje y tiene un impacto negativo.

Por otra parte, no siempre puedes tener el tiempo y las posibilidades para que puedan experimentar y estar ahí para acompañar su aprendizaje. Además, cuando tiene que ver con la seguridad, con el respeto a las personas o al ambiente, **hay que intervenir.**

En esos casos, es necesario establecer una **consecuencia lógica:** «Como no se puede dar la consecuencia natural, porque no voy a dejar que pegues a tu hermana, entonces tengo que pararte y contenerte, aunque no te guste». Estas consecuencias son fruto de las normas básicas, establecidas con anterioridad. También están relacionadas directamente: «Si no te pones las zapatillas, no te dejo salir a la calle».

Desde la disciplina positiva, existen **cuatro requisitos para una consecuencia lógica** que se tienen que dar a la vez. Tiene que estar relacionada, ser respetuosa, razonable, y ayudar al niño o la niña. Parece fácil, pero no lo es.

Es un tema controvertido, porque muchas consecuencias lógicas son **castigos disfrazados.** Imagina que a tu hijo se le cae el vaso de agua mientras come; la consecuencia natural es que el mantel se moje, la consecuencia lógica sería «como se ha caído, ahora lo tienes que limpiar». Pues no, esto puede ser una amenaza o un castigo muy habitual, dependiendo del tono utilizado. Para evitarlo, hay que ayudarle a **buscar soluciones:** «¡Vaya!, se ha caído el agua, ¿qué puedes hacer para arreglarlo?». Las palabras y los matices marcan la diferencia.

Estarás pensando que no se lo puedes preguntar así a tu hija de dos años. Tienes toda la razón, este tipo de prácticas que te cuento se aplican a partir de los tres o cuatro años. Antes, te tocará a ti velar por estos límites que el niño o niña irá interiorizando poco a poco.

Lo más importante es entender que **no lo hace por fastidiar,** ni a propósito, forma parte de su desarrollo y experimentación. Dale la importancia justa, no te enfades, conecta y redirige la situación si es necesario.

El castigo es efectivo y, a la vez, destructivo.

El castigo es el arma más usada en la educación y con la que seguramente más personas hayamos crecido. Ya te he dicho en alguna ocasión que viví todas las comidas en familia durante mi infancia con tensión y miedo por hacer algo mal. Entre amenazas, en cualquier momento podía recibir un golpe de tenedor en mis nudillos si no respetaba las normas o hacía algo fuera de lo que se esperaba de mí. Estas situaciones se enmarcan en **el autoritarismo y el abuso de poder** que, para ponérmelo más difícil, se producían dentro de un marco confuso que dependía del estado emocional de mi padre.

El castigo es eficaz en el corto plazo y funciona porque el niño o la niña corregirá su comportamiento. Sin embargo, es destructivo, porque **rompe la relación con el adulto que lo castiga y genera desconfianza** poco a poco. Los golpes y las heridas se van haciendo profundas y quedan grabadas para siempre.

¿Y **qué pasa en el cerebro de la infancia ante un castigo,** una amenaza o un ataque? Entran en el cerebro inferior o primitivo, y la respuesta solo puede ser una de estas tres: atacar, huir o paralizarse. En algún momento puede que hayas usado el castigo de forma políticamente correcta, vestido de consecuencia, o de formas más incorrectas. Dependiendo de cómo sea tu hijo o tu hija, mostrará una de estas tres reacciones. A la larga, si el castigo es habitual, aprenderá a ocultarse o a mentir, por miedo, para hacer lo que quiere. Su cerebro está diseñado para sobrevivir, por lo que evitará cualquier situación de peligro con un adulto. El resentimiento, la rebeldía, la venganza o el retraimiento son síntomas de castigo. Obsérvalos.

«Cuento hasta cinco y te vistes: uno, dos, dos y medio…» Cuántas veces me he visto presionando a Gael así para conseguir que hiciera algo. Me di cuenta con el tiempo de que no funcionaba y de que lo violentaba mucho. Al ser el primero, pagó muchos de mis grandes errores como padre (heredados de mi infancia), pero voy mejorando a medida que ellos crecen.

A sus siete años, hablando un día con Gael sobre cuando le «contaba hasta cinco», me dijo: «Papá, me sentía muy mal, no me gustaba nada». Puedes imaginarte que se me cayó el alma a los pies, lo abracé, le dije que lo sentía mucho y que no supe hacerlo mejor. Él lo integró bien, pero yo me quedo con que **abusamos sin querer de nuestro poder porque son niños** y con que conviene reflexionar sobre lo que hacemos. Esta es la máxima:

Sé igual de respetuoso hablando y actuando con los niños que con los adultos.

Te preguntarás: «Vale, pero ¿qué hago si no se viste?». Volvemos a lo mismo: amor y firmeza para mantener unas rutinas y unos hábitos familiares. Ayuda avisar de los tiempos con antelación. No es lo mismo decir desde lejos «a recoger» que acercarse, establecer contacto visual y comentar amablemente: «Se está terminando el tiempo para jugar, id acabando lo que estáis haciendo». Otro truco para **recoger** es poner o cantar una canción para ajustar nuestro tempo con el suyo. Cuando no recogen, nuestro tiempo mental pasa muy rápido, pero el suyo transcurre muy despacio. Recuerda que vivimos en tempos diferentes, por lo que pon la canción, no presiones y deja que vayan recogiendo a su ritmo.

Me gustaría que pensaras un poco sobre el efecto que producen estas expresiones en tu hijo o tu hija: «¡Muy bien, ya estás arriba!», «Te has vestido como los mayores», «Si recoges tu plato, tendrás postre»… Se trata de **premios y elogios** para reforzar conductas que nos interesan a los adultos. Cuando se abusa, surgen los problemas, porque produce **dependencia al reconocimiento** en niños y niñas. Dejan de conectar con sus necesidades y actúan para satisfacer a sus figuras de referencia.

Seguramente, como yo, hayas actuado así, y no pasa nada. Pero una estrategia mejor es **hacerles de espejo,** describiendo y no valorando su comportamiento. Así, cambiaríamos las frases anteriores por estas u otras similares: «Veo cómo has subido hasta arriba tu sola», «¡Ya eres capaz de vestirte!» o «Recogemos la mesa y nos tomamos el postre».

«Todo muy bien, Ares, pero es que **mi hijo grita, patalea y tiene rabietas frecuentes.**» Niños y niñas son diamantes en bruto: puros y naturales. No hacen lo que queremos, sino lo que «son». Tenemos que partir de quiénes son y, desde ahí, educar poco a poco, porque hasta los tres o los cuatro años ese diamante no se pule lo suficiente como para integrar límites.

Y es que **su cerebro racional aún no está maduro** como para poder parar los grandes impulsos del cerebro emocional o primitivo. Además, en estas ocasiones, cuando la explosión emocional es tan alta, se produce lo que se llama el ***secuestro de la amígdala,*** que en vez de dejar pasar la emoción para controlarla, la bloquea y no la pueden gestionar.

No pueden controlar sus emociones hasta que madura su cerebro.

Imagina que has puesto un límite y tiene una rabieta. La única solución es que acojas su emoción, la valides (con amor) y, cuando haya rebajado, continuar aplicando el límite (con firmeza). Puedes volver al **mapa de los tres cerebros** del primer capítulo para resolver una rabieta o cualquier dificultad, ya que está ajustado a cada edad.

Lo complicado es que hay que hacerlo **desde la calma y sin enfadarse.** ¡Qué difícil! Solo se puede acompañar desde la tranquilidad, si no, se entra en una lucha por la supervivencia que suele acabar mal. Calmar es conectar y validar la emoción desde el amor incondicional, el respeto y el buen trato. Además, cada persona tiene una forma diferente de calmarse, tendrás que descubrir cuál es la de tu hijo o hija.

«¿Y qué hago para no enfadarme?» Aplica la **técnica de la ola.** Imagina que estamos en el mar tú y yo saltando las olas (perdona la confianza). El agua nos cubre hasta el ombligo y las olas empiezan a ser altas. Vemos a lo lejos una ola grande, nos miramos y tú decides que pasarás por abajo, mientras que yo quiero demostrar mi fortaleza y poder chocando con ella a pecho descubierto. Cuando llega la ola, te sumerges, te lleva un poco para atrás, y cuando pasa recuperas de nuevo tu lugar y me buscas con la mirada. Yo no he corrido la misma suerte, mi demostración de fuerza contra las leyes de la naturaleza ha terminado a los dos segundos con un revolcón desagradable que me ha hecho tragar agua y me ha llevado varios metros hacia la orilla. Cuando recupero la estabilidad y te busco, tú estás lejos, así que me acerco de nuevo hasta el sitio en el que estábamos al principio.

Esto es exactamente lo que pasa cuando te metes en la ola emocional de tu hijo o hija. Tienes dos opciones: notarla, bucear en ella (con amor) y volver a tu sitio después de dar dos pasos para atrás (con firmeza), o decidir que la vas a parar con tu fuerza y acabar a gritos, con malas formas y, en definitiva, sintiéndoos los dos fatal. Seguramente ya lo has probado y conoces el resultado, es horrible. **Cuando su ola sube, la tuya no puede subir.**

Ya sé que eres una persona imperfecta y que te equivocas. Lo sé porque lo he hablado en infinitas tutorías: **todos los padres y madres tenemos cosas inconfesables.** En algún momento perdemos los papeles y sabemos que no puede ser. Cuando notes que tu ola sube, vete, date espacio y vuelve. El resultado siempre será mejor que dejar que tu ola suba.

A ti también te afecta el secuestro de la amígdala, aumenta tu emoción y ya no puedes pensar. Pero no solo eso; en estos casos, **el cerebro vuelve al origen para salir de la situación,** es decir, al estilo de apego y la forma en la que te educaron en tu infancia. «¡Horror! Cuando me enfado soy como mi padre o mi madre.» Lo siento, así es hasta que te vas transformando poco a poco.

La culpa debilita y no te ayuda. En estos casos tan duros, analiza la situación con tu pareja (si la hubiera) y **buscad nuevas estrategias** para que si se vuelve a producir una situación similar la respuesta sea otra. Será cuestión de tiempo y siempre puedes acudir a un psicólogo si no encuentras salida. Me encantaría pasarte el teléfono de la mía, porque es genial, no hay nada mejor que tener un psicólogo a mano cuando se necesita.

Existe una triste realidad, y es que hay **familias en las que es costumbre perder los papeles y tratar mal.** La negligencia está a la orden del día y se usa el amor como chantaje entre adultos y también con los hijos. No hace falta que te diga que produce efectos muy negativos, el marco de acción es difuso y es muy difícil que sepan cómo comportarse, porque el ejemplo que reciben no se ajusta ni siquiera a los derechos humanos y de la infancia. Lo he visto con mis propios ojos, parece una realidad inexistente, pero en algunos casos este desbordamiento emocional que nos puede afectar a cualquiera de forma extraordinaria se convierte en habitual. La tensión en casa aumenta y es un gran problema. Siento decirlo tal cual, pero es la realidad que todavía viven más niños y niñas de los que imaginamos.

Consecuencias naturales	- Se descubren autónomamente.
	- No hay interferencia del adulto.
	- Son el resultado de su comportamiento.
	- Aprenden y regulan su actitud.
	- No funcionan cuando hay peligro para uno mismo, para otras personas o para el ambiente.
Consecuencias lógicas	- A partir de los tres o cuatro años.
	- Interviene el adulto.
	- Tienen que cumplirse estos cuatro criterios a la vez: 1. Están relacionadas con el comportamiento. 2. Son respetuosas, amorosas y firmes a la vez. 3. Son razonables desde el punto de vista del niño y del adulto. 4. Tienen que ayudar al niño a mejorar.
	- Si no se dan los cuatro criterios, será un castigo que dañará al niño o niña.
	- Lo mejor es ayudarlo a encontrar soluciones, en vez de buscar la consecuencia lógica.
Castigos	- Interviene el adulto.
	- No hay relación con el comportamiento.
	- Es una reacción a la emoción del adulto.
	- Daña emocional o físicamente al niño.
	- No hay aprendizaje, sino obediencia.
	- Hay modificación de la conducta por miedo.

Pero voy a cambiar de tema, porque esto es algo que me entristece mucho, y las soluciones que precisa escapan a lo que puedo contar en unos pocos párrafos.

Como las consecuencias naturales, las lógicas y los castigos suelen generar confusión, porque hay una delgada línea entre unos y otros. La siguiente tabla puede ayudarnos a comprenderlo mejor.

Veamos otro ejemplo. Rocío tuvo una operación a corazón abierto a los pocos meses de nacer, su vida pendió de un hilo y el miedo reinó durante muchos meses en su casa. A su madre y a su padre aún se les para la respiración cuando lo recuerdan. Parece que todo va bien tres años después, aunque les cuesta hacerse con ella, porque no les hace caso. Una dinámica habitual es sobreprotegerla: al vivir tanto dolor, buscan compensarlo con una ración doble de amor y presencia. **Cuando la salud se impone, educar pasa a un segundo plano.** En este caso, hablando con su familia, sus padres se dieron cuenta rápido de que tenían que «soltarla» un poco (concederle autonomía) y, a la vez, establecer un marco claro (límites).

Bruno siempre venía alegre y contento a clase, aunque a veces se mostraba irritado y se descontrolaba. Era necesario contenerlo y ser firme con los límites, aunque lo que más necesitaba era contacto y amor. Él mismo vivía mal su propio comportamiento y necesitaba apoyo incondicional. Desde fuera, se juzgaba su actitud, lo que no sabía mucha gente es que tenía algunos problemas de salud que le generaban dolores a menudo. ¿Cómo iba a estar bien? No sabéis el trabajo tan bonito y tan duro que ha hecho su familia durante estos años. **Un niño o una niña con dolor se siente mal y a veces se comportará mal.** Lo que no podremos dejar de hacer es acompañarlo bien.

También recuerdo el caso de mi querido Gorka, que con tres años **no paraba quieto ni un minuto.** En su casa no había problemas, pero en la escuela todo el mundo hablaba de su falta de límites porque tenía muchísima pulsión. Después de mucho hablar, descubrí que el padre realizaba tres o cuatro horas diarias de diferentes deportes: escalada, snowboard, descenso en bicicleta... Conclusión: Gorka era como su padre, muy activo. Fin del problema.

Como ves, hay muchísimas posibilidades detrás de un mal comportamiento, espero que ahora tengas más pistas y paciencia en los primeros años, cuando aún no controlan sus emociones. Conecta con él o ella, ten presencia y sé firme con los límites, redirigiéndole o jugando. A partir de los tres o cuatro años, ya podréis colaborar en la construcción de normas y límites. Sobre todo, recuerda que **educar desde el respeto es el ejemplo perfecto para comportarse con respeto.** No hay fórmulas mágicas.

Entre hábitos y rutinas

Igual que te necesitan a ti como figura estable para tener seguridad, también **necesitan cierta estructura** que se repita para anticipar y disfrutar con tranquilidad de su vida. Empezamos a realizar ciertas rutinas diariamente en casa y con el tiempo se convierten en hábitos.

Tú lo haces cada día y seguramente no te des cuenta, porque se han convertido en **hábitos inconscientes.** Pregúntate: «¿Qué hago por la mañana cuando me levanto?, ¿y cuando llego a casa después de trabajar?». ¿Desayunas y te duchas, o lo haces al revés?, ¿cuándo te lavas los dientes? Probablemente tengas tu propio orden y, aunque puedas variar de vez en cuando, mantienes cierta estructura ordenada.

En familia se necesitan estas estructuras para poder convivir y organizarse. Seguramente quieras que tu hijo o hija sea responsable y participe de las tareas del hogar. Pero **¿cuándo debería empezar?** ¿Cómo puedes conseguir que forme parte de su vida?

La participación nace en el «movimiento libre» y en mirar a niños y niñas como personas capaces y responsables. Toman decisiones de forma autónoma y querrán colaborar en la vida cotidiana. Todos los niños y niñas quieren y necesitan sentirse capaces. Solo tienes que ver su cara cuando consiguen hacer algo, **ese sentimiento de potencia y competencia es la base de la responsabilidad y de los hábitos.**

De bebés, lo sentirán cuando consigan subir un escalón; más mayores, cuando puedan hacerse el desayuno o cocinar. Va a depender de su edad, aunque nuestra mirada siempre será la misma: **«Tú puedes y yo te acompaño».** No se trata de ejercitar destrezas ni de inventar actividades que no hagáis habitualmente, sino de que tu hijo o hija tenga un lugar activo dentro de la familia.

A pesar de no tener lenguaje o de que pienses que aún es pequeño, **puede y debe participar de la vida familiar:** en las comidas, en los diálogos, eligiendo qué fruta quiere merendar y, así, sobre los dos o tres años, empezará a colaborar y a buscar soluciones a pequeñas responsabilidades que irán aumentando con el tiempo.

Comenzaremos realizando pequeñas **acciones de cuidado** que se convierten en rutinas y, así, se irán formando hábitos. Podemos dividir los cuidados en tres áreas:

Cuidarse	Cuidar el ambiente	Cuidar las relaciones
-Descubrir sus movimientos.	-Experimentar con los objetos.	-Pedir ayuda.
-Descansar.	-Meter y sacar cosas.	-Ofrecer comida o bebida.
-Comer con las manos.	-Enroscar y desenroscar.	-Abrazar.
-Cepillarse los dientes.	-Abrir y cerrar.	-Saludar.
-Jugar.	-Llevar y guardar objetos.	-Despedirse.
-Desplazarse.	-Recoger los juguetes.	-Besar.
-Disfrutar de la naturaleza.	-Limpiar con un trapo.	-Alimentar mascotas.
-Lavarse manos y cara.	-Ayudar a cocinar.	-Regar las plantas.
-Usar cubiertos y vasos.	-Ayudar a hacer la compra.	-Esperar.
-Peinarse.	-Guardar la compra.	-Empatizar.
-Andar.	-Barrer.	-Ofrecer ayuda.
-Ponerse y quitarse la ropa.	-Poner y guardar el lavavajillas.	-Escuchar.
-Sonarse la nariz.	-Poner la lavadora.	-Agradecer.
-Correr, trepar.	-Poner y quitar la mesa.	-Controlar emociones.
-Ir al baño.	-Ordenar.	-Expresar sentimientos.
-Elegir la ropa.	-Tender.	-Conversar.
-Ducharse.	-Fregar el suelo.	-Resolver conflictos positivamente.
-Quererse.	-Doblar la ropa.	-Cooperar.
-Descubrir el cuerpo.	-Hacer la cama.	
-Hacer deporte.	-Cocinar.	
	-Arreglar y atornillar.	
	-Coser.	

Para que puedan hacer muchas de estas acciones **adaptamos el espacio** como vimos en el capítulo anterior, y, además, utilizamos **objetos reales** que puedan usar fácilmente (quizá más pequeños, como una escoba pequeña o un tenedor mediano).

Habrás observado que no he querido poner edades y que la lista va de acciones sencillas a complejas que irán haciendo a lo largo de los años. Repara en qué puede hacer y anticípate. Si ya te ayuda en la cocina, déjale que empiece a pelar alimentos, después comenzará a usar el cuchillo, mezclará, podrá usar el microondas con supervisión..., y así hasta que sea más mayor y cocine. **Es un proceso que empieza cuando son bebés:** observan, experimentan, participan y terminan haciéndolo de forma autónoma.

Si hay algo necesario en la vida es **aprender a cuidarse y a cuidar** tanto las relaciones como el entorno. Sin duda, todo les irá mucho mejor y les ahorrará muchas dificultades, tanto con las personas de las que se rodee como en su futura vida social y familiar. Aunque cuando sea adolescente creas que no ha servido para nada, en realidad, le has acompañado para construir las bases para «ser» y relacionarse. Tranquilidad, te lo agradecerá cuando haya madurado.

Cuidar significa darse cuenta de **la relación entre sus actos y las consecuencias** que tienen: así, desde su propia autonomía, irá responsabilizándose de lo que hace. Si te digo la verdad, me encuentro a menudo con niños o niñas a los que se les hace todo por amor. Al no permitir que participen en pequeñas acciones, como las que acabamos de ver, se genera falta de autonomía y una gran dependencia hacia otras personas, en quienes confían para que les resuelvan las dificultades: «Pierdo mis juguetes porque no les doy importancia, no recojo, no cuido mis pertenencias»…

Ese **impulso de ayudar** que tenemos las personas adultas no les deja crecer. Como vimos en el capítulo anterior, hay que cambiar la mirada y acompañarlos para que lo hagan. Una forma sencilla de gestionar la participación es hacer una **tabla con las responsabilidades** de cada persona de la familia. Esta es la que utilizamos para poner la mesa en mi casa.

PONER LA MESA EN FAMILIA

ANA Y ARES

Cocinar

Platos

GAEL

Cubiertos

Vaso

ENZO

Botella

Servilleta

Es posible que digas: «Total, son niños pequeños y tampoco pasa nada si no lo hacen. Ya aprenderán». Cierto es que estas acciones tienen que estar ajustadas a su edad, esa es la base y no hay que forzar. Sin embargo, para que te cuestiones si puede adquirir alguna responsabilidad cuando ya sabe hacerlo, te propongo la **regla del diez.**

La hija de Aimar tiene veinte meses y sabe comer con los cubiertos, pero a él le gusta darle de comer, porque es su niña pequeña y quiere seguir haciéndolo. Perfecto, vamos a aplicar la regla: ¿qué pasará en diez minutos si continúan así? Nada. ¿Y en diez meses? Pues es posible que deje de hacer algunas cosas y que desarrolle un sentimiento de incapacidad, porque su padre lo resuelve todo. En diez años, mantener este comportamiento sería muy perjudicial.

Pilar tiene cinco años y no recoge nunca porque lo hacen su madre y la pareja de esta. Es la hora de ordenar y se preguntan si poner un límite. Aplicamos la regla: si no recoge en diez minutos, no pasará nada, simplemente la habitación permanecerá desordenada. Si no lo hace en diez meses, sus figuras de referencia seguramente se cansarán, y ella no asumirá un orden mínimo para vivir. En diez años, cuando ya tenga quince, seguramente nunca recogerá la habitación y mantener el orden será una lucha diaria.

Esta regla nos ayuda a **ver a largo plazo** algunas circunstancias y consecuencias. Nos dará mucha información, porque puede quitarle hierro a un asunto que no es tan importante, o nos puede ayudar a valorar las consecuencias de una acción en el futuro.

Hemos conseguido darle un lugar a la autonomía, y también algunos límites y responsabilidades importantes para tu hijo y para la vida familiar. Pero, claro, para llevar a cabo todas esas acciones **necesitan tiempo.** Hay que saber gestionar en periodos amplios para que puedan hacer rutinas y adquirir hábitos respetando su tempo.

Como decía el gran Carles Capdevila: «Los niños…, prácticos, lo que se dice prácticos, no son». Así que o nos marcamos unos **horarios más o menos fijos,** o todo se complicará en el día a día. En realidad, ya tienes una rutina cuando os levantáis para ir al trabajo y la escuela; otra, para cuando llegáis a casa; y también para la cena, la hora del baño y la cama.

Como ya sabes, **la repetición de una rutina se convierte en hábito.** Me comentaba la madre de un niño de mi clase que estaba sorprendida porque al llegar a casa su hijo de dos años y ocho meses colocaba los zapatos en su sitio y se ponía las zapatillas de estar por casa. En el aula, lo hacemos cada día y la rutina se convirtió en hábito.

Te has preguntado cómo es posible que a unas familias por las mañanas les dé tiempo a desayunar, a lavarse, a que sus hijos se vistan autónomamente y lleguen puntuales, mientras que otras desayunan por el camino y llegan tarde. No es una cuestión de recursos ni de distancias (que también afectan), es por la **gestión del tiempo.**

No se trata de ser rígidos o estrictos, ni de aumentar la tensión familiar, sino de tener presente un marco claro del tiempo disponible. Cada cual puede ir a su ritmo, y si un día hay un imprevisto, puedes recalcular seguramente con menos autonomía para tus hijos y más rapidez.

VIVIR O SOBREVIVIR, TÚ DECIDES

La diferencia es clara: o gestionáis el tiempo, o el tiempo os come. O te invade el agobio porque no llegas a nada y se te van las horas, o disfrutas una rutina tranquila.

Con este ejercicio, te invito a elaborar un horario o, al menos, a establecer el orden de vuestras rutinas diarias. El objetivo es marcar unos tiempos para cada acción.

Como siempre, te pongo el ejemplo de mi casa, por si te sirve de orientación. Hemos cambiado el horario para cenar más pronto para ajustarnos a Mae y sus nueve meses, pero antes cenábamos a las 7.45. Enzo tiene cuatro años y medio, y Gael, siete años y medio. Tendrás que ajustarlo a tus valores, posibilidades, trayectos y familia.

Por las mañanas

7:15 - 7:40	Nos levantamos Ana y yo. Nos duchamos, prestamos atención a la higiene y preparamos el desayuno.
7:30 - 7:40	Se levantan los niños.
7:40 - 8:10	Desayunamos.
8:10 - 8:25	Gael y Enzo se lavan los dientes, las manos, la cara, se peinan y se visten. Mae lo hace con nosotros.
8:25 - 8:30	Nos ponemos los zapatos, los abrigos y cogemos las mochilas.
8:30 - 8:35	Salimos hacia el colegio.

Al llegar a casa

Nos quitamos los zapatos y los colocamos en el armario. Gael y Enzo, antes, se quitan la tierra y la echan en un cubo.

Nos quitamos los abrigos y los colgamos en el armario.

Guardamos las mochilas en su sitio.

Nos lavamos las manos.

Y a jugar...

Por las tardes

6:15	Preparamos la cena.
6:45	Mae toma el pecho.
7:00	Cenamos.
7:20	Duchamos a Mae, se lava los dientes y le ponemos el pijama.
7:30	Mae se va a dormir. Se ducha Gael y después Enzo. Se lavan los dientes.
...	Leemos un cuento o nos entretenemos con un juego tranquilo.
8:30	Se acuesta Enzo.
8:45	Se acuesta Gael.

Elabora tu horario y ponlo en práctica durante una semana. Tenlo a mano y comprueba si os ajustáis a él, más o menos. Después, recalcula tiempos hasta que tengáis una rutina clara y suficiente que respete el tempo de cada persona.

Por favor, que no te entre el agobio porque en mi casa funcionemos de esta manera; tú tienes que hacerlo a la tuya, no a la mía. Puede que pienses que somos raros por acostarnos tan pronto. Para mí, la regla es clara: **los niños tienen que dormir suficientes horas.** ¿Cómo puedes hacerlo tú? Registra las horas que duerme tu hijo o tu hija durante una semana; después, usa la tabla del capítulo 2 sobre las horas de sueño necesarias en la infancia para ver qué baremos son los recomendados para tu hijo o hija. Cuando conozcas el número de horas que duerme, mira la hora a la que os tenéis que levantar por las mañanas y réstale el número de horas que duerme. Más o menos a esa hora, o un poquito más tarde para coger el sueño, tendrá que irse a dormir.

Otro aspecto importante a la hora de convivir con niños y niñas es **que necesitan anticipar las rutinas y los sucesos de su vida.** No solo con los cuidados, con los que debemos comunicarles las acciones que vamos a realizar sobre su propio cuerpo —como «te voy a coger en brazos» o «te voy a sonar los mocos»—, sino también en otros momentos, por ejemplo, anticipando un cambio de actividad: «Vamos a recoger», «En un ratito salimos a la calle»…

Esto también vale para ti. Al principio, nunca irás bien de hora, hasta que empieces a anticiparte, a establecer horarios y rutinas, y a aprender cuándo puedes tirar de la cuerda o no. **Se trata de adelantarse** para vivir con más tranquilidad y, sobre todo, de rebajar expectativas, porque habrá cambios cada día.

> *«La manera de vivir el tiempo determina la manera de vivir.»*
>
> Vicenç Arnaiz

A partir de los tres o cuatro años aproximadamente, también ayuda **incluir el calendario** de forma progresiva en su vida, de tal forma que vaya entendiendo el paso del tiempo y señalando sucesos importantes y procesos que se repiten. Es una herramienta cada vez más necesaria en un mundo donde todo es inmediato. Esta base de horarios, rutinas y participación se mantendrá cada día. Como la vida es dinámica, **llegará un momento en que deje de funcionar,** y tendréis que revisarlo para adaptaros a un cambio de trabajo, a nuevas condiciones familiares o a un cambio madurativo. Ya sabes cómo se hace, así que no tendrás problema.

Espero que a estas alturas tengas claro **el porqué de los límites.** Son muy criticados por algunos sectores, y en otros se abusa de ellos, pero tienen sentido y son necesarios si son adecuados. El amor, la firmeza, la claridad y la constancia son esenciales para construirse como personas.

De hecho, hoy en día, tú y yo, como adultos, vivimos en el exceso y este es el gran reto actual: **saber ponerse límites.** Sí, sí, no estoy de broma. Es muy probable que puedas trabajar horas infinitas, hasta que tu cuerpo aguante, comer todo lo que quieras hasta que no puedas más, comprar lo que se te ocurra o ver series, películas o vídeos durante horas. Ante semejante y excesiva oferta diaria, los hábitos dejan de ser saludables y nos desequilibramos. La única forma de salir de esta dinámica es ponerse límites, nos ayudan a enfocarnos en lo que queremos para pasar del exceso a una moderación saludable. ¡Vaya! Resulta que **las personas adultas también necesitamos un marco de acción amplio y claro** para vivir de forma equilibrada.

En este viaje por las necesidades de la infancia hemos visitado la presencia, los cuidados, la autonomía y los límites. Nuestra siguiente parada es la base de la felicidad de niños y niñas, ¿me acompañas?

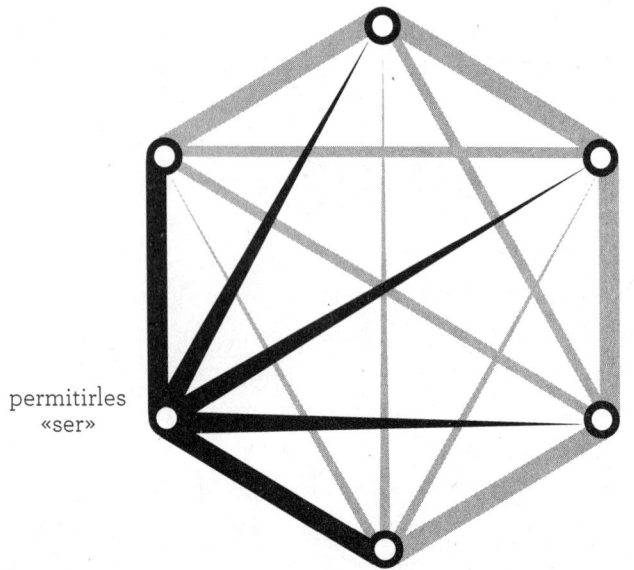

permitirles
«ser»

5

Permítele

«ser»

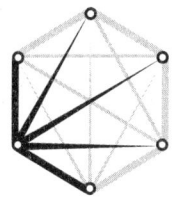

Manuela se levanta para ir al colegio. Tiene cinco años y medio, y va a clase de nueve a cuatro y media de la tarde. Los lunes y los miércoles va a patinar, y después a inglés; los martes y los jueves, a la piscina; los viernes, a baile clásico, y los sábados, a teatro. ¡Ah! Los martes también tiene clases de guitarra en el colegio, después del comedor, y cada día, cuando llega a casa, tiene que hacer los deberes… Menudo estrés, ¿no? Seguro que has pensado «¡vaya jornada!». Sin embargo, estas agendas semanales son cada vez más habituales para muchos niños y niñas. La pregunta es cuánto tiempo les queda para poder «ser». Piénsalo, ¿cómo te sientes tú cuando tienes que hacer tantas cosas durante toda la semana?

Vivir una **vida más o menos equilibrada,** con sus actividades y también sus tiempos para la tranquilidad, parece una necesidad obvia y natural (así debería ser). La realidad es que el ritmo de vida y las exigencias de la sociedad son una amenaza real a la salud de la infancia.

Para estar bien y poder expresarse, **necesitan que respondamos a sus necesidades.** Presencia, cuidados, espacio para la autonomía, un marco claro y un buen ambiente familiar son la base para que se pueda dar todo lo demás. Cuando estos cimientos se tambalean, les costará expresarse, porque se centrarán en resolver sus necesidades más primarias. Que sepas cómo construir estos cimientos es el objetivo de este libro; a veces nos preocupamos por el aprendizaje, por ejemplo, pero las bases fallan. Recuerda que los seis puntos de la brújula de la educación son lo primero de lo que tenemos que ocuparnos, lo demás vendrá solo y será mucho más fácil que empezar la casa por el tejado.

Sabemos que niños y niñas **necesitan moverse.** No obstante, es frecuente ver a bebés pasar su primer año tumbados y atados a una hamaca, limitados al espacio de los corralitos de madera en medio del salón o privados de movimiento, metidos en un carro de paseo durante toda su infancia. ¿Cómo van a crecer si no pueden moverse? El cuerpo juega un papel determinante en el desarrollo de su cerebro, pero, claro, para ello tenemos que permitirles «ser».

Solo tú puedes permitir que tu hijo o hija vaya conquistando pequeños retos para que haga sus movimientos más conscientes. Solo tú puedes permitirle moverse al aire libre. Solo tú puedes permitir que se exprese como es y no que se comporte como «corresponde» desde una visión adulta.

Este camino tan intenso de ser padre o madre **pone patas arriba toda nuestra vida.** Nuestros valores, principios, hábitos y creencias se actualizan y tienen otro valor. ¡Vaya!, si mi amigo Xavi era una persona cuerda y razonable, y mi amiga Laura tenía las cosas superclaras, ¿qué les ha pasado?

Con esto de criar y educar, a veces, **perdemos el foco de lo importante y entramos en una locura transitoria,** ya sea porque estamos «actualizándonos» o porque queremos darles todo lo mejor. De pronto, nos descubrimos haciendo una investigación durante semanas sobre los mejores zapatos para ponerse de pie en la calle, pero que sean flexibles y dejen el pie libre; a la vez, vemos cinco vídeos sobre pasta de dientes y cuál es el indicador de flúor necesario para cada edad, y nuestro primer viaje a la playa se convierte en una aventura científica para encontrar la mejor crema solar con un factor que proteja y no altere su delicada piel.

No digo que no sea importante, sino que **dedicamos muchísimas horas a temas que son necesarios, pero no determinantes.** Esta actitud no te hace disfrutar de educar, porque cada día estás buscando lo que se podía haber hecho mejor, revisando si todo está bien y así terminas desconfiando de ti y del resto de las personas de alrededor.

Hoy en día hay infinitas pastas de dientes, cremas solares, pañales, juguetes, alimentos… Como te pases el día investigando, ocupando tu cabeza con ello y no te pongas un límite, es difícil que puedas **estar en familia con la calma y la confianza necesarias.** El objetivo es pasar del «tengo que…» al «voy a disfrutar de…».

La infancia necesita algunas cosas, pero, sobre todo, te necesita a ti.

Céntrate en la brújula para educar y no pierdas el foco de qué es realmente importante. Dedica el tiempo que quieras a lo que te apetezca, pero no te obsesiones porque dejarás de disfrutar. Siempre hay cosas que mejorar y es necesario asumir que ofreceremos a nuestros hijos e hijas una educación imperfecta. No puede ser de otra manera, tú y yo somos imperfectos. No podemos dar lo que no somos.

Cuando te ocupas de tantos temas como implica la crianza, dejas de permitirte «ser» y de hacer lo que quieres porque **estás tratando de convertirte en lo que te dicen que deberías ser.** Así como los niños y las niñas han de poder «ser», también nosotros tenemos que permitirnos «ser» como padres y madres, con nuestros defectos y virtudes.

Aparte de las bases, **¿qué necesita la infancia para poder «ser»?** Es lo que veremos de aquí en adelante, la importancia de la expresividad libre, del juego como esencia de su desarrollo y lugar de las emociones, la socialización y el pensamiento para construirse como personas. También profundizaremos en todo lo que no necesitan.

«Existe realmente el riesgo de que, por la influencia de nuestro mundo actual, pierdan el contacto consigo mismos y con sus necesidades reales.»

REBECA WILD

¿Puede expresarse tal y como es?

Esta es la primera pregunta que tenemos que hacernos, independientemente de que nuestro hijo o hija tenga unos meses o diez años. Si la respuesta es «no», hay que actuar para que exprese todo lo que tiene dentro (emociones, pensamientos, actitudes reprimidas…). Lo que no sale y no se elabora, tiene consecuencias (resentimiento, miedo, depresión…). En la mayoría de los casos, en unas ocasiones sí puede expresarse, pero en otras no. Debemos observar este frágil equilibrio para **asegurarnos de que tengan tiempos, espacios y posibilidades de expresividad libre.**

El secreto es fijarse **cuánto tiempo actúa desde su propia motivación y necesidades internas,** y cuánto tiempo tiene que actuar bajo las exigencias de las rutinas, los hábitos, las actividades guiadas o porque alguien lo motiva.

Por ejemplo, cuando pueden moverse libremente o, simplemente, cuando juegan, se pone en marcha su capacidad de explorar y una gran curiosidad hacia todo lo que encuentran. Sus acciones, pensamientos y movimientos parten de una **motivación intrínseca.** Sin embargo, en otros momentos, puede que actúen para agradar a un adulto, para que este les dé un premio o les diga «qué bien lo has hecho», o jueguen a lo que han visto en una serie de dibujos o hagan alguna actividad porque alguien a quien quieren los ha animado a ello.

Hay que tener mucho cuidado, porque cuando actúan por una **motivación extrínseca,** es decir, desde el interés de algo o alguien ajeno, pueden dejar de conectarse con sus necesidades reales. Lo veremos al final del capítulo en relación con el uso de pantallas en la infancia.

Es un tema delicado y sutil. **Observa desde dónde actúa tu hijo o tu hija,** y si lo que hace está conectado consigo mismo y con sus necesidades vitales. Este es el gran problema de la educación formal; van pasando los años en los colegios, haciendo constantemente propuestas separadas de su realidad y pensadas por una persona adulta o una editorial. El resultado: terminan desconectándose de sus necesidades y de sus capacidades. Como para ti y para mí lo más importante son nuestros hijos, no nos queda otra que garantizar de alguna forma tiempos para que puedan expresarse libremente y desde su esencia.

Una buena idea es preguntar en el colegio **cuánto tiempo dirigido tienen semanalmente y cuánto de expresión**

libre. Si solo tienen los recreos para «ser», hay que tomar algunas decisiones, porque la educación puede resultar pasiva (del adulto a la infancia) o activa (la infancia construye su aprendizaje con apoyo del docente). Aunque esto daría para otro libro...

Pensemos de nuevo en Manuela y en su agenda llena de actividades extraescolares. ¿Cuánto tiempo tiene para crear, para jugar y bailar libremente cuando llega a casa? Muy poco, y si tuviera cuatro o cinco años más, con el aumento de tareas que implica, estaría **todo el tiempo haciendo lo que le dicen que tiene que hacer.** Luego no nos sorprendamos si está desmotivada o si cuando llega a su adolescencia, que ya es un momento difícil, se encuentra perdida y no sabe quién es. Este es un drama actual de nuestra sociedad, personas desconectadas de su propia esencia.

Quiero aclarar que se trata de alcanzar un **equilibrio.** Por supuesto, es importante que aprendan inglés, que hagan alguna actividad física o que tengan tiempos dirigidos en el colegio. El problema surge cuando se abusa de estos tiempos y caemos en la tentación de sobreestimular. En vez de mejorar su desarrollo, lo alteramos y se generan consecuencias desagradables.

Un ejemplo común se produce **cuando no respetamos su tempo.** Especialmente con los bebés, porque van despacio e integran todos los estímulos externos con calma y sin pausa. En vez de adaptarnos a sus necesidades, con tranquilidad, movimientos lentos, escucha y respeto, les metemos en lugares saturados de sonidos y luces, dentro de la vorágine social, pasando de unas manos a otras, alzándolos por los aires, aumentando su estrés. Es normal que les cueste dormirse o que estén alterados si tienen que digerir todo lo vivido, que es mucho más de lo que pueden. Hemos hablado bastante sobre el tempo de la infancia en diferentes momentos; no dejaré de destacar la relevancia que tiene para un buen desarrollo de niños y niñas, ya sean bebés o tengan nueve años. No van a tu velocidad (aún).

> *«Las niñas y los niños tienen hoy tantas experiencias intensas, nuevas y atractivas, que no tienen posibilidades de metabolizar, interpretar y situarse en la profundidad de lo que están viviendo.»*
> Vicenç Arnaiz

Cuando parece que un niño o una niña no atiende, que está distraído o se tumba un poco en el sofá, su cerebro está organizando y conectando toda la información recibida. Si su agenda está tan apretada que **no puede ni descansar, ni expresarse ni aburrirse,** a la larga se generará un problema. Las oportunidades más interesantes para el aprendizaje son aquellas en las que podemos reflexionar sobre lo ocurrido; sin embargo, suelen ser las más escasas por la falta de tiempo.

Crea tiempos para el aburrimiento, es genial. En esos momentos se producen las mejores ocurrencias, porque por una parte se da tiempo a la creatividad, y, por otra, permitimos que se hagan responsables de sí mismos y de sus propias necesidades. Ralentiza el vivir, para un poco y os divertiréis muchísimo, porque solo podemos asombrarnos de las pequeñas cosas cuando tenemos tiempo para verlas.

¿Se entretiene o lo entretienes? Hay una diferencia importante entre que se entretengan jugando o que los entretengamos con actividades propuestas por el adulto o por la tecnología digital. Creemos que es nuestra función ofrecerles todo el tiempo actividades, pero, en realidad, ya «vienen» con todos los «mecanismos» necesarios para jugar por sí mismos. Evita entretenerlos y sorpréndete.

No solo es una cuestión de tiempos, sino también de **espacios para la infancia.** En el tercer capítulo dimos una vuelta por tu casa para crear un espacio preparado; también hemos hablado del marco de acción y cómo afecta a los diferentes espacios, aquellos que están hechos para adultos y que exigen a niños y niñas comportamientos por encima de su desarrollo, pero también aquellos en los que pueden expresarse libremente.

Tenemos que proporcionarles **espacios en los que puedan explorar, expresarse, simbolizar, moverse y descansar.** Es triste, pero la mayoría de los lugares limitan su curiosidad y sus acciones, al ser espacios pensados para adultos. Nuestra mejor herramienta es observar si pueden jugar tranquilamente y si el entorno responde a sus necesidades.

En el exterior hay que apostar siempre por espacios amplios y verdes. **La naturaleza les ofrece todo lo que necesitan para desarrollarse.** La playa, la montaña, el campo o los parques grandes cambian con las estaciones y contienen plantas y pequeños animales de los que pueden aprender observando. La naturaleza se ajusta a su tempo, porque va despacio y les permite crear nuevas posibilidades con hojas, piedras o palos, como recorrer caminos, construir refugios… El tiempo se les pasa volando porque hay mucho espacio para la creatividad, el movimiento, la experimentación, el juego simbólico y el contacto con iguales. Lo mejor de este entorno es que siempre les ofrece posibilidades para conquistar nuevos retos.

En las ciudades también haremos uso de **calles y parques,** permitiendo que puedan actuar y moverse libremente dentro de las posibilidades. Normalmente, las calles no se piensan para niños y niñas, por lo que tendremos que dejar muy claro (por seguridad) qué pueden y qué no pueden hacer. En los parques estamos más tranquilos como padres y madres porque suelen tener las zonas de juego acotadas. Sin embargo, lo interesante no suelen ser las estructuras, sino jugar en el suelo o investigar los alrededores.

No hay mal tiempo, sino mal equipamiento.

Es hora de salir a jugar a la calle, **independientemente de las condiciones climáticas.** Si llueve, salimos con botas, pantalón o peto y chaqueta de agua. Si hace frío, nos abrigamos más; si nieva, usamos el conjunto de agua, pero con ropa de invierno. El mal tiempo es común en la mayoría de los países del norte y, sin embargo, en los países más cálidos limitamos las actividades de los más pequeños por cuatro gotas de lluvia. No hay excusa, así que a disfrutar de unas condiciones únicas y cambiantes. Sí, sí, tú también: corre bajo la lluvia, salta en los charcos o rebózate en la nieve. No hay mejor forma para liberarte y combatir el estrés y las cargas diarias que soportas.

Ya sabes cómo ofrecer tiempos y espacios a tu hijo o hija para expresarse libremente, solo tú puedes **brindarle posibilidades.** El gran Loris Malaguzzi escribió hace años el poema «Los cien lenguajes» para explicarnos que los niños y las niñas tienen cien lenguas, manos, pensamientos, maneras de pensar, jugar y hablar; de amar, sorprenderse, alegrarse, cantar, entender; cien mundos que descubrir, inventar y soñar. Sin embargo, explica que se les roban noventa y nueve cuando desde la mirada adulta solo les dejamos una forma de pensar y de ser, cuando separamos su cabeza de su cuerpo, cuando nuestra acción limita sus posibilidades.

Las personas estamos constituidas por un dinamismo interno que si se paraliza pierde su viveza, su color. Cuando tratamos de controlar las expresiones de la infancia, rompemos su proceso creativo. Lo importante, como dice mi maestro Carles Parellada, es «no reducir al ser humano a una o varias de sus cualidades, que son múltiples y complejas».

Por eso, siempre insisto en que permitamos que **se expresen de forma autónoma,** que los observemos y los respetemos. ¿Cómo? Cuando hacen un gesto con cara de que no quieren comer más y respetamos su sensación de saciedad, cuando observamos que empiezan a tener sueño porque comienzan a segregar melatonina y les permitimos irse a dormir, cuando se están esforzando para llegar a un objeto y los acompañamos sin dárselo, cuando nos explican sus juegos desde su fantasía y no les damos un golpe de realidad… Sin embargo, cuando no les permitimos «ser» y coartamos sus expresiones, los limitamos poco a poco, hasta que en vez de tener cien solo tienen una forma de expresarse —la que está bien vista o es aceptada por las personas adultas.

Es vital **observar las necesidades de la infancia,** y darle espacio, tiempo y posibilidades. Es posible que detectes que quiere hacer algo, pero no puede, por el contexto en que se halla. Por ejemplo, si quiere pintar, necesitará un lugar y un momento concreto para hacerlo, tú decides si en la pared, en un caballete, en un cartón en el suelo o en una hoja, en función de vuestras normas. Si tiene ganas de pegar porque siente mucha rabia, habrá que ver cómo y dónde puede hacerlo: en el sofá, en un cojín… Si detectas que quiere jugar con agua, hay quien pone un barreño en el suelo y quien lo llevará a la bañera. Lo mismo si necesita lanzar cosas como una pelota, hay quien permite a su hijo que juegue con ella en casa, asumiendo los riesgos que conlleva, y quien va al parque para que juegue allí. El objetivo es acoger sus expresiones o lenguajes con alegría (independientemente de cuáles sean), preparando el entorno para no limitar sus posibilidades.

El mejor regalo que puedes hacerte es confiar en tu hijo o hija.

Te sorprenderás cada día. Vienen equipados con todo lo necesario para conquistar su movimiento, su autonomía, sus acciones, palabras y juegos. La mente de niños y niñas usa el método científico de forma natural: observan, elaboran hipótesis, prueban sus experimentos, analizan qué ocurre, se lo muestran a los demás y los invitan a reproducir sus resultados. **Son creadores de su propia cultura,** solo tienes que permitirles expresarse tal y como son.

En el día a día, a veces, es complicado, por eso quiero hacerte un regalo: **una sencilla técnica para los días difíciles.** Pero antes te contaré cómo la descubrí hace mucho tiempo. Después de un duro día de trabajo, abrí la puerta de casa cargando en un brazo la compra, y en el otro, a Enzo, que por entonces tenía un año. A mi lado iba Gael, con cuatro años. Solo, en esta situación, el estrés y el ajetreo estaban servidos. Dejamos las bolsas, nos quitamos los zapatos, los abrigos…, y me puse a colocar la compra, mientras ellos jugaban con las cajas de leche y las bolsas.

Justo entonces, Enzo me dijo «aba, aba», y en ese momento de estrés una bombilla se me encendió. Me paré a pensar cuántas veces se me había caído o se le había caído el vaso de agua por estar a varias cosas (con la rabia que da). Así que, para evitarlo, cogí el vaso y me senté a su lado a ofrecerle agua y estar solo para él.

Como estaba cansado del día, seguí sentado y en ese tiempo vi cómo exploraba cerca de mí, se subía encima, se tumbaba, se recostaba y jugaba conmigo (mientras la compra estaba a medio recoger y las bolsas por el suelo). De forma natural e inesperada observé exactamente qué necesitaba mi hijo. El resultado: uno de los mejores momentos de aquella tarde para ambos, aunque se me descongelara un poco la compra.

Lo interesante fue pararme a analizar qué había ocurrido para Enzo antes de que me pidiera agua. Habíamos salido de su escuela infantil, había interaccionado con Gael y conmigo (durante diez minutos de camino al coche, había ido en su silla, otros diez minutos hasta el supermercado; en la mochila donde lo llevaba para poder comprar durante media hora; después, en el coche, otros diez minutos, y, por último, la subida a casa). Había tenido un contacto mínimo conmigo y con su hermano. Aunque todo lo que estaba haciendo era funcional y vital para el bienestar familiar, no estaba teniendo en cuenta sus necesidades. El simple hecho de sentarme me permitió volver a conectar con él rápidamente, que era lo que necesitaba después de tantas horas separados.

SIÉNTATE A SU LADO

No vas a poder hacer ahora mismo este ejercicio. Durante esta semana, en algún momento en que veas que el ambiente se está tensando, que ya no puedes más o sospechas que algo no funciona, siéntate a su lado y no hagas nada más que observar algunos aspectos:

- ¿Qué hace?, ¿qué le interesa?, ¿golpea, mete y saca objetos, empuja, juega simbólicamente, pinta, construye, salta, descansa?
- ¿Cómo son sus movimientos?, ¿rápidos, tranquilos, seguros?
- ¿Qué relación tiene contigo y con el resto de las personas?, ¿está cerca o lejos?
- ¿Qué espacios utiliza más?
- ¿Cuánto tiempo pasa en cada acción, en cada juego o en cada espacio?
- ¿Con qué objetos juega?, ¿con sus juguetes?, ¿con objetos cotidianos?
- ¿De qué tiene necesidad?
- ¿Qué te dice con sus palabras?

Responder a estas preguntas te dará muchas pistas sobre cómo está tu hijo o tu hija y, sobre todo, volverás a conectar con sus necesidades. Esta es la clave de cómo lo vas a educar. Tus respuestas serán ajustadas o no en función de cómo conectes y entiendas sus necesidades.

También puedes llevar a cabo esta técnica en cualquier momento relajado, no tiene por qué ser un momento difícil. Por debajo de los tres años, estará bien si te sientas a su lado, porque lo dicen todo con su cuerpo y sus acciones. Con más de tres años, no hará falta sentarse, sino ponerse a la altura de sus ojos, ya sea de rodillas o en una silla pequeña para que, además de observar, escuches lo que quieren y necesitan.

En el contexto actual, madres y padres estamos realizando muchas tareas importantes para el desarrollo de la vida, además de estar con ellos (compra, lavadoras, limpieza, arreglos, trabajar, recados…). En muchas ocasiones, esta compatibilidad no es tan real y el conjunto familiar se resiente con situaciones tensas, incomprensiones y frustraciones. En esos momentos, te propongo esta técnica tan saludable y sencilla como parar durante unos minutos y sentarnos a su lado. Es una herramienta fundamental para niños y niñas que aún no hablan, cuando nos suele costar saber qué necesitan.

El juego es vida

El juego lo es todo. No solo en la infancia, sino a lo largo de la vida. Quien no juega va perdiendo su alegría y su viveza. Por tanto, cultivar y proteger el juego será una de tus funciones como madre o padre. Si el juego es salud y les permite crecer positivamente, ¿por qué se limita o se dirige? Cuanto más imponemos la visión adulta a la vida de niños y niñas, más se aparta del juego, base fundamental de su desarrollo.

Este capítulo sería innecesario si les permitiéramos «ser» con sus cien lenguajes. Como tristemente no es así, creo que es necesario resaltar una y otra vez la importancia de dejarles expresarse, ser y jugar. **El juego y la expresión libre están en peligro de extinción.**

«El juego, o es libre, o no es juego.»
JOHAN HUIZINGA

Quiero aclarar esta confusión habitual: **el juego parte de la libertad** de niños y niñas. Si no se da esta condición, no es juego. Se habla mucho del juego libre, pero este concepto no existe, porque es decir lo mismo dos veces y se utiliza para diferenciarlo de juegos guiados, reglados, propuestas y actividades lúdicas…

Solo es juego cuando parte de la motivación intrínseca de la infancia, es decir, desde su libertad de elección y de acción. El resto de las nomenclaturas son formas que utilizamos en el mundo adulto para que hagan lo que queremos (recoger, una actividad aburrida en el colegio, aprender, dirigir sus acciones, pensamientos…).

Cuando les decimos a qué jugar, de qué manera, cómo hacerlo, cómo aprender, cuáles son los pasos y hasta dónde tienen que llegar, no respetamos su libertad de pensamiento individual y nos llevamos por delante su gran creatividad. Estos juegos dirigidos no les permiten **crear y construirse.**

Cuando envolvemos una propuesta de fantasía y entretenimiento, **no es juego,** es una actividad dirigida para motivarlos desde el exterior para que hagan algo que no querrían hacer. Como su mundo está lleno de estas propuestas, nos corresponde proteger tiempos, espacios y posibilidades para que puedan jugar de manera real, desde el placer interno, desde su propia libertad, de modo que puedan **experimentar y crear, evolucionar y crecer,** en función de sus necesidades.

Como decíamos, el juego es la esencia de vivir. Cuando se produce **desde la libertad,** nacen emociones intensas, alegría cuando se sienten capaces o frustración cuando no consiguen lo que quieren; concentración y atención cuando están ensimismados en lo que están creando; placer y disfrute cada vez que se superan y conquistan nuevos retos. El juego es un tema serio, aunque incluya placer, humor o disfrute.

Para que hablemos de juego real, niños y niñas tienen que poder **crear sin condicionamientos.** Esta es la parte que más nos cuesta a las personas adultas, porque sin querer nos metemos en sus procesos. Por eso te recomiendo la técnica de sentarse a su lado para no interferir. Solo jugando utilizan toda su personalidad, capacidades y posibilidades para crear. Observa y disfruta.

El juego necesita evolucionar, necesita que haya un siguiente paso, un siguiente reto que conquistar. Crecer significa resolver pequeños desafíos autónomamente. En este aspecto, sentarnos a observar nos proporciona una posición privilegiada, porque después podremos hacer pequeñas modificaciones en el espacio para que puedan seguir progresando (cuando quieran y puedan).

Si empieza a gatear, podemos preparar una pequeña zona para que pueda subir un escalón cuando lo considere. Si observamos que comienza a pintar y crear con papeles —y siempre en función de su edad y desarrollo—, dejaremos en la mesa celo, tijeras y cartones. En algún momento llamarán su atención, los explorarán y tratarán de darles un sentido relacionado con su juego. Pero **no les enseñaremos a utilizarlos,** lo interesante es que descubran sus posibilidades y usos. Siempre con nuestra presencia cercana y atenta a su seguridad, en este caso, principalmente por las tijeras. Si no les decimos cómo usarlos, nos sorprenderemos con sus creaciones. Si lo hacemos, habremos reducido sus cien lenguajes a uno solo.

No hay nada más satisfactorio para la infancia que poder crear sus propios juegos.

Los espacios les tienen que permitir progresar, es necesario que se preparen teniendo en cuenta los posibles y siguientes pasos que conquistar. Por eso son tan recomendables los materiales abiertos y desestructurados, las posibilidades de creación son inagotables. Por eso, si tuvieran que elegir un lugar preferido donde poder crear aventuras, superar retos y disfrutar de infinitas posibilidades desde su placer y libertad, sin duda elegirían la naturaleza.

¿A qué edad empieza el juego? Es difícil saberlo. Seguramente ya jugabas con tu hijo o hija durante los primeros meses, era parte de ese juego inocente y calmado que hacemos todos los padres y madres. **Jugar es poner en relación objetos, espacios, personas, tiempos...** Aprender a relacionarnos es el objetivo principal de la vida.

Lo primero que hacen niños y niñas es explorarse y **explorar** el entorno cercano, es un juego que parte de su cuerpo, de sus sensaciones y movimientos. **Experimentar** las posibilidades propias y de la vida es lo que los ocupa. Hasta que un buen día empiezan a poner en relación diferentes objetos o incluso interaccionan contigo lanzando una pelota o dándote de comer, y eso ocurre alrededor del primer año.

En teoría, el **juego simbólico** no aparece hasta después de los dos años, aunque la observación nos dice que cada vez vemos que más bebés lo hacen antes. Simbolizar es recrear lo vivido, las acciones, emociones, actitudes, movimientos y palabras. Es darle nuevos sentidos a lo que ocurre y crear nuevos mundos.

Juegan a **expresar** todo lo que viven. Recrean y reproducen su realidad con dibujos, construcciones, muñecos, música, palabras, baile, teatro y todo aquello que sirva para este propósito.

Por último, aparece el **juego reglado,** que, si bien es libre, se enmarca en unas normas concretas. Para ello tienen que haber integrado las normas como elemento imprescindible para convivir. Será a partir de los cuatro años cuando empiecen a distinguirlas y jugar con ellas. No hay nada tan bonito como los juegos que se inventan, con sus propias normas, bajo su propia lógica. He visto partidas de ajedrez interesantísimas entre dos niñas de cinco años que no usaban las normas propias del ajedrez, sencillamente habían hecho su propia versión.

Así evoluciona el juego, van sumando capacidades y **nunca se termina de jugar.** Explorar, experimentar, relacionarse, simbolizar, representar y usar reglas son las habilidades necesarias que tenemos que aprender para vivir, ya tengas dos o cincuenta años.

«El juego es el lenguaje secreto del niño, su modo de construirse por dentro, de aprender y de disfrutar; su camino para conocer la vida.»
MARI CARMEN DÍEZ NAVARRO

Cuando niños y niñas juegan, se están haciendo a sí mismos. Porque el juego lo abarca todo: sus emociones, su cuerpo, sus pensamientos y su socialización. El juego es la mejor herramienta para el aprendizaje. **Solo se aprende desde el placer.**

No es que lo digamos solo quienes estamos con niños y niñas cada día, sino que la neurociencia nos explica que **jugando se hacen mejores conexiones cerebrales** y mucho más rápido. Cuando se activan más zonas en el cerebro es cuando juegan con otras personas. Es un órgano donde todo está conectado entre sí. Al igual que el juego, que lo conecta todo: información, emociones, habilidades, capacidades, áreas de la vida...

El juego en libertad y con los objetos más sencillos es el más rico. Como maestro y como padre, paso mucho tiempo cerca de la infancia viendo cómo juega y acompañando su desarrollo. La mayoría de los niños y las niñas tienen un gran número de juguetes: muñecos y muñecas, coches, puzles, animales, casitas, cocinas y un largo etcétera que sin duda ya conoces. Sin embargo, más de una vez nos habremos quedado maravillados al observar cómo pueden dedicar horas a jugar con cosas con las que nosotros no habíamos ni pensado.

> **La mayoría de las veces, el descubrimiento y el juego se producen cuando pueden experimentar con lo que encuentran.**

Ya sabes que uno de los derechos de la infancia es el derecho a jugar. Como veremos ahora, hay **«juguetes»** que son **simples, cercanos, de poco valor económico y que ofrecen infinitas posibilidades y combinaciones.** Además, potencian y acompañan su desarrollo físico, emocional e intelectual a través de la observación, la creatividad y la experimentación. Estos son **los mejores juguetes para la infancia.**

Las **cajas de cartón** son el juguete con más posibilidades. La gran ventaja es que podemos encontrarlas fácilmente en cualquier tienda y que, además, sus tamaños varían, por lo que su uso genera infinitas posibilidades: así, se convierten en una cocina, una nevera, una autopista, un refugio, un disfraz… De hecho, seguro que en alguna ocasión has regalado a un niño o una niña un juguete específico en una caja, y ha terminado jugando con la caja en vez de con el juguete. Para más diversión, se recomiendan tubos de cartón del papel higiénico o de la cocina y cinta adhesiva…, la creatividad está asegurada.

Los **palos** tienen tamaños, formas y posibilidades infinitas. Un palo o un conjunto de ellos pueden servir para escribir en la arena, para construir un refugio, como caballo, bastón, para hacer rampas, pescar… Dos inconvenientes es que hay que enseñar su uso para que no los arranquen de la naturaleza y porque pueden ser peligrosos.

La **pintura,** en sus diversos formatos, es un elemento que proporciona grandes momentos de disfrute y crecimiento. Es una de las mejores formas de expresión que les permite representar aquello que piensan, sienten o son cuando ni siquiera pueden comunicarse verbalmente. Un lápiz, un rotulador, una cera o unas acuarelas los invitan a crear, pensar y representar su realidad. Si presentamos la pintura junto a un soporte grande con el que puedan utilizar todo su cuerpo para pintar, disfrutarán de mayores posibilidades.

El **barro** les ofrece la diversión de mancharse, transformarse físicamente, crear objetos con sus propias manos y compartir momentos con sus iguales. Arena y agua son elementos de la naturaleza que podemos encontrar en cualquier lugar y que nos ofrecen variadas posibilidades. Sí, el barro mancha, eso es lo divertido. Como decía la campaña publicitaria de un detergente, «el aprendizaje queda, la suciedad desaparece».

Las **cuerdas** parecen simples, porque su función es atar, juntar, pero es un elemento que se combina muy bien con otros. Permite todos los tipos de relación: estar juntos, estar separados, el vínculo, la tensión, el equilibrio… Sus usos son infinitos: saltar utilizándola como comba, como polea, hacer distintos nudos y lazos, unir, enlazar dos vasos para comunicarse con ellos… Se recomienda la combinación con otros juguetes de esta lista.

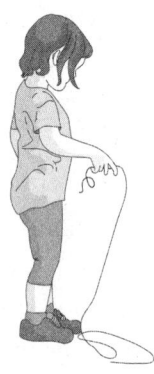

Las **piedras** son otro elemento de la naturaleza que, dada su variedad de tamaños y formas, pueden representar, gracias a la imaginación, cualquier cosa: una plancha, un plato, construcciones, semillas, comida… Podemos encontrarlas fácilmente y solo tenemos que meter la mano en el bolsillo de un niño para descubrirlas convertidas en su «tesoro».

Las **esferas,** por su simplicidad y características, añaden dinamismo al juego, al rodar y rodar. Pelotas, bolas, canicas…, sirven para todo tipo de juegos reglados o para el juego simbólico. Con ellas practican el equilibrio, juegan a hacerlas rodar, incluso sirven para hacerse cosquillas…

Las **telas** permiten a niños y niñas vivir el placer de ocultarse y volver a aparecer, de transformarse, convirtiéndolas en disfraces, de utilizarlas como una alfombra para que los arrastren encima de ellas, de sentirse arropados y seguros, transformadas en tiendas de campaña, etcétera. Seguro que en algún momento te deshaces de sábanas, cortinas, prendas de ropa y otros textiles que se pueden reutilizar fácilmente. Incluso podemos ir a tiendas de telas o de confección para que nos den sobrantes.

Los **libros** son una de las mejores formas de desarrollo para la infancia, aunque es el «juguete» más caro de esta lista. La profundización en la lectura, la concentración, el acceso a diversas informaciones, los momentos compartidos y poder viajar a otros mundos sentarán las bases de su crecimiento.

Como ya se ha insistido en varias ocasiones, el secreto es utilizar **juguetes no estructurados** que puedan transformar y combinar con su innata creatividad, generando infinitas posibilidades de juego. Menos los libros, el resto de las propuestas son abiertas, y como verás, no incluyen luces, sonidos ni colores estridentes. No digo que solo jueguen con estos materiales, sino que los olvidamos habitualmente y, sin embargo, son imprescindibles. Respecto al número de juguetes, aplica la técnica del uso, abuso y desuso.

Te preguntarás: «Con los juguetes, lo tengo claro, Ares, pero hay un tema que me genera muchas dudas. **¿Qué función tengo como madre o padre mientras juega?,** ¿está bien si me meto en su juego, o tiene que jugar autónomamente?».

Puedes jugar y también no jugar, **lo importante es que haya un equilibrio.** Recuerda los gráficos de la autonomía y de los límites de los capítulos anteriores. Se trata de no irse a los extremos, no hay problema ni por estar en sus juegos ni por no estar.

Luis y Jorge juegan cada día con su hija Vanesa, que ya tiene cuatro años, y así lo llevan haciendo desde que nació. Se ha relacionado poco con otros niños y niñas, no ha ido a la escuela infantil y ha frecuentado algunos espacios de actividades infantiles en los que sus padres estaban siempre con ella. Desde el punto de vista de la autonomía, desde el más profundo amor, han acabado cayendo en el extremo de la sobreprotección. Vanesa no está conquistando su autonomía, porque no se permite que haga este proceso sola, con la presencia cercana de sus padres. Además, desde el punto de vista de los límites, hacen todo lo que ella quiere, inclinándose hacia el libertinaje.

El resultado es que tiene dificultades en la escuela para socializar, porque el resto de los niños y las niñas no hacen todo lo que ella quiere y se expresa con códigos adultos racionales. Además, le cuesta jugar por sí misma, busca a un adulto que la siga y haga lo que ella desea; si no, se angustia. No se trata de juzgar si sus padres lo han hecho bien o mal. Lo han hecho con amor, respeto y con la mejor de las intenciones.

**Si algo se desajusta,
habrá que reeducar.
Pasa en todas las familias.**

Este caso se aborda generando espacios y tiempos para que Vanesa pueda ser autónoma mientras sus padres se separan poco a poco y, además, aplicando un marco de acción claro que no le haga controlar y estar perdida. La dificultad deriva de que es un cambio de actitud y de relación por parte de sus padres que suele ser costoso.

Otro caso es el de Pol. Su padre y su madre entienden que no tienen que jugar con él nunca, que tiene que aprender a buscarse la vida, piensan: «Cuanto antes se prepare para las dificultades, mejor». Se mantienen fríos en la relación, y por querer lo mejor para su hijo, se han ido al extremo de la supervivencia en el gráfico de la autonomía, y rozan en algunos momentos el autoritarismo en lo que respecta a los límites. La dificultad es de vínculo, porque Pol no termina de sentirse seguro y apoyado incondicionalmente. Explicar y ayudar a sus figuras de referencia para que entiendan cómo funcionan los vínculos, la presencia y la autonomía mejorará la dinámica. Será cuestión de tiempo.

Las combinaciones posibles son tantas como familias. Lo mejor que puedes hacer es incorporar lo que has aprendido en los capítulos sobre la autonomía y los límites. El objetivo es crear un espacio lo suficientemente amplio como para que se pueda expresar, pero con límites que respete y le den seguridad. Así que, **como padre o madre, tendrás que atender a varias funciones: garantizar su seguridad, tener una buena actitud y favorecer su aprendizaje.**

El principal aspecto es el de la **seguridad, tanto afectiva como física.** Es decir, por una parte, te ocupas de que el vínculo y tu presencia sean suficientes para que se pueda desarrollar autónomamente. Por otra, gestionarás el riesgo y el peligro en el desarrollo de sus juegos. No jugará con piedras, palos o tijeras si a ti te parecen inseguras. Existe peligro cuando no estás presente (y no puedes ver lo que hace) y cuando no sabe utilizar los objetos adecuadamente (algunos de ellos requieren normas). Acompañar su uso hará que sepan sus posibilidades. Es decir, cómo jugar con palos y piedras sin poner en riesgo a otras personas, cómo usar las tijeras sin cortarse, cómo usar un cuchillo para cocinar o cortar su comida…

> *«Cuantos más riesgos dejas asumir
> a los niños, mejor aprenden
> a cuidar de sí mismos.»*
> ROALD DAHL

Tu segunda función es mantener una buena **actitud a la hora de acompañar sus juegos.** La regla general es permitir que se exprese sin invadir, dirigir, modificar o crear sus juegos. Podemos participar cuando nos invitan o porque queremos, pero respetando al máximo sus necesidades y propuestas. Es muy fácil que dejen de hacer lo que querían por agradar al adulto. Ya has visto los extremos en los ejemplos anteriores: debe mantenerse un equilibrio.

Habrá ocasiones en las que quieras jugar y otras en las que no, porque no tienes ganas o porque estás haciendo otras tareas. Aunque el juego en familia genera vínculos sanos, **nunca juegues si no te apetece hacerlo,** el juego es libre también para ti.

Una vez más, **tu ejemplo será importante.** No se manchará con barro si a ti te disgusta, no se atreverá a bajar por una rampa si tú tienes miedo a que lo haga, no se alejará para investigar si tú no lo permites. Ya sabes que es imposible no condicionar con lo que eres, así que es posible que tengas que revisar tu actitud de vez en cuando para favorecer su desarrollo.

Por último, padres y madres cumplimos una **función en su aprendizaje.** Aparte de permitir tiempos, espacios y posibilidades para que puedan expresarse libremente y crecer, tenemos que mostrar siempre **una actitud de no saber.**

Imagina que eres un extraterrestre y vienes a la Tierra, no sabes nada de lo que ocurre aquí. Entonces, observas cómo juega una niña de dos años, cómo anda y corre por la casa, lanza telas o pelotas, comprueba el efecto de las cosas, cómo se mueven…

Mostrarás interés por lo que ocurre, sin decirle qué pasará si se tapa la cara con la tela, ni con la pelota cuando se mete debajo de un mueble, y no le dirás cómo subir o bajar del sofá.

Si tu hijo tiene cinco años y te cuenta sus descubrimientos sobre los animales, no le dirás que ya lo sabías, sino que expresarás curiosidad, **como si no supieras nada.** Te sorprenderás al ver cómo va construyendo sus frases y conocimientos poco a poco, sin nadie que le diga cómo hacerlo. Así nos acercaremos a su juego, desde el «no saber».

Requiere un poco de práctica, aunque en realidad **no tienes que hacer otra cosa que ser tú.** Mientras no caigas en los extremos que hemos visto a través de los ejemplos de Vanesa y Pol, todo se desarrollará dentro de la normalidad. Ya te conoces y seguro que sabes qué matices puedes mejorar respecto al juego de tu hijo o tu hija. Por el camino aprende a «no saber», así cada día será una aventura.

Por último, quería hacer una petición al mundo y a ti que me lees especialmente. Hasta los seis años hay cierta aceptación social para que jueguen (siempre que no molesten). Sin embargo, después **siguen siendo niños y niñas que necesitan jugar,** aunque cambie la forma de hacerlo (juegos con normas, más abstractos, creaciones elaboradas…). Es nuestra obligación, tanto en casa como en los centros educativos, seguir permitiendo espacios, tiempos y posibilidades para que se expresen y jueguen, a pesar de las enseñanzas regladas, las actividades extraescolares y el uso de pantallas.

El niño que no ha jugado no libera sus emociones y vivencias, no las digiere, no las elabora. Jugar es un experimento que se nutre de todo lo que viven y lo pone al servicio de lo que vivirán. Se trata de **jugar en la infancia, seguir jugando y jugar a lo largo de la vida.**

Autonomía corporal, emocional, intelectual y social

Antes de empezar vamos a llevar a cabo una experiencia, ¿te parece? Ya sabes que todas las propuestas que hago en este libro son para ti y para tu familia, que no hay respuestas buenas ni malas. Solo son para que tú saques el máximo partido.

¿CÓMO TE GUSTARÍA QUE FUERA?

Escribe en una hoja cómo te gustaría que fuera tu hijo o tu hija cuando sea mayor. Piensa en cómo quieres que sea su carácter, qué cualidades tendrá, dónde vivirá, en qué trabajará, qué te gustaría que supiera... En concreto, ¿cómo te gustaría que fuera a los veintisiete años?

Ya sé que es difícil mirar tan a largo plazo. Te pido que hagas el esfuerzo de escribir un listado con diez aspectos:

1	6
2	7
3	8
4	9
5	10

De momento, no tienes que hacer nada más. Guarda este listado, porque lo usaremos pronto.

Niños y niñas necesitan expresarse desde su cuerpo, sus emociones, sus relaciones y sus pensamientos. La base es la autonomía personal y, como hablamos, depende única y exclusivamente de sus figuras de referencia. **La autonomía no se desarrolla si no se permite.**

Su autonomía corporal, emocional, intelectual y social se desarrolla en todo su esplendor si lo permitimos, si dejamos que se exprese libremente y después ya la iremos regulando si fuera necesario. Justo al revés de como se piensa habitualmente, niños y niñas no son un cuadro en blanco que nosotros rellenamos con nuestras enseñanzas, sino que son como un pincel que va pintando con libertad todo lo que es, y que en ocasiones necesita algún límite para poder crecer dentro de un marco de acción.

A lo largo del capítulo 4 hemos hablado principalmente del **cuerpo.** La conquista del movimiento hará que niños y niñas conozcan sus posibilidades y limitaciones según vayan creciendo. Nuestra actitud será de nuevo observar y dejar que aprendan de forma autónoma cómo moverse, subir o bajar, trepar...

En los parques, veo a menudo a adultos que suben a sus hijos a sitios a los que aún no puede acceder, porque no tiene las capacidades necesarias. Creemos que lo ayudamos, pero así lo ponemos en peligro. Recuérdalo: no lo pongas en una posición a la que no haya llegado por sí mismo, pues cuando lo hacemos **forzamos su cuerpo y lo obligamos a realizar movimientos para los que no está preparado.** Ya se pondrá en riesgo por interés propio, pero lo hará gestionándolo y controlando su propio cuerpo. No es necesario «acelerar» su crecimiento.

Su **mundo emocional** es intenso, salvaje y divertido. Aunque también puede ser agotador en algunas ocasiones. Como vimos en el primer capítulo, todo empieza con el vínculo y con los cuidados, así comenzamos a conectar con lo que siente nuestro hijo o nuestra hija.

Acuérdate de los códigos de comunicación cerebrales y del **mapa de los tres cerebros.** Lo primero es el afecto, el contacto, la cercanía y la seguridad; después, conectar con su emoción para ponerle palabras, ayudándole a resolver lo que le ocurre, o a aceptar lo que no puede ser; por último, razona con él o ella, y buscad soluciones juntos.

Es necesario que pueda expresar sus emociones tal y como son, ya sea frustración, júbilo, miedo, placer, impotencia, agresividad, satisfacción, dolor, vergüenza... Como ves, no he hecho la típica clasificación de alegría, tristeza, miedo, ira y asco. Es que así no es la vida: todas las personas **nos expresamos con un complejo abanico emocional.** Intenta no reducir a cinco sus ánimos e impulsos.

Recuerda, además, que **no hay emociones buenas o malas.** Sea la que sea, nos corresponde acompañarla, ver cuál es y ayudar a nuestros hijos a poner palabras a lo que les pasa. Nos gusta hacerlo generalmente cuando están alegres y disfrutando, y cuesta más cuando tienen una rabieta o cuando se permiten expresar emociones que nosotros no podemos.

Es casi seguro que a ti y a mí en nuestra infancia **no nos permitieron expresar nuestras emociones.** El resultado es que ahora que somos adultos no las gestionamos bien y tenemos algunos problemas con otras personas por ello. Antiguamente no se daba lugar a las emociones, no existía una educación emocional. Tenemos que hacer un trabajo personal importante, como padres y madres, para conocer y gestionar nuestras propias emociones y así permitir las suyas. Esta es la base de las habilidades sociales.

Te hablaré sobre mí. En algunos momentos, me enfado rápidamente o soy brusco. Mi **trabajo personal** es darme cuenta de que me estoy subiendo a mi propia ola, bajarme y dejarla pasar, y no engancharme. No me sorprende si alguno de mis hijos tiene una explosión de vez en cuando, es lo normal. Lo han heredado de su padre y mi labor es darles el ejemplo de cómo gestionarla. Lo veo a diario en las tutorías con las familias, hay actitudes y emociones que son iguales en ambas generaciones. El reto para los adultos es aprender a gestionar lo que llevamos una vida sin resolver. Pregúntate qué emociones pueden estar heredando de ti tus hijos y cuáles te han dejado a ti tu padre y tu madre como herencia.

También te necesita para construir su pensamiento y **desarrollarse intelectualmente.** Sin que nadie lo corrija y le diga cómo hacerlo «bien». Lo va a descubrir si le dejas. Por ejemplo, lo más seguro es que sobre los tres años aún no sepa contar (uno, dos, tres, cuatro…) a la vez que señala los objetos que enumera; lo que hará posiblemente es decir «uno, siete, dos, cuatro» mientras señala, o dirá correctamente la secuencia numérica, pero no tocará cada objeto en función de su número. Lo difícil es evitar decir: «No, así no. Mira, cariño, es "uno, dos, tres…"», a la vez que cogemos la mano señalando cada objeto.

Recuerda que tú no sabes nada, así que maravíllate de cómo lo hace, aunque no sea como se acepta en la «versión adulta», permítelo. Así descubrirás poco a poco **cómo construye su pensamiento respetando su tempo.** Ya verás cómo, en meses, empezará a contar diciendo «uno, dos, tres…» a la vez que señala —como lo haría un adulto.

Es fundamental **validar los errores.** Cuando no lo hacemos, nos anticipamos sin querer y les robamos la oportunidad de aprender poniendo en práctica sus capacidades. Es muy muy habitual.

En su infancia hay una etapa —que suele terminar sobre los siete años— en la que se mezcla la realidad y la fantasía, y todo es posible. Nuestra mente racional quiere imponer que los monstruos no existen o que las brujas son un invento. Sin embargo, en su desarrollo cognitivo conviven el pensamiento lógico y el pensamiento mágico, por lo que lo mejor será **escuchar sus percepciones sin condicionarlas** con nuestra lógica aplastante.

Tu hijo o tu hija, con su innata curiosidad y asombro, pondrá encima de la mesa todos los temas que descubra: la amistad, los dinosaurios, la sexualidad, los monstruos, el dinero... Escucha cómo va construyendo su pensamiento, devuelve preguntas, a ver qué piensa o cree. Con total naturalidad **te preguntará sobre temas difíciles,** como la muerte o la pobreza. La regla, siempre, es normalizar y si lo ves oportuno preguntarle: «¿Tú qué opinas?». Así sabrás en qué punto está y qué decirle para que siga descubriendo y construyendo sus propias respuestas.

Desde el nacimiento son personas **sociales,** porque están inmersos en una cultura, en relación y comunicación constante. La cultura es invisible, pero establece las normas, los hábitos, las costumbres, los valores y las creencias que irá integrando poco a poco.

Este libro te ayudará a reflexionar y a **crear tu cultura familiar,** tu forma de mirar la infancia, sus posibilidades, valores, hábitos y costumbres. Pero tengo que darte una mala noticia, no podrás controlarlo todo siempre.

Me explico, hasta los tres o cuatro años controlas prácticamente qué hace, con quién, qué aprende, cómo está... Sin embargo, una vez que se escolarizan, niños y niñas empiezan a tener muchas **relaciones que enriquecen sus experiencias vitales.** En unas ocasiones te gustarán, porque lo que aprende está alineado con lo que tú quieres, pero otras veces, no.

Un ejemplo habitual es cuando en una familia no se dicen palabrotas y un día llega su hijo o su hija diciéndolas. ¡Horror! ¿Quién le ha enseñado ese lenguaje? Pues seguramente lo haya aprendido en la escuela de alguien con hermanos en cursos superiores. Va a estar expuesto a su mal uso y, si hacemos una prohibición expresa, haremos que se repita. Así que **lo mejor es normalizar,** jugar y darle la importancia justa junto con una norma. La mayoría de las veces, solo quieren observar la reacción de los adultos. Tu ejemplo es su mejor modelo, así que uno de tus retos será confiar.

Sobre los seis o siete años, la **cultura social** aparecerá con más fuerza, queramos o no, por mucho que intentemos hacer una burbuja alrededor de nuestros hijos. Te podrá gustar más o menos, pero no lo podrás controlar todo, y ¡atención!, porque solo irá en aumento. Con el acceso a la información y la fuerza de la adolescencia, será cuestión de tiempo.

En esta nueva situación, tendrás que seguir aplicando la regla de ni prohibir ni ofrecer. Además, en vez de angustiarte, **acompaña lo que venga,** conversa, habla, normaliza y saca partido a todas estas situaciones que parecen ir en contra de tus valores, pero que son oportunidades de aprendizaje. Se expresará libremente probando los límites de la cultura, tanto social como familiar (querrá ir en pijama a la escuela, pintarse las uñas, dejarse el pelo largo…). Actualmente, muchas convenciones sociales están cambiando, así que acógelo y disfrútalo (cuando se pueda).

Al principio se **relacionará con adultos,** principalmente con sus figuras de referencia y con sus hermanos, si los tiene. Aprenderá de los demás el contacto, el tono, la voz, las caricias, los gestos, la forma de hablar, las posturas… De hecho, cada persona que entre en su vida aportará una nueva forma de relación y de interpretar la realidad. Familia, amistades, tíos y otros familiares, amigos o docentes le ofrecen nuevos puntos de vista que lo enriquecen para seguir construyéndose como persona.

No podrán expresarse a nivel social si sus figuras de referencia no se lo permiten. Lo hemos visto ya cuando hemos hablado de la sobreprotección o del abuso de poder. **Permítele «ser» niño o niña, sin más.**

También **se relaciona con iguales.** Quizá este sea el mayor reto al que se enfrente, ya que vivimos en un sistema que nos conduce cada día al individualismo. Sin embargo, ha hecho falta una pandemia para que nos demos cuenta de que la infancia necesita a sus amigos y amigas para crecer. Después del confinamiento y de meses sin poder tocarse, hemos visto a niños de dos años y medio abrazarse con intensidad, mostrándose su afecto, durante más de dos minutos. El vínculo no solo se produce contigo, sino también con sus amistades.

Sus iguales son fundamentales, porque **se relacionan y se comunican en los mismos códigos.** Se enriquecen mutuamente y es importante que tengan tiempos para ello. Como he explicado en varias ocasiones, es habitual ver a niños y niñas que solo saben estar y hablar con adultos, lo que suele generar dificultades con sus iguales.

Con la relación entre iguales vendrá un torrente de **habilidades sociales** que ir puliendo. Compartir, resolver conflictos, esperar, conocer sus emociones, controlarlas, potenciar su asertividad… No nacen sabiendo enfrentar todos estos aspectos, así que cada día observaremos y los ayudaremos a encontrar las mejores soluciones en su relación con los demás.

¡Oye, que tenemos un ejercicio a medias! Vamos a ello porque tiene que ver con permitirle expresarse con todas sus cualidades.

¿CÓMO ES?

Ahora te voy a pedir que hagas una lista de diez aspectos que describan cómo es tu hijo o tu hija, lo que te gusta más y lo que te gusta menos, sus cualidades y algún punto en el que consideres que debe mejorar. No te compliques, anota lo que te venga a la cabeza.

1		6	
2		7	
3		8	
4		9	
5		10	

No puedes seguir leyendo hasta que hayas hecho este ejercicio y el anterior («¿Cómo te gustaría que fuera?»). ¿Ya lo tienes? Pues sigamos con la tercera parte.

Ya sabes cómo te gustaría que fuera y también cómo es. Atención, porque lo que has escrito en la primera lista es cómo te gustaría que te hubieran educado a ti. Son tus proyecciones, hechas desde el amor hacia tu hijo o hija. Es lo que le deseas. Sin embargo, lo importante no es el hijo que quieres, sino el que tienes, es decir, el que has reflejado en tu segunda lista.

Son como son. Aunque tú serás una parte importante de su vida, lo que para ti es fundamental puede no serlo para él o ella. Son deseos inconscientes que hacemos desde el amor, pero que no necesitan. Sí necesitarán que estemos ahí, pendientes de sus necesidades y deseos. Aunque tú educas con unas ideas concretas, el punto de partida siempre es la segunda lista. No será como tú, será como es.

Para que lo entiendas, **no pueden perder su «elemento».** El gran Ken Robinson nos explicó que cada persona tiene su propia esencia, una pasión interna que se conecta con sus aptitudes naturales. Si no permitimos ser a nuestros hijos, no podrán descubrirse y terminarán haciendo algo que no les guste, sintiéndose mal y sin energía.

Solo podrán encontrar su «elemento» si creamos tiempos, espacios y posibilidades para que se expresen corporal, emocional, mental y socialmente con libertad. Mucho dependerá de ti, pregúntate de vez en cuando:

¿Con quién vivo: con el hijo que quiero o con el hijo que tengo?

Lo que no necesitan

Ya sabes qué es lo que necesita la infancia: permitirle «ser». Por el contrario, **la sociedad y la cultura en las que vivimos tienen otros planes.**

Si abres cualquier página en internet, vas a cualquier tienda o sales a la calle, la publicidad te agobia con **infinidad de productos para niños y niñas.** El problema es que la mayoría no se relaciona con sus necesidades reales: presencia, cuidados, autonomía, límites, permitirles «ser» y cuidado del bienestar familiar.

De hecho, lo más normal es que esos productos alteren y perjudiquen su equilibrio. La técnica del uso, abuso y desuso es muy útil para que **no nos lleve la corriente y terminemos come-tiendo excesos.**

Actualmente, la infancia vive con...

- Demasiadas **prisas,** en un mundo rápido y estresante que no respeta su tiempo.

- Demasiada **sobreestimulación,** con productos llenos de colores, luces y sonidos, cuando necesita un ambiente tranquilo que simplemente le estimule.

- Demasiados **tiempos dirigidos** por adultos, que le dicen qué hacer cada minuto, cuando necesita expresarse libremente, cultivando su motivación interna.

- Demasiados **tiempos sin presencia** de adultos, absortos en otras tareas cuando necesita acompañamiento real, ya sea en la cercanía o en la distancia.

- Demasiadas **cosas:** juguetes, ropa, aparatos e inventos para la infancia. El volumen es tan grande que no valora nada de lo que tiene.

- Demasiados **alimentos superfluos** que, además, no nutren. Somos la generación de los bollos y los productos industriales. La alimentación regula su salud y es vital para su desarrollo.

- Demasiados **horarios irregulares** para irse a dormir, provocando insuficiencia en el sueño. Reitero: con el sueño no se juega.

- Demasiada **confusión,** al tener pocos límites. Necesita adultos que se responsabilicen de su crecimiento con un marco claro de acción.

- Demasiados **derechos adquiridos** por falta de responsabilidades familiares, que generan un sentimiento de merecer tenerlo todo, al tiempo que la satisfacción de aportar y participar en la vida familiar se pierden.

- Demasiado **sedentarismo,** cuando la actividad libre es necesaria para regular el sueño, la alimentación, la actividad y el aprendizaje.
- Demasiadas **«pantallas».** Sobre este aspecto nos extenderemos un poco más.

Incluyo dentro de las **«pantallas»,** principalmente, la televisión, los teléfonos móviles y las *tablets*, que nos permiten acceder a películas, series, vídeos... Los videojuegos, por su parte, aunque hay algunos que son educativos, siguen caracterizándose generalmente por la acción y la violencia. Ya en la adolescencia, las redes sociales se han convertido en un gran problema (también para ti y para mí, que somos adultos).

He hablado varias veces sobre las «pantallas» a lo largo del libro. No considero que sean el «demonio», pero cuanto más investigo, más contraproducentes considero que son. Aplica la técnica del uso, abuso y desuso si quieres, pero te expondré algunos argumentos que apoyan mis palabras, para ver qué implican para un niño o niña.

Las imágenes, los sonidos y la información en estos dispositivos va a mayor velocidad de la que pueden procesar en su cerebro. Es decir, **no respetan su tempo** y los sobreestimulan. Consumen su atención, por lo que terminan teniendo dificultades de concentración y aprendizaje.

Alteran el juego y la expresividad libre porque, después de tal cantidad de imágenes, necesitan un par de horas para elaborar todo lo recibido, dejando a un lado sus verdaderas necesidades de exploración y creación.

Estos dispositivos **quitan espacio al aburrimiento, pero también a la creatividad,** porque la primera opción termina siendo la pantalla, la más fácil para salir de un momento de inactividad (por ejemplo, en los viajes). Ya hablamos de las necesidades de descanso y reacomodación cerebral, pero es que además disminuye el tiempo destinado a otras actividades interesantes, como pintar, construir, jugar, leer, escuchar música…

Distraen en momentos importantes, como la comida o en las relaciones con otras personas. No están donde tienen que estar y se evaden de lo que están haciendo. El resultado es que su desarrollo emocional, social y del lenguaje es peor, porque se reducen las interacciones familiares.

Alteran el sueño, por la luz azul que emiten. El resultado es que se acorta el sueño y empeora su calidad, con mayores interrupciones y dificultando el descanso.

Invitan al sedentarismo, porque no hay más actividad que la manual y la mental. El movimiento y la actividad física son el combustible del cerebro. Muchas horas frente a una pantalla afectarán al aprendizaje, al sueño y a la alimentación de niños y niñas.

Afectan también al rendimiento académico, hasta se ha demostrado que el coeficiente intelectual disminuye en caso de abuso, afectando a la atención, la memoria, el lenguaje…

Por último, **se convierten en sujetos pasivos en vez de sujetos creadores.** Estas tecnologías reducen sus lenguajes a uno solo, el que les da la pantalla. Pierden creatividad, se desconectan de su esencia. Y peor, en el futuro serán personas que consuman contenidos, y no que los creen.

No todo es malo, las tecnologías abren a mundos nuevos, comunicaciones, aprendizajes y posibilidades. Como todo, habrá que tener en cuenta cómo hacer **un uso razonable y justificado,** y no aleatorio e indiscriminado, como es habitual. En muchas tutorías siempre se repite esta frase: «Mi hijo tiene límites y ve pocas "pantallas"». Pero ¿cuánto es «pocas pantallas»?

Para mí, la regla, independientemente de la edad, es **cuanto menos, mejor.** Hasta los dos años de ninguna manera, hasta los seis años no deberían destinar su tiempo a estos dispositivos, salvo excepciones (alguna película o dibujos animados en compañía). A partir de ese momento, se necesitan normas compartidas para establecer tiempos y usos. No se recomienda antes de ir al colegio, antes de irse a la cama o cuando haya que relacionarse con otras personas. Por cierto, no tener pantallas en las habitaciones mejora el sueño y la salud de toda la familia. Piénsatelo.

Hazlo lo mejor que puedas, yo también he aprendido por el camino. Mi obligación, al igual que he hablado de la importancia del sueño, de la alimentación, de la presencia o de los límites, es que tengas claro lo que aporta una pantalla y lo que conlleva.

«Es importante rodear al niño de un entorno que sepa equilibrar silencio, palabras, imágenes y sonido.»
CATHERINE L'ECUYER

Este libro empieza a terminarse, nos queda un último capítulo, dedicado quizá a uno de los temas más importantes y complejos cuando se tienen hijos: el **bienestar familiar.** Al otro lado de la página te espera la pareja, el ambiente en familia, el ocio, la convivencia y vuestra estructura de vida. Nada más y nada menos.

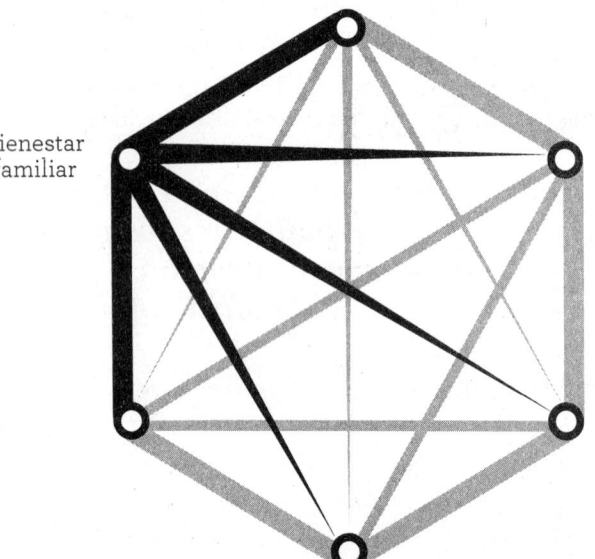

bienestar
familiar

6

[Bien]estar en familia

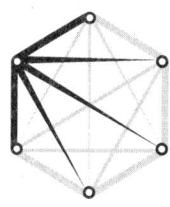

Llegamos al final de nuestro viaje con tu brújula para educar en la mano. Ya sabes que la fuerza de vuestro vínculo será funda-mental para el desarrollo de tu hijo o hija, no te olvides de estar presente. Su salud, su alimentación y su sueño sientan las bases de su vida, son los cuidados que necesita. La conquista de su autono-mía y la vivencia de los límites es vuestro día a día. Una danza nada sencilla, pero en la que bailamos tanto adultos como niños y niñas. Por último, que le permitas «ser» cambia completamente su creci-miento y sus potencialidades. No hay nada tan enriquecedor como poder conectar con nuestra esencia. Espero que a estas alturas hayas podido tirar tu GPS, porque **solo te necesitas a ti.**

A lo largo del libro he querido ayudarte a comprender la infancia; también te he invitado a reflexionar un poco sobre la madre o el padre que eres y que quieres ser para que puedas acompañar lo mejor posible a tu hijo o hija. Sin embargo, nos falta una última parada: **la familia.**

Puede que vivas en pareja o no, que tengas uno o más hijos. Que te hayas separado e incluso que hayas creado una nueva familia después. Da igual qué modelo de familia seáis: a mayor diversidad, mayor diversión. Lo que marcará la diferencia es que, independientemente de la composición familiar, **viváis con bienestar.** Como bien sabes por experiencia propia, es difícil en algunos momentos. Criar, educar, trabajar, conciliar y convivir ha transformado completamente tu vida. No te voy a mentir, hay momentos de alegría intensa, pero también hay días muy duros.

«La vida no es estabilidad, es saber mantener el equilibrio.»

Anónimo

Educar y convivir es un camino que tiene subidas y bajadas. No voy a venderte una vida familiar siempre armónica y tranquila, porque no es así. Aunque busquemos el equilibrio, la vida familiar es intensa, alegre, dura, fascinante, agotadora, ruidosa, interesante, creativa… Aun así, tú y tu pareja —si la tienes— sois quienes **podéis crear vuestra realidad.** De hecho, ya lo hacéis, sea de forma consciente o inconsciente.

La **pareja** es la primera que sale perjudicada ante cualquier problema. Vuestro día a día dependerá de cómo os acompañéis en este reto tan bonito y difícil que es educar a un hijo o una hija.

Ya habíais alcanzado cierta estabilidad antes de tener hijos, pero con su llegada todo se recoloca. En realidad, **la infancia solo necesita amor y estructura.** Por eso, veremos en qué consiste el amor más allá del vínculo y a qué me refiero cuando hablo de estructura.

En busca del equilibrio familiar

Antes de buscar la estabilidad tenemos que tomar conciencia de cómo es nuestra familia, y cuántos vínculos y relaciones se dan a la vez. He creado estas imágenes para aclararlo:

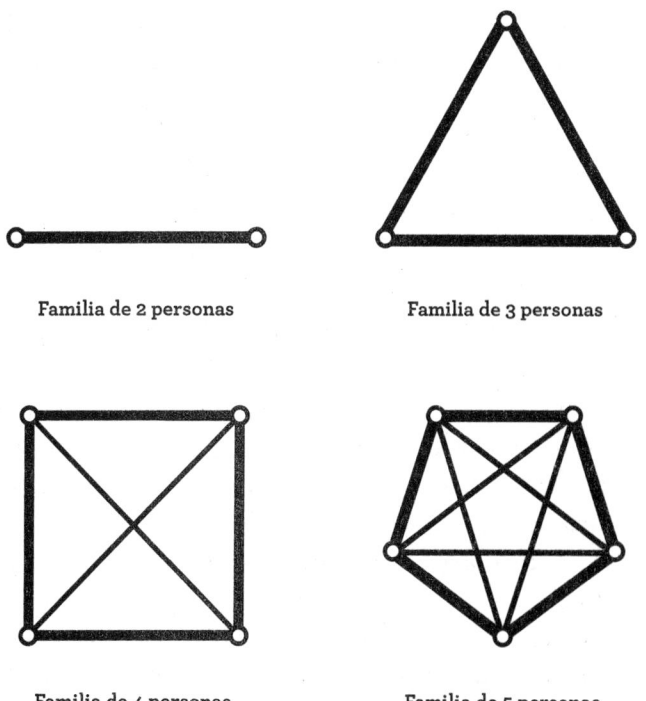

Familia de 2 personas

Familia de 3 personas

Familia de 4 personas

Familia de 5 personas

En los gráficos, cada punto es una persona, y cada línea es el vínculo o la relación que las une. Lo que ocurre entre dos personas unidas determinará su cariño, actitud, humor, la presencia de conflictos, etcétera.

En los gráficos también puedes ver claramente cómo, en una familia, todas las personas están unidas. **Si algo le pasa a una persona, afecta al resto.**

Cuando son dos personas —una madre y su hijo, por ejemplo— hay un solo vínculo. En una familia con tres personas, hay tres vínculos; de cuatro personas, seis vínculos; de cinco personas

—como es mi caso—, diez vínculos... **Cuantas más personas, más relaciones y mayor complejidad.** Parece algo obvio, pero no lo es. Imagina lo que es buscar el equilibrio familiar entre las siete personas y dos mascotas que vivíamos en mi casa cuando yo era pequeño, toda una aventura.

Ya sabes cómo es tu familia, es algo sencillo en apariencia, pero nada tiene que ver en el día a día si sois dos personas o cinco. En el primer caso, la información va y viene fácilmente, mientras que, en el segundo, la magnitud de lo que ocurre y la información que se produce a la vez puede escapar a tu percepción (y a tu control).

Es importante tener claro que, como padres o madres, somos responsables de lo que ocurra. **Tu función en la familia no es la misma que la de tu hijo o hija.** A ti te corresponde decidir, resolver asuntos, alimentar, educar y generar un ambiente equilibrado para vivir, mientras que tus hijos simplemente se desarrollan, disfrutan, juegan, contribuyen a la vida familiar y crecen en el contexto que tú y tu pareja habéis creado.

Con el tiempo, a partir de los cuatro años podrán participar en algunas responsabilidades familiares y, a medida que crezcan hasta alcanzar la juventud empezarán a entender cómo funciona una familia (economía, gestión del tiempo familiar, ocio, trabajo...). Pero **no se harán cargo de la familia,** esa es tu responsabilidad.

Muchas veces se entiende mal la relación entre padres e hijos. **No se trata de ser colegas,** sino de generar una relación basada en la cercanía, el respeto mutuo, el amor incondicional y la confianza sin dejar de ser padre o madre.

En la familia, **cada hijo o hija tiene un lugar,** porque llegó en un momento determinado. No es lo mismo ser el primer hijo que el tercero, o que no tener hermanos. Recuerdo el caso de

Borja, que era el segundo y el pequeño. Como su hermano Sergio hablaba muy bien y lo hacía todo, no dejaba espacio para él, que era el bebé de la casa (aun a sus cinco años). La familia tuvo que reflexionar al respecto, establecer algunos límites para Sergio y hacer un trabajo para cambiar la mirada, porque Borja quería crecer y no le dejaban.

Naiara es la pequeña, tiene tres años y convive con su hermana Ainhoa, de siete, y su hermano Aitor, de diez. Como era más o menos autónoma y sus hermanos mayores la ayudaban, apenas molestaba en casa. Conversando nos dimos cuenta de que, a pesar de autogestionarse, aún necesitaba el acompañamiento de su padre y de su madre. Así que establecieron algunos momentos concretos para estar con ella.

Cada persona de la familia necesita **tiempos en comunidad, tiempos compartidos solo entre dos y tiempos individuales.** No se nos puede olvidar, si solo tenemos un hijo o hija, que necesita espacios en soledad, y en el caso de familias grandes, habrá que hacer un esfuerzo por crear momentos personales con cada miembro. Por ejemplo, acostándolos a diferentes horas podemos estar con cada hijo individualmente. También habrá que ajustarse a su madurez; por ejemplo, con Gael monto muebles o me voy en bici a comprar, mientras que a Enzo le leo cuentos o pintamos juntos, que le encanta, y con Mae tenemos muchos tiempos individuales, porque al ser el pequeño requiere más atención.

Las abuelas y los abuelos no están para educar, están para disfrutar.

Es posible que esta frase no te guste. Como sabes, la familia extensa también influye, aunque no viva en casa. Todos los padres y las madres intentamos decir a los abuelos qué tienen que hacer y **cómo tienen que educar a sus nietos.** Lo sufrimos, nos peleamos en la pareja por lo que hace o deja de hacer la madre o el padre del otro, y la conclusión es que se consigue muy poco.

Ya tuvieron su tiempo de educar, **ahora les corresponde disfrutar,** y lo harán ofreciendo lo que son (como tú). El problema es que en su tiempo una chocolatina era un lujo y ahora cuando se la dan a tu hijo (a escondidas) para ti es un sacrilegio, porque tiene mucho azúcar. Cambian los tiempos y nos actualizamos, pero los abuelos y las abuelas dan lo que pueden dar.

Hay muchas circunstancias diferentes y seguramente **en algunos casos será necesario limitar** el comportamiento o las actitudes. No es fácil y depende de la relación que tú y tu pareja tengáis con vuestros padres. Otra fuente habitual de conflictos suelen ser los juguetes. Tú pretendes que sean educativos, respetuosos y ajustados a su nivel madurativo, mientras que vuestros padres miran la vida desde otro punto de vista más relativo. Unas veces habrá que relajarse y disfrutar, mientras que en otras ocasiones tendremos que establecer algún criterio. De cualquier manera, en lo que respecta a tu hijo o hija, ni prohibir ni ofrecer.

Como te decía al principio, vivimos entre muchos tipos de familias y **las separaciones están a la orden del día.** Como padre divorciado, te digo que no son agradables ni recomendables, aunque a veces sean la mejor opción.

No me interesa profundizar en los motivos y en las circunstancias que cada persona adulta tiene para decidir separarse. Ten por seguro que no seré yo quien te juzgue si es tu caso. Sin embargo, sí puedo aportarte algo de luz para que, **en caso de separación,**

estéis lo mejor posible, aun sabiendo que los dos primeros años son muy duros.

Es necesario entender que **aunque la pareja se separa, el vínculo de paternidad o maternidad continúa.** Es decir, la relación y la convivencia se rompen, pero, a la vez, en los temas referentes a los hijos, los miembros de la pareja siguen teniendo una responsabilidad compartida (estudios, actividades extraescolares, ropa, manutención, educación…). No caigas en la tentación de pensar que después de un divorcio por fin se termina la relación, porque no ha hecho nada más que empezar, pero en «otro formato». Durante años tendrás que seguir cultivando día a día la relación para resolver muchos asuntos y también por el bienestar de mayores y pequeños. Será un trabajo de generosidad constante por y para tus hijos.

Sé que en general no es así y que hay razones que lo justifican. Me sobran ejemplos de parejas separadas que no se hablan o con muchos problemas, cuyos hijos suelen estar bastante perdidos y confusos. **El problema no es la separación** en sí, sino la calidad de la relación entre ambos progenitores y cómo resuelven conjuntamente los asuntos que les corresponden. Mirar bien a la otra persona, aun después de un divorcio, es la base del equilibrio emocional de los hijos e hijas de familias separadas. Siempre digo que, en estos casos, hay que «tragar» mucho, porque las cosas no serán como uno quiera. La diferencia está en si tragan los hijos o tragan los padres. No hace falta que te diga a quién le corresponde, ¿verdad?

Este tema, por su complejidad, daría para hablar durante horas, pero ahora vamos a centrarnos en cómo alcanzar el equilibrio en la familia. Una confusión muy común es **centrar la vida exclusivamente en los hijos.** Es decir, toda la actividad gira en torno a sus intereses: comidas, actividades de ocio, eventos, amistades… En el otro extremo están las familias cuyas actividades son siempre para adultos y sus hijos tienen que adaptarse constantemente a contextos no preparados (restaurantes, casas ajenas, centros comerciales, reuniones…). Pregúntate: «¿Tenemos, como familia, un ocio equilibrado?, ¿a veces se adaptan mis hijos y, a veces, me adapto yo?». Tendrás que buscar el equilibrio.

La **conciliación personal y familiar** suele ser difícil. Si tú estás bien, tus hijos también lo estarán. Es el mejor regalo que puedes hacerles, porque seguramente tu felicidad no resida en ver un espectáculo infantil teatral cada fin de semana. Hay vida más allá de ser padre o madre, y es importante cultivar esos tiempos.

Sé que no es nada sencillo encontrar la estabilidad y la tranquilidad necesarias en cada momento. Crecen y crecemos, y las necesidades cambian y **hay que reajustarse constantemente.** De hecho, una sensación muy habitual de padres y madres es que cuando aprendemos a saber qué quiere nuestro hijo, entonces madura y tenemos que volver a aprenderlo de nuevo. Todo ello mientras intentamos tener algo de tiempo para nosotros o encontrar un espacio para la pareja. Lo que es seguro es que no os aburriréis.

Es normal que surjan dificultades en casa cuando **las necesidades de una persona chocan con las de otra.** Por ejemplo, cuando la madre quiere dormir y el bebé mamar; o cuando quieres tener un momento de paz en el baño, pero es imposible sin que nadie interrumpa (un clásico). Niños y niñas no necesitan madres y padres superhéroes que se cargan con todo y sufren en silencio. Es necesario apoyarse los unos a los otros y establecer algunos límites para poder cubrir las necesidades de toda la familia (sí, las tuyas también). Es difícil en algunos momentos, pero fundamental para ser persona.

EL JARDÍN DE TU VIDA

No solo eres madre o padre, tienes muchas más facetas y cumples muchos más roles. La primera parte de este ejercicio es que valores del cero al cinco cuánto tiempo dedicas a estas áreas de tu vida:

- Al trabajo.
- A la familia.
- A la pareja.
- A ti mismo o misma.

- A cada hijo o hija.
- A tus familiares y amistades.
- Al ocio.
- A tareas de la casa.

Así de sencillo. Ahora imagina un jardín dividido en pequeñas parcelas. Cada una puede ocuparse con una o varias áreas de tu vida en función de la importancia y valoración que acabas de hacer. Solo hay un pequeño problema, el jardín de tu vida tiene únicamente dieciséis parcelas. Puedes dibujarlo como te guste o usar la siguiente imagen:

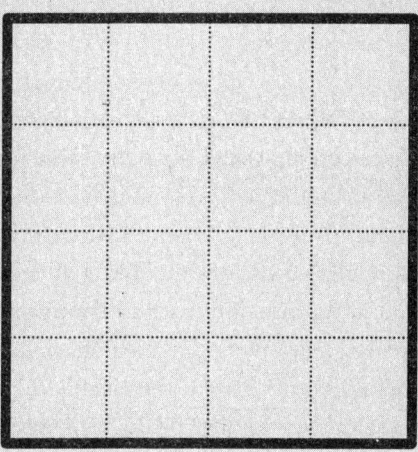

Tómate un tiempo antes de seguir leyendo, piensa bien cómo ocuparás las parcelas del jardín. Cuando acabes (y no antes) llega el momento de las preguntas:

- ¿Hay alguna parcela que se te ha olvidado regar últimamente?
- ¿Podrías mejorar tu jardín de alguna forma sin ampliar el número de casillas?
- ¿Has descubierto algo que te ha dado alegría?
- ¿Tienes algún área en barbecho que deberías cultivar?
- ¿Se ha secado una parte o, por el contrario, la has regado demasiado?
- ¿Cómo está cada parcela: sin cultivar, salvaje, llena de flores?
- ¿Qué tendrías que hacer para tener el jardín que te gustaría?

No se puede educar todo el día. ¿Te acuerdas del síndrome de la madre perfecta? Pues es hora de ponerle fin. Es cierto que no dejamos de ser padres y madres, pero es preciso relajarse y disfrutar a menudo. Si no, educar es un auténtico calvario. Estarás murmurando: «¿Pero cuándo, Ares?, ¿tú sabes lo que tengo yo encima?». Me lo puedo imaginar, no te molestes.

«Mi pareja no se implica», «Mi familia está lejos», «Me siento sola»… No eres la única persona en estas circunstancias, tristemente es lo habitual. No puedes con todo ni debes hacerlo en soledad. Solo queda una opción, **tu red de apoyo.** Hay quien tiene gente cerca (abuelas, tíos…) y quien no tiene a nadie. Con las vidas tan complejas que llevamos es necesario que crees una red de apoyo que te sostenga. Si no tienes familiares, hay más madres y padres en tu situación que pueden encargarse una tarde de tus hijos, amistades para compartir una charla que te permita descargar, escuelas de familias y también puedes compartir tus dudas en las muchas comunidades de madres y padres que existen y que combaten la soledad de muchas de ellas. Si no conoces ninguna, no te preocupes, he creado un espacio gratuito y fácil para que padres y madres compartamos. Te lo cuento en la última página de este libro («Contacto con el autor»).

Sin tribu todo es más difícil, por eso una de las mejores oportunidades de aprendizaje para padres y madres son los **viajes compartidos.** Es la única manera de observar otras formas de hacer, de gestionar el tiempo, las rutinas, la alimentación, el sueño… Además, se comparte entre iguales y es muy enriquecedor. Yo suelo viajar mucho con mi hermana, su mujer y sus tres hijas, y en cada viaje aprendemos algo de sus formas de hacer y actuar. Por ejemplo, después del último viaje hemos dado una vuelta a la alimentación ambas familias.

Educar en pareja, ¿mito o realidad?

No hace falta que contestes, ya sé lo que estás pensando: ¡que es un mito! Generalmente, son las madres quienes se encargan de educar (entre otras cosas), aunque tengo que decir que cada vez más hombres toman su lugar en la educación y crianza de sus hijos (búscalos, que yo los he visto). A este patrón tradicional habría que añadir el generado por los nuevos tipos de familias. De cualquier manera, **queda mucho por hacer,** así que, seas mujer o seas hombre, hablo de pareja independientemente de cómo esté compuesta.

Antes de nacer vuestro primer hijo, teníais vida propia, os organizabais como queríais, no teníais horarios y aunque compartíais momentos, también había espacios para vuestro ocio y vuestras necesidades. ¡Ay, cómo pasa el tiempo! Como sabes, **todo cambia después del nacimiento.** Es un *shock* que, dependiendo de cómo fuera tu vida anterior, será más fácil o más difícil. Los primeros meses suelen ser duros para la madre, principalmente por la dependencia y, en general, por la novedad. Después es algo más «sencillo», porque un bebé y una teta o un biberón se pueden llevar a todos los sitios. Aunque siempre hay excepciones, claro.

Según crece el niño o niña, se complica, porque se hacen necesarios los horarios regulares, la atención es continua, hay mucho volumen de cuidados y el desgaste diario es muy grande. **Entre el año y los tres años es más exigente,** porque son un torrente de energía y tú, además, tienes que hacerte cargo de la casa, del trabajo… Si durante este tiempo no contamos con nuestra pareja (o con un apoyo externo), el sufrimiento diario está servido. Criar en soledad es durísimo.

Calma, que a partir de los tres o cuatro años, como me dijo una madre de mi clase, **hay vida después de los hijos.** Más o menos sobre esta edad empiezan a tener una autonomía consolidada y parece que se puede respirar un poco después del ritmo frenético anterior.

Ya sea por unos motivos u otros, no cabe duda de que **la pareja sufre muchísimo en los primeros años.** Es una realidad constatable en la mayoría de los casos, yo lo sigo viviendo con Mae, que aún no tiene el año. El amor de la pareja se revalúa constantemente, con cada tarea y cada necesidad práctica del día a día. No es de extrañar que en el primer año, ante la vorágine que es cuidar a un recién nacido, se produzcan muchas separaciones. Por eso, haremos más adelante el ejercicio de la gran conversación, para aclarar criterios comunes y facilitar la vida en pareja.

Hay un **periodo crítico, pasados los tres años del hijo o de la hija menor,** en el que, después de pasar tanto tiempo de desgaste y agotamiento, se respira un poco. En ese momento, una persona de la pareja mira a la otra y se pregunta: «¿Y tú quién eres y qué hago contigo?». La **desconexión** ha sido tan grande durante esos tres años que ya no reconoces a la persona con la que iniciaste el camino.

Otro cambio crítico para algunas parejas **es el paso de un hijo a dos.** Cuando solo hay un hijo, una persona puede encargarse de él mientras la otra hace otras tareas o disfruta de su tiempo, y pueden ir alternándose en los cuidados. Cuando nace el segundo hijo o hija, esta estructura ya no funciona, porque la madre estará principalmente con el bebé y la pareja con el hijo mayor. Por tanto, ambas personas estarán ocupadas a tiempo completo.

Educar en pareja se convierte en un asunto necesario, pero complejo a la vez. Así lo expresaba una madre cercana: «**Es muy difícil la relación de pareja con la maternidad.** Estoy enamoradísima de Carlos, pero, sin embargo, hemos discutido más que nunca. Algo pasa entre las parejas con la crianza, y no se habla de ello lo suficiente. Estamos sin referencias para darnos cuenta de lo que pasa». Aun amándose, la cuerda se tensa mucho y surgen las complicaciones. En el momento en el que más se necesita a la otra persona es cuando peor lo pasamos.

Para evitar estas discusiones será importante que definamos bien **nuestra estructura de vida,** lo veremos también. Son muchas decisiones en poco tiempo y normalmente nos las encontramos por el camino. Si le sumamos el cansancio de no dormir y el agotamiento diario, a ver con qué humor y amor se cultiva la pareja.

El reto de cada padre y de cada madre es prepararse para una vida familiar en la que no han sido educados.

Por lo general, en la actualidad, las mujeres no quieren la vida que han vivido sus madres y los hombres tienen que desaprender los valores y las enseñanzas que han recibido, porque están desactualizados. **La corresponsabilidad de cuidados y tareas es el objetivo** de la pareja (aunque aún no sea real).

Al principio, la madre se suele encargar de cuidar al bebé y la pareja de cuidar a la madre y sostener la casa. Para poder educar y criar en conjunto, **se tienen que dar dos movimientos a la vez:** por una parte, la madre tiene que ceder la crianza a su pareja y dejarle cuidar al bebé a su manera; y, por otra, la pareja tiene que querer responsabilizarse de cuidar y educar. Si estos dos movimientos no se dan, la vida en familia será muy complicada, porque una persona no cede responsabilidades y la otra no las asume.

Es un proceso difícil, porque la madre ha parido al bebé, lo acoge, lo alimenta, lo da todo para sacar su vida adelante, y **poco a poco se lo va entregando al mundo** (y a su pareja). Es entonces cuando esta tiene que asumir más responsabilidades en la crianza. Cada familia es diferente y estos dos movimientos suelen complicarse, ya sea por unos motivos o por otros. Cuando no se producen, se sufre mucho y educar en pareja se convierte en un mito. Hacer este reto consciente facilita el camino.

Tú tienes un criterio y unas experiencias de vida, mientras que tu pareja tiene otra visión distinta. No te digo nada que no hayas vivido, **las diferencias de criterio son el núcleo de la mayoría de los problemas:** «Si viene a la cama esta noche, le dejamos, que me puede el cansancio», «Lo llevaremos a mi colegio, ¿no?», «Tú le consientes más y yo soy más firme», «Qué más da que tome un poco de azúcar, si hay que comer de todo», «Así no se hace»…

Aprender todo lo que conlleva educar a un hijo no se hace de la noche a la mañana y, ante tanta duda, lo que hacemos es aplicar lo que nos dieron, lo que hemos leído o lo que hemos aprendido en algún curso. La pregunta que tenéis que haceros es: **«Juntos, ¿sumamos o restamos?»**. Ya es un momento lo suficientemente complicado como para permitirse el lujo de restar, aunque tristemente sea la dinámica habitual.

¿Cómo sumar en pareja? En primer lugar, hay que aceptar que la otra persona tiene una visión diferente, que puede mejorar y aportar matices a la tuya. Para ello, hay que tener una actitud de «no saber» y de apertura. Como le dice un padre de mi clase a su pareja: «Estamos aprendiendo». Hay que dejar el síndrome de la madre perfecta a un lado y hacerlo lo mejor que se pueda sin tanta autoexigencia.

> *«Cariño, somos un desastre.»*
> CARLOS BERNUÉS

Utiliza esta frase tan maravillosa para diluir muchos de los problemas que tengáis. **Es necesario reírse un poco de la vida y de nuestra situación** de vez en cuando. A veces, parece que te has equivocado en todo, hay dos lavadoras que poner, te sientes mal y en la casa reina el desorden. Sí, eso también forma parte de educar, porque nos enfrentamos a diario con los límites de la vida y con los propios. No es tan grave, no os exijáis tanto. Hay días mejores y días peores.

Una asignatura pendiente es **aprender a comunicarse en pareja.** Nos pasamos la vida instalados en la queja, y el problema es que cada vez que lo hacemos consumimos nuestra energía, ese elemento tan preciado y escaso en la crianza. Esta actitud nos paraliza y evita que actuemos y cambiemos. Cuelga un cartel en casa, porque no está de más recordarlo de vez en cuando: «Tengo que quejarme menos».

Cada vez que decimos o hacemos algo negativo a la pareja, restamos, y no se equilibra diciendo o haciendo algo positivo, así no funciona. Como cuenta mi maestro Ferran Ramon-Cortés, por cada elemento negativo que pones en la **balanza emocional de la pareja** hay que poner cinco positivos. «*Joder*, cariño, está todo hecho una *pocilga*. ¿No *podías* haber recogido al menos? *Si no estoy yo*, las cosas no funcionan.» Aquí tienes un ejemplo de una frase al azar con cuatro elementos negativos (marcados en cursiva); para equilibrar habría que aportar veinte actos positivos o hacer algo más grande para la pareja.

No nos damos cuenta de nuestro lenguaje y de la forma de comunicarnos. Es vital que os comuniquéis **desde la necesidad de tener paz.** Buscando espacios para el encuentro que sumen. Una regla es poner el foco en ti y no en la otra persona. Decir primero cómo te sientes y después explicar qué te hace sentir así, sin culpabilizar a la otra persona. Por ejemplo: «Amor, siento frustración cuando me encuentro el baño sucio después de haberlo limpiado», que es muy diferente de «ya has vuelto a dejar el baño sucio otra vez».

El objetivo es expresarse y escucharse **sin necesidad de satisfacer la necesidad de la pareja.** Es decir, explicar cómo nos sentimos en la situación que estamos viviendo sin querer resolver la necesidad de la otra persona. Esto, en el día a día, ayuda a que la comunicación sea más calmada, sincera y eficaz.

«Vale, vale, hablo en primera persona, sin reproches y expresando cómo me siento. Pero **¿cómo le digo yo a mi pareja lo que no ve?**» Aún no tenemos la capacidad de adivinar qué necesita la otra persona en cada momento, así que podemos hacer este ejercicio sencillo, pero eficaz. Nos ayuda a evitar reproches, quejas, malentendidos y discrepancias que nos quitan la energía, a la vez que asumimos compromisos que mejoran la relación de pareja.

COMPARTIR NECESIDADES

Busca un espacio y un tiempo en los que podáis estar en calma para conversar sin distracciones. Esta dinámica se hace en dos tiempos: primero, una persona habla y la otra escucha; después, se intercambian los papeles. Es muy importante hacerlo así, porque cortar el discurso del otro enturbia la conversación. Solo hay que hablar o que escuchar.

- En silencio, pensad durante unos minutos qué necesitáis de la otra persona para funcionar mejor.
- Sin reprochar ni quejarte, expresa qué necesitas de tu pareja mientras te escucha.
- Cambiad de turno. Ahora ella o él expresará lo que necesita de ti mientras tú escuchas.

Dejad que repose la información unos minutos mientras pensáis individualmente alguna solución o compromiso personal que podéis realizar para mejorar la relación. Después, compartid por turnos vuestros compromisos individuales.

Fin de la conversación, no le deis más vueltas. El objetivo es que cada persona haya escuchado a la otra y asuma responsabilidades para mejorar la relación. Hablar más sería contraproducente.

¿Te acuerdas de la teoría del 1 %? Pues con la pareja también funciona. Hay que cultivar la pareja al menos un poco cada día. En realidad, no necesitamos grandes fiestas o regalos, sino algo mucho más sencillo. **La pareja necesita quererse, cuidarse y acompañarse.** Un masaje de dos minutos antes de dormir, un abrazo en la cocina mientras se prepara la cena, una mirada de apoyo en medio de una rabieta, un beso furtivo haciendo la compra, escuchar activamente durante cinco minutos, una caricia en un momento de estrés... Seguro que se te ocurren muchas más ideas, lo dejo en tus manos.

¡Ah!, se me olvidaba...: Si queréis cuidar vuestra relación y evitar muchísimos problemas, **cada persona tiene que gestionar la relación con su propia familia de origen.** Es decir, yo me encargo de llevar los asuntos, eventos y circunstancias de mi familia, y tú de los asuntos de la tuya. Muchísimos problemas vienen por esta vía, cuando un miembro de la pareja gestiona un asunto con una familia que tiene valores y normas diferentes a los suyos. El resultado es que no funciona y termina perjudicando mucho a la pareja. Tener un poco de orden en este sentido evita muchos malestares.

Crea vuestra cultura familiar

De forma consciente o inconsciente, cada familia tiene una cultura, unas normas, unos valores, una forma de ver la vida, unos días que considera importantes, etcétera. Probablemente no lo hayas pensado nunca, pero en la familia que estás creando también hay una cultura. Ya se trate de una familia reciente o de una consolidada, en todo caso, tenéis que saber **cuál es la estructura invisible sobre la que se sostiene vuestra familia.**

Son los cimientos de vuestra vida. He ido ayudándote a lo largo del libro a construirla poco a poco a través de varios ejercicios. Toda esta estructura vital es vuestra cultura familiar. En concreto, se crea a través de...

- Las normas.
- Los hábitos y las rutinas.
- La configuración de vuestra casa.
- Las funciones de cada persona de la familia.
- Los valores.

¿A que se parece al marco de acción? Pues sí, porque **comparte algunos aspectos del marco de acción** claro y amplio que necesitan niños y niñas. En realidad, el marco se incluye dentro de la estructura y de la cultura familiar.

Veamos brevemente cada aspecto. Ya habéis establecido las **normas** de la familia en el ejercicio «Las normas de tu casa». En teoría, deberían ser las mismas para mayores y pequeños. Determinarán qué se puede hacer y qué no.

En el ejercicio «Vivir o sobrevivir, tú decides», establecisteis un horario que marcaba las **rutinas** de vuestro día a día. Estas rutinas se terminan convirtiendo en **hábitos** fundamentales que organizan vuestra vida. No olvides la importancia de la gestión del tiempo cuando estás con tu hijo o hija. En cuanto a ti, no subestimes la importancia de los hábitos: un buen hábito mejora tu vida; uno malo, la destruye.

En el capítulo 3 también nos dimos una vuelta por tu **casa** para preparar un **espacio acorde a las necesidades infantiles.** También tiene que ser un lugar donde tú y tu pareja estéis bien, por lo que os corresponderá equilibrar las necesidades de vuestros hijos o hijas con las vuestras. Sin duda, el orden será fundamental para tener un buen ambiente en casa.

Cada persona de la familia asume unas funciones. Durante todo el libro hemos insistido en la «danza» entre la autonomía y los límites de la infancia, un camino de crecimiento en el que poco a poco niños y niñas van asumiendo una participación y unas responsabilidades mayores.

También hemos hablado de **tu papel y el de tu pareja a la hora de educar,** trabajando vuestra mirada sobre la infancia: vínculo, seguridad, apego, confianza, respeto, posibilidades, acompañamiento, ajuste... Sin embargo, hay gran cantidad de **tareas imprescindibles para sostener vuestro hogar.**

Volvemos a la **corresponsabilidad** en pareja (una utopía a la que llegaremos algún día). La mayoría de estas tareas y cuidados invisibles los realizan las mujeres, que además tienen que dedicar tiempo a su trabajo, a sus intereses y aficiones... Las tareas de cuidados están tan poco valoradas que me gustaría visibilizarlas para que quede claro todo lo que implica sostener a una familia.

Alimentación	Orden y limpieza	Colegio
-Comprar.	-Ropa.	-Reuniones.
-Menú semanal.	-Casa.	-Trabajos y materiales.
-Cocinar.	-Ordenar.	-Eventos (celebraciones, actuaciones, disfraces...).
-Equilibrar saludablemente.	-Arreglos (bricolaje, coser...)	-Extraescolares.
Salud	**Finanzas**	**Ocio**
-Revisiones.	-Previsión.	-Vacaciones.
-Medicinas.	-Compras.	-Regalos.
-Curas.	-Ahorros.	-Fiestas.
-Higiene.	-Gastos e ingresos.	-Amistades.

Visto así, **podría parecer poco,** lo que pasa es que una línea de esta tabla puede conllevar muchas horas semanales, mientras que otras son más esporádicas. A todo ello hay que sumar los cuidados emocionales: escuchar, acompañar, contener, mostrar disponibilidad y amor...

La dificultad no es la tarea en sí, sino la **carga mental** y el **desgaste diario** para prever y organizar la comida semanal, el cambio de ropa, porque al niño o niña se le ha quedado pequeña, pasar por la tienda a comprar la cartulina que necesita para el colegio, acordarse de la cita con la enfermera, la preparación de las vacaciones, qué vamos a hacer este fin de semana...

Compartir este peso organizativo es la **llave de la corresponsabilidad.** Sin embargo, es asumido principalmente por las mujeres. Así que es fundamental que los hombres hagan un ejercicio de autoanálisis continuo para comprobar si están siendo corresponsables no solo en las tareas, sino en la carga mental.

Algunas de estas tareas, según vaya creciendo, podrá realizarlas **tu hijo o hija.** Al principio, solo efectuándolas; después, asumiendo parte del peso mental, ya en la adolescencia.

Volviendo a la estructura necesaria para crear cultura familiar, el último aspecto que hay que tener en cuenta son **vuestros valores,** ya que definen la forma de hacer y la visión que tenéis sobre la vida. Es un tema más complicado de definir y muy exclusivo de cada familia.

LA GRAN CONVERSACIÓN

Normalmente, mantenemos conversaciones ocasionales sobre cómo educar, pero alguna vez hay que dedicarle más tiempo. Te brindo esta oportunidad en bandeja, porque este ejercicio es necesario hacerlo en pareja. Antes de empezar tenéis que preparar algunas cosas por separado:

- Vuelve al ejercicio «Tu fuerza para educar», que hicimos en el primer capítulo. Cada miembro de la pareja tiene que hacerlo individualmente. Si uno añade más filas, la otra persona también tiene que incluirlas y rellenarlas.
- Además, tenéis que responder a esta pregunta: «¿Qué quiero, a largo plazo, para nuestro hijo o hija, desde la perspectiva educativa?».
- Estáis a punto de empezar. Como vais a hablar de muchos temas y alguno puede ser difícil, tenéis que cuidar mucho vuestra actitud. Es decir: no juzguéis, mostraos vulnerables al hablar y estad abiertos a escuchar.

¿Ya? Ahora coged las tablas y compartidlas:

- Escuchad por turnos lo que habéis anotado en la primera columna con atención. Os dará muchas pistas sobre cómo es el otro y por qué actúa como lo hace. Podéis preguntar para ampliar información.
- Ahora, escuchad lo que habéis anotado en la segunda columna por turnos y sin juzgar al otro, ya habrá tiempo para hablarlo después. No se puede decir nada.

- Por último, escuchad lo que habéis anotado en la tercera columna sobre cada uno de los temas y acordad cómo os gustaría educar conjuntamente.

El objetivo de este ejercicio es acordar criterios y trabajar de manera conjunta en la educación de vuestros hijos mientras os ayudáis por el camino. Aún no ha terminado, vamos con la segunda parte.

- Ahora tenéis que preguntar a vuestra pareja: «¿Qué piensas que podría hacer mejor a la hora de educar?». Quien responde puede basarse en lo escuchado en la segunda columna y tendrá que hacerlo desde el respeto (¡el objetivo no es separarse después de hacer este ejercicio!).
- Es el momento de compartir la pregunta «¿qué quiero, a largo plazo, para nuestro hijo o hija, desde la perspectiva educativa?». Escuchad por turnos y acordad qué es lo que queréis ambos.
- Por último, teniendo en cuenta lo que cada persona de la pareja podría mejorar y lo que queréis para el futuro, definid algunos objetivos a corto plazo y alguno a largo plazo, usando para ayudaros la regla del diez: qué pasará en diez minutos, en diez meses y en diez años.

No es un ejercicio sencillo, espero que os hayáis cuidado mientras lo hacíais, porque el objetivo es normalizar conversaciones sobre cómo educar y, a la vez, construir una base de valores y criterios en la que sosteneros.

Pues **ya tienes tu estructura familiar:** normas, horarios, rutinas, valores y tareas en pareja definidos conscientemente. Todo ello forma vuestra **cultura familiar,** ahora solo queda vivir y disfrutar. Habrá que reajustarla en muchos momentos, pero será mucho más sencillo.

También quiero regalarte la **regla de las tres «C»** para que se mantenga en el tiempo. Podéis haber hecho todo este esfuerzo para acordar unos criterios comunes, pero, si no hay **coherencia, consistencia y continuidad,** serán papel mojado.

Ya te lo decía, la infancia necesita amor y estructura. La **estructura** es la **parte** más o menos **estática** que acabamos de aclarar. Ahora profundicemos en el **amor,** es decir, en la **parte dinámica.**

¿Qué ambiente se respira en tu casa?

He dedicado todo un capítulo a la presencia. ¿De verdad es tan importante? Sí, es la base sobre la que se construye el ser humano. Sin **presencia** no se puede vivir, necesitamos a alguien que nos mire y nos dé la seguridad necesaria para crecer. El **vínculo** se produce al nacer, y el **amor** es la fuerza que nos mueve y nos conecta. Sin embargo, no vale cualquier presencia ni cualquier amor.

Todo varía en función de cómo sea esa relación de persona a persona. Acompañar, respetar, escuchar o estar disponibles creará una relación completamente diferente a gritar, desconectar, maltratar o relacionarse a través del abuso de poder. Todo lo que ocurre en las relaciones de una familia genera un **clima emocional** u otro. Se respirará un ambiente tranquilo y seguro, o uno estresante y tenso.

¿Te acuerdas de todos los vínculos que tenía tu familia? Lo hemos visto al principio del capítulo; en mi familia, hay diez vínculos en interacción. **El ambiente que vivimos se crea por la forma de relacionarse** todas las personas del núcleo familiar. Incluyo también la relación entre hermanos y hermanas, ya que aprenden a relacionarse repitiendo lo que han recibido, generando a su vez un clima emocional.

> *«El bienestar emocional de los padres es la base sobre la que se sustenta el bienestar emocional de los hijos.»*
> Eva Bach

¿Qué ambiente quieres generar en tu casa? Tú y tu pareja tenéis la llave que genera el ambiente colectivo. Quien cuida, si no se cuida, no puede cuidar. De nuevo, tienes que velar por tu bienestar para poder estar disponible y ofrecer un buen ejemplo a tu hijo o a tu hija. La pareja se tiene que cuidar porque a largo plazo se producen efectos negativos para la infancia.

Recuerdo a una niña que ha sido de quien más he aprendido en todos estos años como maestro. Fue ya hace tiempo. En su casa había un ambiente muy duro, carecía prácticamente de estructura, y las agresiones verbales y no verbales estaban a la orden del día. La escuela era su refugio y su espacio de calma, aunque sacaba conmigo toda la agresividad que vivía a diario. Se esforzaba constantemente para no pegar y para estar más tranquila, pero no podía. La huella que deja el ambiente familiar en nuestro cerebro es muy difícil de borrar. La acompañé como pude y aún después de años, cuando me ve, sigue sabiendo que hay un pequeño refugio de calma en mí que no juzga.

También he trabajado algunas veces la calma en familias aparentemente más sanas. Malos comportamientos, gritos y estrés se van convirtiendo en una dinámica habitual. Es una rueda de la que es difícil escapar a pesar de que el padre y la madre hacen lo que pueden. Nerviosismo, miedo y desajustes emocionales son el patrón diario. El resultado son niños con inseguridad y miedos que se construyen como pueden.

Conocí a una familia que quería crear un ambiente tranquilo; se apoyaba en muchos enfoques educativos basados en la libertad y en el respeto. Sin embargo, en los momentos difíciles, cuando el padre o la madre se subían a su propia ola, perdían las formas, gritaban, hacían de menos y, cuando había tensión, creaban una huella de miedo. Cayeron durante un tiempo en el libertinaje a la hora de establecer límites, por lo que sus hijos estaban perdidos.

Soy consciente de que estas familias estaban haciendo lo que podían y como mejor sabían. Si te reconoces en alguno de estos ejemplos, tú y tu pareja necesitáis ayuda para darle la vuelta a esta situación, controlar vuestros impulsos y crear un ambiente familiar seguro y estable. En alguna ocasión, todas las familias vivimos momentos tensos, un estrés que se repite de forma constante.

El cerebro se codifica en dos lenguajes en función del ambiente en el que vive. **Estrés o calma, ¿qué eliges?** Cuando se generan **ambientes de confianza, seguridad** y **desarrollo óptimo** se potencian el aprendizaje y el crecimiento, se produce serotonina, que genera bienestar.

Forzar a la infancia, educarla en ambientes negativos, hará que su cerebro bloquee el aprendizaje. La alegría es la base para el desarrollo. Si el **estrés** es **crónico,** se altera el patrón de conexiones permanentes y se genera un cerebro más inestable, con menor gestión emocional y peor autorregulación. El comportamiento de la infancia es el mejor reflejo del ambiente en el que crecen.

Una vez más, **ofrecer un buen ejemplo** es la mejor garantía. A mí también me cuesta, he tenido que trabajar muchísimos aspectos y me sigo equivocando. No podemos dejar de aprender cómo relacionarnos y gestionar nuestras emociones mejor. Todo el trabajo personal que hagas se convertirá en un beneficio directo para tu hijo o tu hija. Si no lo haces por ti, hazlo por quien más quieres.

> *«Cuanta más sea la calma de nuestra mente, mayor será nuestra paz mental y mayor será nuestra capacidad de disfrutar una vida feliz y alegre.»*
> DALÁI LAMA

Vivir con hijos puede ser una espiral de **estrés o alegría.** Puede ser maravilloso o un sufrimiento. Genera tiempos en los que estéis en calma y se note la relajación en el ambiente. A pesar de que actualmente vivimos vidas estresantes, cada padre y cada madre crea un ambiente diferente. ¿Cuál es el que vas a crear tú a partir de ahora?

TIEMPOS PARA RECONECTAR

Pregunta a cada persona de la familia qué es lo que más le gusta hacer de forma individual y también todos juntos. Algo que lo conecte con su esencia, que le dé alegría y que le produzca bienestar.

Solo hay una condición: no pueden ser cosas extraordinarias, como coger un avión o bucear en el Caribe. Tiene que ser algo cotidiano y prácticamente gratis.

Te pongo algunos ejemplos de lo que suelen decir los niños y las niñas:

- Ir al parque.
- Jugar con sus juguetes un rato largo.
- Jugar a juegos de mesa.
- Tomar un helado en familia.
- Ver una película.

Padres y madres suelen responder:

- Leer durante media hora sin interrupciones.
- Quedar con sus amigos.
- Salir al campo.
- Montar en bici junto con toda la familia.
- Hacer deporte.

Cuando hayáis recopilado la información de toda la familia, tenéis que reservar tiempos en las próximas dos semanas para que cada persona pueda disfrutar de un espacio personal y un tiempo en familia. Sin duda, rebajará mucho la tensión y el estrés familiar.

Cada familia hará distintas propuestas. Por ejemplo, Gael y Enzo piden de vez en cuando hacer un *spa*, que no es otra cosa que bañarse en familia con música tranquila y luz tenue. Empieza siendo un *spa*, en la más absoluta calma, y al cabo de un rato se convierte en una guerra de agua. Para ellos es el placer absoluto y yo ya sé que tengo que aparcar mis expectativas de tranquilidad.

El bienestar familiar también **depende de las decisiones** que toméis. Es algo que debéis tener en cuenta a la hora de elegir centro educativo, un cambio de trabajo, escoger actividades extraescolares… A veces, un proyecto educativo nos gusta mucho pero está muy lejos, el equilibrio entre ir a esa escuela en la que confiamos y hacer cada día cuarenta y cinco minutos de ida y vuelta puede compensar, o no hacerlo. Dependerá de cada familia. Lo que no podéis perder de vista es que para decidir hay que valorar si generará bienestar o añadirá más tensión a la vida familiar.

Pienso en cómo me educaron a mí. Hicieron todo lo que pudieron, pero cada cual se buscaba la vida en casa como podía. Teníamos lo justo: techo, cama, alimento, espacio propio y afecto. Hay dos formas de vivir en familia: en modo supervivencia o en modo cultura.

En el **modo supervivencia** se atienden las necesidades básicas, pero nada más. Hay lo justo para sobrevivir mientras cada persona hace su camino independientemente. En el **modo cultura,** aparte de cubrir las necesidades básicas, se aportan experiencia y madurez para que los hijos aborden mejor su desarrollo. Los valores calan más hondo, porque se vivencian en familia (acompañar, dar ejemplo, compartir, crear conjuntamente…).

Es posible que en tu familia viváis en modo cultura, pero también puede que hayas vivido en modo supervivencia, como yo en mi infancia. La huella es tan grande que **se convierte en una creencia y hay que desaprenderla.** No pasa nada si disfrutas, si te ríes, si bailas, si juegas, si te va bien. A veces, estos pensamientos grabados gestionan nuestro día a día. Revísalos.

> *«Es sabido que el humor, más que cualquier otra cosa en la existencia humana, proporciona el distanciamiento necesario para sobreponerse a cualquier situación, aunque sea un instante.»*
>
> VIKTOR FRANKL

El antídoto para todo lo que ocurre en la familia es añadirle una **perspectiva de humor.** Te puedes enfadar porque es la cuarta vez hoy que tu hijo no ha tirado de la cadena o puedes reírte con él, imaginándoos un váter sucio que pide por favor que alguien lo limpie. Puedes sufrir un momento de tensión por pasarte de exigente o aplicar un límite con firmeza y humor. A veces, somos tan exigentes que se nos olvida relativizar en algunos momentos.

Vivir en familia no puede ser sinónimo de sufrir. Tiene que ser sinónimo de jugar, crecer, compartir, convivir, reír y, sobre todo, de disfrutar. **El [bien]estar se crea y se cultiva cada día,** es una actitud y una forma de vivir. Aunque como en todas las familias haya subidas y bajadas.

¿Por qué la infancia solo necesita amor y estructura? Porque cuando la **estructura es sólida** (horarios, límites, normas…) y **el amor incondicional** (presencia, cuidados, relaciones, ambiente…), obtiene la seguridad y la confianza necesarias para desarrollarse y crecer con bienestar. A veces, tan fácil; a veces, tan complejo.

Educa sin GPS

Hace algunos años me propuse aprender a tocar el piano, así, sin conocimientos previos. Quería aprender a tocar «Nuvole bianche» de Ludovico Einaudi, una de mis canciones favoritas —ahora, mientras escribo esto, la escucho—. No era un reto fácil, nadie pensó que pudiera hacerlo, pero lo conseguí en menos de cien días. Parecía imposible, pero lo logré. Después de leer este libro, puede que algunos aspectos te parezcan difíciles de alcanzar, pero tú también lo conseguirás. Puedes cambiar tu vida familiar.

No sé cuál es tu situación, si este libro te ha descubierto pocos o muchos aspectos que mejorar, si vuestra vida familiar es tranquila o está llena de estrés. Cualquier cosa que te propongas con la energía suficiente y el amor que ya tienes por tu hijo o hija lo hará posible.

De hecho, todo lo que has leído lo he escrito mientras mis hijos duermen en la oscuridad de la madrugada y con el apoyo de Ana, mi pareja. Este libro lleva en mi cabeza más de cinco años, era un sueño y ahora es real. No ha sido fácil, pero ya lo tienes en tus manos y puede ayudar a muchos niños y niñas, padres y madres. ¿Ves como hay vida después de los hijos?

Educar es invertir en su futuro.

¿Te acuerdas de nuestro trato? He intentado cumplir con mi parte y simplificar al máximo lo que necesita la infancia para vivir en bienestar. Espero que ahora puedas distinguir lo fundamental entre toda la infoxicación en la que vivimos.

Quiero retomar la brújula de la educación para que la revisemos de nuevo. Hemos viajado por cada capítulo profundizando en la presencia, los cuidados, la autonomía, los límites, permitir «ser» y el bienestar familiar. Ahora, ten en cuenta que cada punto afecta al resto, porque todos están relacionados. Es como una familia, si alguno está mal, altera a los demás.

Si estamos menos presentes, aplicaremos los límites sin constancia y afectará al bienestar familiar. Si no permites «ser» al niño o niña, difícilmente podrá conquistar su autonomía y estará peor en casa. Si no duerme porque no somos lo suficientemente firmes para que se vaya a la cama, se sentirá más cansado, le costará ir a la escuela por la mañana y toda la familia estará peor. Si la pareja se resiente, el ambiente familiar es más tenso, pueden expresarse peor y tendréis menos paciencia, porque se resentirán la presencia y los límites. En fin, las combinaciones son infinitas. Observa de nuevo la brújula y recuerda que no son aspectos estáticos, sino que se relacionan entre sí.

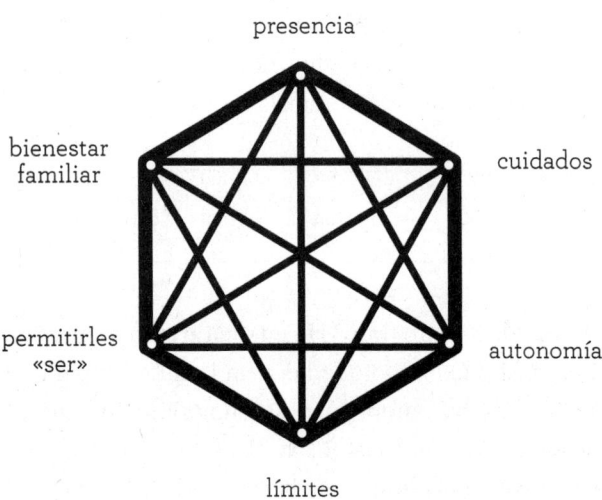

presencia

bienestar familiar

cuidados

permitirles «ser»

autonomía

límites

Es posible que por el camino hayas o hayáis detectado que tenéis que mejorar en algún punto de la brújula, ¡enhorabuena, estáis en el camino! Pasa en todas las familias, porque en la práctica es difícil tener presente cada día todos los aspectos. Lo mejor es que ya sabes cómo abordarlo. Acuérdate, vayamos paso a paso, haciendo primero una cosa y después otra. No puedes abarcarlo todo a la vez. Deja la exigencia fuera y no olvides que la fórmula mágica para educar es usar la brújula un 1 % cada día. Así de sencillo y de difícil a la vez.

Por si no hubiera quedado claro a lo largo del libro y para combatir la gran confusión a la que estamos sometidos socialmente, comparto contigo lo que realmente necesita la infancia:

- Presencia de calidad y amor de sus figuras de referencia.
- Sueño suficiente y alimentación saludable.
- Posibilidades para conquistar su autonomía.
- Un entorno preparado para crecer.
- Límites claros desde el amor y la firmeza.
- Tiempo libre para jugar y ser.
- Una estructura de vida sólida.
- Un ambiente familiar de calma y bienestar.

Todo lo demás que nos venden, nos aconsejan o leemos por ahí es secundario. Es posible que lo necesitemos, pero hay que darle la importancia justa. A veces, perdemos el foco, la noción de lo que realmente es importante.

Ya te dije al principio que no te creyeras nada de lo que te contaba, que lo pusieras en práctica y te quedaras con aquello que te funcionara. Espero que este libro te haya ayudado a cambiar tu vida y la de tu familia a mejor.

No necesitas nada más que a ti (y a tu pareja) para educar. Tira ya el GPS que te dice por dónde ir cuando ya sabes cuál es el camino. El GPS es la presión de la familia y de los amigos que te dicen lo que tienes que hacer; de la publicidad que te induce a comprar lo que no necesitas; la confusión que te genera tanta infoxicación... Hazte un favor, educa sin GPS.

Es sencillo, pero a veces nos complicamos. Ya tienes todas las claves para educar y ser felices. Construye tu camino, no el que la sociedad o la publicidad pretenden.

Lo que ya tenemos es mucho más de lo que nos falta.

Es importante que aprendas a dimensionar tu vida. Aunque dudes y tengas inseguridades, como cualquier otra persona, ya has recorrido mucho camino. Deja a un lado el síndrome de la madre perfecta y **únete a las familias disfrutonas.** Ya tienes todo lo que necesitas, todo depende de tu actitud, confía en ti.

He cumplido mi parte del trato, ahora te toca a ti. Yo te he simplificado el camino, pero eres tú quien lo hace realidad. La única manera es ponerte en acción y dejar de leer (¡cuando acabes el libro!).

«Una idea sin acción no vale nada.»
TODD HERMAN

El cerebro no está hecho para cambiar, porque para ello necesita gastar mucha energía. Así que es normal que te cueste avanzar. Solo queda una solución: te lo tienes que proponer con la fuerza suficiente como para conseguirlo. Para ello, te sugiero dar dos pasos:

- Escribe qué has descubierto en cada capítulo y elige qué quieres cambiar.

- Ponlo en acción varias semanas seguidas. Si no, será otro libro más de los que has leído.

Tu energía y tu tiempo mental son muy valiosos, elimina de tu camino todo aquello que sea un desgaste constante. Cuidar tu energía, cuidarte a ti, disfrutar, relativizar, reírse, jugar... A veces, se trata de dejar de vivir la vida tan en serio y hacerlo con la madurez que le corresponde a la persona adulta que eres, pero con la ilusión y la alegría de la infancia.

> *«Los aprendizajes más importantes*
> *de la vida se hacen jugando.»*
> FRANCESCO TONUCCI

Este libro llega a su fin. Sé que lo he dado todo, que he reunido toda la información, las experiencias y la práctica que he adquirido a lo largo de los años para dártelas a ti. Tengo ganas de escucharte y de saber lo que has descubierto por el camino. En seguida te cuento cómo comunicarnos.

Cierro el libro aún emocionado al recordar el momento en el que les he dicho a Enzo y a Gael que he terminado el libro. Me han abrazado llenos de alegría y orgullosos de su padre, sabiéndose parte de estas páginas. ¿Qué más puedo pedir? Espero que hayas disfrutado del viaje.

AGRADECIMIENTOS

Si algo tengo claro es que nos une la infancia. Lo más seguro es que seas padre o madre, pero también puede que seas profesional de la educación y te hayas pasado por aquí para ver lo que sentimos y vivimos en familia.

Mi propósito en la vida es crear los mejores ambientes para la infancia. Espacios, tiempos y posibilidades en los que puedan expresarse, jugar y ser. Una vida dedicada a los niños y a las niñas. A sus padres, madres y docentes.

Es el momento de dar las gracias: un libro no se escribe solo. Trataré de ser lo más breve que sea posible.

En primer lugar, quiero dar las gracias a Ana, mi pareja y madre de Mae. Hemos hecho un sobresfuerzo familiar inmenso para sacar este libro adelante. Gracias por las horas cuidando de los tres y de la casa, por escucharme y ayudarme durante horas en este nuevo viaje como escritor. Gracias por ser una persona maravillosa y acompañarme en las subidas y las bajadas, creando una vida mejor. Los dos vivimos para la infancia, aunque yo pongo las letras y ella pone su gran amor.

A mis hijos, Gael, Enzo y Mae, que han sido pequeños protagonistas de este libro y me enseñan cada día. Gracias por tanto, sois lo mejor que me ha pasado en la vida.

También quiero dar las gracias a Paola, la madre de Gael y de Enzo. Juntos iniciamos el viaje de la maternidad y de la paternidad. Por el camino nos separamos y no ha sido fácil, pero podemos estar orgullosos de lo que hemos conseguido, a pesar de las dificultades.

Gracias a mi familia y amigos por sostenerme, acompañarme y cuidarme, aunque hable demasiado de educación e infancia. En especial, a mi madre y a mi hermana Nadia, de ellas he aprendido lo que significan las palabras *amor, incondicionalidad* y *familia*. Sois todo para mí.

Este libro es un tributo y un agradecimiento a todas las madres y abuelas que cuidan y han cuidado la vida durante generaciones con amor, esfuerzo y constancia. Tengo que dar las gracias a tres mentores que me sostienen en la distancia: Carles Parellada, Vicenç Arnaiz y Ferran Ramon-Cortés. De ellos he aprendido la esencia de la vida, de la infancia y de las relaciones. No son los únicos, todo lo que soy es gracias a innumerables maestros y maestras de los que aprendo cada día, algunos de renombre y otros invisibles, grandes y pequeños.

Gracias a María Álvarez, Ángeles Aguilera y Sara Esturillo por creer en mí, darme la oportunidad y acompañarme en este viaje editorial en Planeta. El mundo se enriquece gracias a visionarias como vosotras.

Gracias a todas las familias a las que he asesorado con todo mi cariño, a todos los niños y las niñas con los que he compartido tiempo, a cada profesional de la educación con el que me he enriquecido. Gracias a las personas que leen mis artículos, a las que han ido a mis formaciones y conferencias, y a quienes me acompañan en redes y alegran mi vida. Gracias por seguir ahí, recomendar el libro y enriquecer la vida de más familias.

Por último, quiero darte las gracias por leerme. Sí, sí, a ti, querido lector o lectora. No es fácil ejercer como padre o madre: nuestro tiempo es limitado y preciado. Sin ti, esto no tendría sentido. Todo lo que hago es para los niños y las niñas del mundo. Ellos y ellas se merecen lo mejor, y tú y yo podemos hacerlo posible.

Esto continúa, no se queda aquí…

CONTACTO CON EL AUTOR

Puedes escribirme a teleo@aresgonzalez.es o a mi Instagram, @aresglez. Cuéntame qué te ha gustado, qué has descubierto o cuál ha sido el resultado de algún ejercicio del libro. Lo compartiré en redes para visibilizar que la vida en familia se puede disfrutar y es un camino lleno de aprendizajes.

He creado para ti un viaje por los doce libros y artículos que cambiarán tu vida familiar. Además, te prometí un espacio para compartir dudas, experiencias y palabras entre padres y madres. Te lo cuento todo aquí: <aresgonzalez.es/enfamilia>.

booket